Wolfgang Saaman

Für den arbeite ich gerne

Wolfgang Saaman

Für den arbeite ich gerne

Warum sich Mitarbeiter besonders engagieren

Kursbuch für Führungskräfte

Signum Wirtschaftsverlag

Besuchen Sie uns im Internet unter
http://www.herbig.net

Schutzumschlag: Matthias Weiner
Satz: Fotosatz Völkl, Puchheim
gesetzt aus: Times Ten Roman 11/13 Punkt
Druck und Binden: Wiener Verlag, Himberg
Printed in Austria
ISBN 3-85436-336-2

Inhalt

Warum sollten Sie dieses Buch lesen?

Diese Frage stellt sich zwangsläufig in einer Zeit der Reizüberflutung von Lesematerial. Weil Sie es gekauft haben? Weil es Ihnen empfohlen wurde? Weil Sie mich persönlich kennen? Weil Sie es durch Zufall in die Hände bekamen? Weil Sie alles lesen, was neu und interessant erscheint? – Das sind durchaus Gründe. Aber es gibt spezifischere.

Unsere Welt ist ärmer geworden. Deutlich ärmer. In den Führungsetagen macht sich der Tankstelleneffekt breit: für mehr Geld weniger Leistung. So jedenfalls stellt sich die Situation dar, wenn man Mitarbeiter befragt. Wo sind sie geblieben, die Führungspersönlichkeiten, die Heerscharen von Menschen hinter sich stellen, mit Visionen begeistern und Strategien konsequent verfolgen? Damit kein Missverständnis entsteht: Die Zahl der Vorstände und Vorstandsvorsitzenden hat in den letzten Jahren zugenommen. Der quantitativen Erweitung ist scheinbar die qualitative nicht gefolgt. Im Gegenteil. Mein Eindruck ist, dass heute so mancher Gruppenleiter mehr von Führung versteht als einige Topmanager. Praktisch erlebbar, nicht theoretisch abfragbar! In diesem Buch werde ich sagen, warum das so ist und was getan werden kann, um diesen Zustand zu ändern.

Mit dem ehemaligen Aufsichtsratschef der Deutschen Bank, Hilmar Kopper, stimme ich nicht ganz überein, wenn er sagt, dass Firmen in Deutschland nicht besser oder schlechter geführt werden als in anderen Ländern. Dagegen stehen die deutschen Untersuchungsergebnisse von

Mendelsson und Ziegler, die aus Daten von 164 Unternehmen ableiten, dass es einerseits intelligente und weniger intelligente Unternehmen gibt und andererseits sich nur vier Prozent aller Führungskräfte den Anforderungen der Zukunft ausreichend gewachsen fühlen. Das Gallup-Institut in Wiesbaden belegt die vorherrschende Situation in Deutschland mit einer Studie im Herbst 2001 aus einem anderen Blickwinkel: Nur 16 Prozent der Arbeitnehmer sind bei ihrer Tätigkeit voll mit dem Unternehmen identifiziert, die anderen 84 Prozent spüren keine echte Verpflichtung bei ihrer Arbeit. 15 Prozent davon seien sogar »aktiv unengagiert«. Das sind Mitarbeiter, die verstimmt sind über ihren Arbeitgeber und damit ihre negative Haltung begründen. Sie zeigen deutlich mangelnde Produktivität und weisen hohe Fehlzeiten aus. Den sich daraus errechnenden Schaden für die deutliche Wirtschaft beziffert das Institut auf jährlich weit über 200 Milliarden Euro. Das entspricht dem Volumen des Bundeshaushalts. Noch deutlichere Konturen erhält die Zustandsbeschreibung beim Vergleich zwischen Deutschland und den USA. In den Vereinigten Staaten sind 30 Prozent der Arbeitnehmer voll engagiert. Die Quote ist fast doppelt so hoch wie in Deutschland. Gallup hat als wichtigsten Grund für das fehlende Engagement »schlechtes Management« (im eigentlichen Sinne ist *Führung* gemeint) ausgemacht.

Es ist wohl eine Frage der Perspektive. Aus der Luft betrachtet sind alle Häuser gleich. Je weiter entfernt, desto gleicher. Die Unterschiede zeigen sich erst, wenn man drin wohnt. Außerdem ist es eine Frage der Begrifflichkeit. Wenn Kopper »Management« meint, stimme ich ihm sogar zu. Wenn er wirklich »Führung« (Leadership) meint, widerspreche ich auch ohne Zugriff auf die oben zitierten Studien. Um Aussagen über Führungsqualität machen zu können, muss man in die *Human Capital Balance* eintauchen. Wir betonen in Deutschland zu oft die Wichtigkeit des Human Capital. Das macht verdächtig. Denn es ist ein altes Gesetz der Sprachanwendung, besonders *das* hervorzuheben, was man nicht hat. Denn hätte man es, müsste man nicht immer darüber reden.

Den von Kopper aufgezeigten Kulturwandel, »der Vorstandssprecher oder -vorsitzende, der bislang eher als Primus inter pares agierte, übernimmt zunehmend die Rolle eines »Chief Executive Officer«, der mit einem klaren Führungsanspruch die Fäden in die Hand nimmt«, sehe ich in der Topetage weitestgehend verwirklicht. Wie Jürgen Schrempp haben sich die meisten der in den letzten Jahren berufenen Vorstandschefs vom ersten Tag an als CEOs aufgestellt, so als würde § 77 Abs. 1 AktG (gemeinschaftliche Vertretung unter gleichberechtigter Beteiligung aller Vorstandsmitglieder) nicht existieren. Josef Ackermann wird als neuer Chef der Deutschen Bank ab Frühjahr 2002 offiziell das einsteuern, was vor ihm viele Vorsitzende schon Jahre zuvor längst für sich in Anspruch genommen haben. Das bewerte ich aber durchaus als positiv, denn Verantwortung ist eine Primzahl, die sich nicht ohne Brüche teilen lässt. Eine starke Führung hat noch keinem Unternehmen geschadet. Eine unsensible schon eher.

Die *Absicht* zur eindeutigen Führung ist auf der obersten Etage in der Regel gegeben. Wenn man ..., ja wenn man einmal davon absieht, dass es gravierende Qualitätsunterschiede in Sachen Leadership gibt. Das mag durchaus damit zusammenhängen, dass nicht selten *»Leadership«* mit *»Management«* verwechselt wird. Die Qualitätsskala auf der obersten Ebene, bei den Organen also, reicht von »Führungspersönlichkeit« bis »hierarchisierter Sachbearbeiter«. Im Selbstbild gibt es kaum Unterschiede. Da führen fast alle Tops top. Das Fremdbild ist hier schon facettenreicher. Außerdem kristallisiert sich für jemanden, der wie ich seit über 20 Jahren als Berater arbeitet, eine Gesetzmäßigkeit heraus: Ausgerechnet die Chefs mit dem kritischsten Selbstbild haben die höchste Akzeptanz bei ihren Mitarbeitern. Vermutlich werden bei diesem Personenkreis Führungsfehler durch eine sensible Antenne der Früherkennung vermieden. An die Akzeptanz ist unmittelbar die Wirkung gekoppelt. Akzeptierte Führer bewirken am meisten.

Der umgekehrte Fall nimmt teilweise dramatische Züge an. Die Chefs mit einer besonders farbenfrohen Selbstbeschreibung ihrer Unverzichtbarkeit, gekoppelt mit hyperfundierter Führungserfahrung und absoluter Perfektion in Leadership und Management, kommen damit bei ihren Mitarbeitern nicht rüber. Ob das wohl an der Undankbarkeit und dem Unvermögen zur »richtigen Wahrnehmung« ihrer Mitarbeiter liegt? Oder ob es doch der überzogene Selbststolz ist, der das Fenster zum Mitarbeiter in Milchglas färbt und das der Selbstbetrachtung zum verzerrenden Spiegel werden lässt?

Dem aufmerksamen Leser drängt sich vielleicht schon jetzt die Frage auf: Kennt dieser Autor auch Topmanager, die in Sachen Führung top sind? Die Antwort ist einfach: Ja. Aber die Zahl ist ausgesprochen übersichtlich.

Mitarbeiter sind heute anspruchsvoller, besser ausgebildet und damit zwangsläufig empfänglicher für die Wahrnehmung von Führungsfehlern. Die Schwächen ihrer Chefs haben sie sehr schnell identifiziert und reden auch darüber. Nicht immer mit dem Betroffenen! Denn sie sind außerdem klug genug, um sehr schnell herauszufinden, ob der jeweilige Chef stabil genug ist für Kritik an der eigenen Person.

Mancherorts wird die *Eindeutigkeit* des Führungsanspruchs sogar übertrieben. Dann nämlich, wenn sich GmbH-Geschäftsführer »Vorstände« nennen. Vielleicht macht »Vorstand« mehr her als »Geschäftsführer«. Eitelkeit wäre dafür ein erklärbares Motiv. Wenn solche Chefs ihren Mitarbeitern dieselbe Eitelkeit zugestehen, ist das weiter kein Problem. Ein Problem ist aber, dass Eitelkeit vielerorts ein Ausschließlichkeitsvorrecht der Chefs zu sein scheint.

Gegen Aufrüstungen solcherart spricht außerdem eine ernüchternde Realität: Wenn man in diesen Unternehmen die Mitarbeiter befragt, was sie davon halten, dann erhellen sich drei Antworttendenzen: a) Sie wissen nichts damit anzufangen, sie nehmen es nicht wahr (die harmloseste Reaktion). b) Sie nehmen solche Differenzierungen sehr wohl wahr und belächeln sie (das Persönlichkeitsimage der Chefs bröckelt). c) Sie haben keinerlei Verständnis für derartige Verzerrungen der Wirklichkeit, verstehen nicht, was das soll, und reagieren innerlich mit Abwehr (der Akzeptanzquotient gegenüber solchen Chefs schrumpft auf Mindestgröße).

Vorstehendes gilt ebenso für andere Beispiele der ausgelebten Eitelkeit, mit der sich besonders die jüngere Generation nicht inspirieren lässt. Sie will in besonderem Maße von *überzeugenden Persönlichkeiten* geleitet werden, nicht von übereitlen Funktionsträgern.

Ich gebe zu bedenken: Mit einem goldenen Türschild hat noch kein Manager seine Leute hinter sich gestellt. Die fühlen sich allenfalls geblendet. Mitarbeiter wollen Chefs, die klare, souveräne, anfassbare und damit wirkliche Persönlichkeiten sind. Die Zeit geht langsam zu Ende, in der Mitarbeiter stolz auf irgendeinen Status sind, den ihr Chef für sich in Anspruch nimmt. Die Zeit hat längst begonnen, in der Mitarbeiter feinfühlig werden für das, was ihre Chefs hinter der Fassade zu bieten haben.

Auch die Vorliebe zur Selbstdarstellung kommt nicht gut an. Hellwache Mitarbeiter nennen es den »Drang zur majestätischen Verbomanie«. Ich kenne nur wenige Vorstände, die nicht flüssig reden können. Eine volle Stunde ohne Unterbrechung ist kein Problem. Aber ich kenne ebenso wenige Vorstände, die gute Fragen stellen und zudem auch noch gut zuhören können. Aus den Kreisen der kritischen Mitarbeiter höre ich gelegentlich, dass für diesen Personenkreis Rhetorikseminare verboten werden müssten. Zumindest solche, in denen man außer flüssigem Reden nichts lernt. Die unkritischen lassen es über sich ergehen, wie vieles andere in der Firma, was sie eigentlich etwas angehen sollte.

Es mag eine Kunst sein, das tönende Ausatmen besonders in Situationen zu beherrschen, in denen es einem die

Sprache verschlägt. Ein Phänomen, das sich bei Politikern beobachten lässt: Je schwächer der Inhalt, umso brillanter die Darbietung. Aber monotones Reden in der Wirtschaft kostet Zeit und trägt nicht zur Informationsverbreitung bei. Der Andere wird monologisch gefangen genommen. Das sollte man nicht mit Information verwechseln.

Bei aller kritischer Ausleuchtung der Führungssituation von ganz oben will ich nicht unerwähnt lassen, dass es sowohl einzelne Chefs als auch Firmen gibt, die das Thema perfekt zu inszenieren wissen. Ob es den Chef und uns Beratern schmeckt oder nicht: Die besten Anregungen für das, was qualifizierte Führung ausmacht, kommen immer noch von den Mitarbeitern. Wenn man sie allerdings erst mal zum Schmeichelfeedback erzogen hat, sind solche Rückmeldungen nichts mehr wert. Das Feedback wird zum Echo: Es kommt nur das zurück, was man selbst ausgerufen hat.

Während ganz oben der eindeutige Führungsanspruch klar ist, mangelt es an *Eindeutigkeit* in der Führung vorwiegend auf den Etagen unterhalb von Vorstand beziehungsweise Geschäftsführung. Hier grassiert die Unsicherheit: Darf ich, oder sollte ich besser nicht?

Zugegebenermaßen ist die Sandwichposition – eingeklemmt zwischen Vorstand und Basis – nicht ganz einfach zu bewerkstelligen. Dafür ist auf diesem Level die Anzahl der *Frage- und Zuhörmanager* weitaus größer als oben.

Dieses Buch *müssen* Sie lesen, wenn Sie sich als Topmanager Ihrer vielfältigen Rollen (Rollenmöglichkeiten und -verantwortung) bewusst werden wollen. Ihre Mitarbeiter haben einen Anspruch darauf, von Ihnen so exzellent geführt zu werden, wie Sie umgekehrt von denen exzellente Leistung verlangen. Schließlich sind Ihre Mitarbeiter selbst Führungskräfte, die von Ihnen die Führungskultur des Unternehmens vorgelebt haben wollen.

Dass Relationship nicht nur scheinbar verschlossene Türen öffnet, sondern Wunder vollbringen kann, hat Gerhard Schröder bewiesen. Kein Kanzler zuvor hat es besser verstanden, Netzwerke von beinahe intimen Beziehungen zum Kreis der für ihn wichtigen Keypeople herzustellen. Schröder geht auf die Vorstandsvorsitzenden der deutschen Wirtschaft ebenso zu und wirbt um deren Gunst für seine Politik wie auf einen einzelnen Bürger, dem er im Meer der Menge die Hand reicht.

Sein Erfolg bei den Managern: Obwohl er zu einer von den Vorurteilen und ebenso -erfahrungen einer bei diesem Personenkreis gar nicht so sehr geliebten Partei gehört, hat er sich ein hervorragendes Image erarbeitet, das ihm die politische Arbeit qua Person – nicht Amt – erheblich erleichtert.

Schröders Vorgehen können Sie im Prinzip als Denkmodell übernehmen und eins zu eins auf das Verhältnis zu Ihren Mitarbeitern übertragen. Wenngleich: Es ist nur eine von vier *Kernrollen* (Relationship; die anderen drei: Businessmanagement, Changemanagement, Integrationship), die Manager mit Führungsverantwortung zu spielen haben. Ihren Mitarbeitern müssen Sie ebenso Ihre Politik verkaufen, wie Schröder es gegenüber den Chefs der Konzerne tut, wenn Sie wollen, dass Ihre Politik auf Akzeptanz stoßen und von Identifikation getragen werden soll. Dabei gilt es eine schon erwähnte Besonderheit zu beachten: Reden Sie nicht drauflos, sondern nehmen Sie auf, was Ihre Mitarbeiter bewegt.

Menschen stellen sich entweder hinter etwas, mit dem sie sich identifizieren können, oder hinter etwas, das ihnen Schutz bietet. Mitarbeiter sind für Chefs in viel höherem Maße die tragenden Säulen für gute Ergebnisse, als Wirtschaftsbosse für einen Kanzler. Eine andere Eigenart Schröders eignet sich dagegen ganz und gar nicht zur Nachahmung: Dem Volke nach dem Mund zu reden. Mitarbeiter wollen Chefs mit klaren Standpunkten, möglichst nachvollziehbaren.

Dieses Buch *werden* Sie lesen wollen, wenn Sie Führender im Middlemanagement sind, der wie die Tomate im Burger bei McDonald's eingeklemmt ist von den Ansprüchen von oben und unten. Und wenn dann noch der Kunde zubeißt, wird es eng. Die Mitarbeiter erwarten von Ihnen die Rolle des starken Führers, der sich persönlich hinter sie stellt, zuversichtlich in die Zukunft blickt und der Abteilung durch ein gutes Image Glanz verleiht. Ihr Chef erwartet, dass Sie seine Interessen nach unten durchsetzen und dafür sorgen, dass sich Ihre Mitarbeiter ihrer Verantwortung für den Erfolg der Firma voll bewusst werden.

Dieses Buch *sollten* Sie lesen, wenn Sie sich – vielleicht als Experte für Führungskräfteentwicklung – mit den Möglichkeiten der Potenzialerkennung und -nutzung beschäftigen. Sie sind als interner Berater verantwortlich dafür, dass nur solche Führungskräfte ans Ruder kommen, die den Herausforderungen von morgen gewachsen sind. Dieser Typus von Manager muss außer in Bilanzen auch noch in den Augen der Mitarbeiter lesen können, um die richtigen Schritte für die Zukunft zu setzen.

> Was ich sage, sind nur meine Gedanken. Was ich denke, ist nur meine Sicht von den Dingen. Meine Sicht von den Dingen soll nicht mehr leisten, als die Bilder eines Andersdenkenden zu ergänzen. – Wenn es der Zufall will, dann spiegelt sich meine Gedankenwelt in den Bildern eines anderen.

Dieses Buch *dürfen* Sie lesen, wenn Sie zu denen gehören, die verstehen wollen, warum ihr Chef nicht leistet, was Sie eigentlich von ihm erwarten (können müssten). Sie werden nach dem Lesen mehr darüber wissen, welche Ihrer Rollenerwartungen von Ihrem Chef *nicht* gelebt werden. Da kluge Mitarbeiter nach meiner Auffassung noch keinem Chef auf seinem weiteren Erfolgsweg wirklich geschadet haben, kann ich für Ihren Chef keine direkten Nachteile erkennen, außer, es interessiert ihn nicht, was mit seinen Mitarbeitern los ist, was in ihnen vorgeht, was sie denken, was sie bewegt. Solche Chefs gibt es zugegebenermaßen. Es sind die Chefs, die ihre Kernaufgabe nicht verstanden haben: dafür zu sorgen, dass andere erfolgreich werden oder bleiben.

Dieses Buch *können* Sie nicht (zu Ende) lesen, wenn Sie sowieso keine Zeit zum Führen haben. Vielleicht werden Sie es sogar quer lesen. Möglicherweise werden Sie es auch verstehen. Umsetzen werden Sie nichts. Woher ich das weiß? Aus Erfahrung. Sie haben keine Zeit zum Umlernen. »Führung kostet Zeit« ist das weit verbreitete Vorurteil. Ich halte – ebenfalls aus Erfahrung – dagegen: »Führung schafft Zeit.« Wie? Das erfahren Sie, wenn Sie sich zunächst einmal die Zeit zum Lesen nehmen. Vielleicht distanzieren Sie sich ein einziges Mal von Ihren Gewohnheiten und bleiben konsequent bei dem, was Sie gerade angefangen haben.

Dieses Buch ist *nichts* für Sie, wenn Sie schon wissen, was Sie bei sich alles *nicht* mehr verändern können, weil der Mensch ab einem bestimmten Alter so ist, wie er ist. Willkommen auf dem Zentralfriedhof derer, die den *psychologisch-geistigen Tod* gestorben sind. Wie der biologische kann es einen in jedem Alter erwischen, auch schon mit unter 30. Wie beim biologischen tritt er bei manchen erst im absoluten Greisenalter ein. Ursache dieser gern verdrängten Todesart sind

3 Fallen der mentalen Selbstjustiz

1. Ich bin wie ich bin, weil ich so erzogen wurde.
2. Meine Gene bestimmen, wie ich bin, da habe ich keinen Spielraum.
3. Meine Umgebung lässt mir keine Chance/Zeit/Möglichkeit, mich zu verändern.

Ich könnte Ihnen jeden der drei Sätze dezidiert widerlegen. Das würde aber den Rahmen dieses Buchs sprengen. Mein persönlicher Tipp: Legen Sie das Buch wieder weg, weil es in Ihnen nur Widerstände aufbauen wird. Geben Sie sich aber zumindest in aller Stille die aufrichtige Selbstoffenbarung: »Ich will (mich) nicht (verändern)!« Das ist ehrlich und punktgenau.

Jenseits der mentalen Selbstjustiz eröffnen sich Ihnen zahlreiche Chancen zu erleben, wie durch Ihren Einfluss durchschnittliche Mitarbeiter gut, gute exzellent, exzellente genial werden, geniale genial bleiben. Das ist Führung!

Merkwürdige Chefs haben merkwürdige Mitarbeiter

Der Gedanke »Es wird Zeit, wieder einmal ein Buch zu schreiben, schließlich datiert dein letztes Buch von 1994 und zwischen 1984 und 1994 waren es sechs« reicht als Motiv nicht aus und stand auch nicht im Vordergrund. Ich denke, niemand sollte Bücher schreiben, nur um sich damit selbst zu beschäftigen. Ein Buch ist eine Nachricht an eine unbekannte Anzahl von Empfängern. Wenn ein Autor glaubt, dass diese Nachricht anderen weiterhilft, sollte er zur Feder greifen, die heute durch PC-Tasten ersetzt wird.

Dieses Buch greift auf Grundgedanken in meinem Kopf zurück, die vor sehr langer Zeit angelegt wurden. Wir schreiben das Jahr 1978. Ich bin 31 und seit einem Jahr mit meinem frisch gegründeten Institut für Mitarbeiterförderung + Organisationsentwicklung tätig. In einem meiner offenen Seminaren zum Grundverständnis von OE lerne ich einen agilen Frankfurter Unternehmer kennen. Sein Mittelstandsbetrieb beschäftigt 400 Mitarbeiter und er lässt keinen Zweifel daran, dass er weiß, was er will. Auch nicht daran, dass er mich mit Überzeugung als Berater für sich gewinnt, obwohl mir seine dominante, bestimmend-autoritäre Art nicht liegt. Ich unterstelle ihm einen völlig falschen, unzeitgemäßen Führungsstil.

Beim ersten Besuch in seiner Firma fühle ich mein (Vor-)Urteil bestätigt. Die Mitarbeiter ducken vor ihm. Der Raum ist von Herrschsucht erfüllt. Dass der König an diesem Tag einen neuen Hofnarren anzuheuern gedenkt, ist ein Gedanke, der mir gar nicht schmeckt. Stolz auf *meine* Art von Überzeugungskunst werde ich, als es mir gelingt, ihm eine anonyme Betriebsklimaanalyse zu »verkaufen«. Ich sehe darin ein Machtmittel des Beraters (das ist die ganz ehrliche Variante) beziehungsweise ein hilfreiches Instrument (das ist die gesellschaftsfähige Form der Geschichte), um den Stoff für einen gründlichen, unabdingbaren Veränderungsprozess zu sammeln. Schließlich bin ich Oganisationsentwickler, eine zu dieser Zeit revolutionäre neue Denkrichtung in Deutschland. Mich interessiert der Einklang von Leistung und Menschlichkeit, die Interdependenz von technologischer Ausstattung, menschengerechtem Klima und wirtschaftlich vertretbaren Ergebnissen.

Drei Wochen später. Ich kann das Ergebnis der Befragung von Mitarbeitern und 30 (Titular-)Führungskräften kaum erwarten, zumal eine Beteiligung von 88 Prozent als ausgesprochen hoch gilt. Meine Siegeseuphorie schlägt, schneller als erwartet und vor allem an einem Zeitpunkt, den ich nicht zu träumen gewagt hätte, in tiefen Frust um. Auf Fragen wie »Zufriedenheit mit der Unternehmensführung«, »... mit dem Einkommen«, »... dem gelebten Führungsstil«, »... dem Betriebsklima« kamen alles andere als die von mir erhofften negativen Antworten. Die Mitarbeiter waren im Gegenteil ausgesprochen zufrieden mit den Umständen.

Verzweifelt führe ich auf der Suche nach möglichen Ursachen für dieses unerklärliche Ergebnis eine Vielzahl von Einzelgesprächen. Das Ergebnis dieser Recherche fällt peinlich aus, ist bitter, aber äußerst lehrreich für mein weiteres Beraterdasein. Der Unternehmer und seine Mitarbeiter, das passt zusammen wie ein Maßanzug. Handverlesene Untertanen, die genau diesen Chef brauchen, um im Leben klarzukommen. Wie heißt es doch im Volksmund: Jeder Chef hat die Mitarbeiter, die er verdient? Eigentlich müsste es heißen: Kluge Chefs holen sich die Mitarbeiter an Bord, mit denen sie verdienen.

Dieser Unternehmer hatte scheinbar ein Gespür für Frequenzaufbau zwischen ihm und seinen Leuten. Er führte bedürfnisgerecht. Auch wenn seine Art des Umgangs mit den Menschen auch damals schon in jedem Lehrbuch verworfen wurde. Wörtliches Zitat eines Abteilungsleiters: »Bei ihm weiß ich immer, woran ich bin. Ich bekomme einen klaren Auftrag, den habe ich zu erfüllen. Tue ich, was er mir sagt, ist alles im Lot. Wenn nicht, gibt's was aufs Dach. Wo ist das Problem?« Ein Mitarbeiter meinte: »No problem. Wenn der schreit, hat er einen Grund. Den erfährt man unverzüglich. Durch sofortige Kurskorrektur tritt Frieden ein. Was will man mehr?«

> Der Mensch braucht eine Story, wenn er an etwas glauben soll. Führungskräfte müssen die Autoren sein. Wenn der Inhalt den Erwartungen entspricht, nimmt die Story jeder mit Begeisterung auf.

In den Folgejahren wurde mir immer deutlicher, wie überflüssig Führungsstilbeschreibungen doch sind. Trainer halten mit solchen nutzlosen theoretischen Erklärungen zu bestimmten Führungsstilen nicht nur ihre Teilnehmer von der Arbeit ab. Vielmehr beweisen sie, dass sie von Führung, wie es das Leben spielt, nicht sonderlich viel verstehen.

Die Technik des Führens, der »Stil« – und sei es akademisch noch so perfekt – spielt so gut wie keine Rolle. Es kommt auf das Verhältnis von *Erwartungen an die Führung* und den *Leistungen der Führung* an. Eine gesunde *Führungsbeziehung* – und nur das zählt – kommt zustande, wenn die Erwartungen und Leistungen eine *Symbiose* (ersatzweise ein parasitäres Verhältnis) bilden. Das ist der Fall, wenn der Mitarbeiter das bekommt, was er braucht, um für seine Ich-Fabrik Gewinne einzufahren. So darf es nicht verwundern, wenn der Frankfurter Unternehmer Gefolgschaften hatte, die freiwillig und sogar gern für ihn arbeiteten. Das ist heute nicht anders als vor einem Vierteljahrhundert.

Dass ich dennoch als Berater gefragt war, erklärte sich aus der Not, die für ihn damit entstand. Seine widerstandslosen Gefolgschaften taten *alles*, was er wollte. Das war das eigentliche Problem. Sie machten sogar ohne schlechtes Gewissen wider besseres Wissen Fehler. Anweisung war eben Anweisung.

Der Unternehmer wollte eigentlich geistige Mitunternehmer. Diesen nicht existenten Zustand hatte er bei unserem ersten Kennenlernen deutlich beklagt. Der Bruch lag also ganz woanders. Nicht zwischen meinen Werten und seinem Führungsgebaren. Die Bruchstelle trennte vielmehr das Verhalten seiner Mitarbeiter deutlich von seinen Rollenerwartungen an die Mitarbeiter. Als ich das begriffen hatte, wusste ich um den Sinn meiner Inanspruchnahme.

Auch das hat sich bis heute nicht geändert: Solche Chefs leiden unter ihrem Fehlverhalten meistens mehr, als die Mitarbeiter. Allerdings fehlt ihnen oftmals das Bewusstsein dafür, *was* sie *womit* und *wie* anrichten.

> Wenn Mitarbeiter und Führungskräfte Unternehmer werden sollen, dann müssen in Firmen Unternehmenslandschaften geschaffen werden.

Wenn Reinhard K. Sprenger meint, dass »wir Führung komplett neu denken müssen«, dann folge ich ihm auf der Spur. Allerdings ist mir sein Ansatz noch zu zaghaft formuliert. »Führung neu *denken*«? Das reicht mir nicht. Das haben wir in der Vergangenheit immer wieder getan. Wir müssen Führung neu *leben*. *Denken* war zu allen Zeiten ein Türöffner. Aber erst Handeln füllt Räume.

Mein Motiv für dieses Buch zielt darauf ab, Führenden aufzuzeigen, wie viel sich mit qualitativer Führung erreichen lässt. Auch wenn niemand es gern zugibt: Wir Menschen sind Egoisten, arbeiten zuerst für uns selbst und dann für den anderen. Wenn Führungskräfte *aktiv* führen (lernen), erreichen sie damit als Multiplikator mehr als mit noch so perfektem Selbstaktionismus. Es bedarf also nicht einmal der Konzentration auf das DU, den Mitarbeiter, um die eigene Führungswirkung – oder Nichtwirkung – ernsthaft zu überdenken.

Vor wenigen Jahren habe ich mich als Berater und Begleiter noch damit zufrieden gegeben, in Workshops, Seminaren und Trainings das Thema zu *vermitteln*. Das genügt heute nicht mehr. Wenn ich heute in die Firmen gehe, dann will ich Führung nicht vermitteln, sondern die Zustände im Zusammenhang mit dem *Management* ändern.

Ich habe mir im Laufe der Zeit das Interesse für Abläufe abgewöhnt. Mein Fokus ist auf Ergebnisse ausgerichtet. Der Weg ist *nicht* das Ziel. Zumindest nicht im knallharten Business. Was nützt der beste Weg, wenn er nicht zielführend ist? Was dem Freizeitartisten, zum Beispiel dem Jogger, ausreichen mag – ums Karree zu laufen –, genügt zum Fortkommen im Wettbewerb internationalen Denkens und lokalen Handelns keineswegs.

Wenn Führung wirklich greifen soll, dann …

- müssen verständliche und nachvollziehbare Führungsleitsätze geschaffen werden,
- muss die Verbindlichkeit für alle Führungsebenen und Organe geregelt werden,
- müssen Vorstände/Geschäftsführer in vorbildhafte Vorlage treten,
- muss das Beurteilungssystem mit den Führungsleitsätzen eins zu eins synchronisiert werden,
- müssen die Rollen der einzelnen Führungsebenen unmissverständlich definiert werden,
- sollte eine gezielte und praxistaugliche Hilfe für die Umsetzung angeboten werden,
- muss die Nichtbeachtung der Leitsätze Konsequenzen haben,
- sollten Managementfunktionen und Leadershipfunktionen getrennt bewertet werden.

Das ist mein Credo! Ich habe mit dieser Überzeugung viele gute Erfahrungen gemacht. Eine aus jüngster Zeit ist die mit Webasto, einem seit 100 Jahren bestehenden Automobilzulieferer. Diese Firma war schon einmal auf gutem Wege in Sachen Führung, der dann aber über eine gewisse Zeit nicht konsequent weiterverfolgt wurde, sodass im ersten Schritt der Gedanken eine Revitalisierung anstand.

Der Vorstand hat das Thema Führung sodann aber neu aufgegriffen, begreifbar gemacht und in ein griffiges Modell gegossen. Dieses Modell und vor allem der Umgang damit erfüllt die oben genannten Voraussetzungen ohne Abstriche. Zunächst einmal (jetzt muss das alles nur noch gelebt werden).

> Führungsregeln regeln die Verbindung von der Wirklichkeit zum Anspruch. Demnach müssen sie verbindlich sein, wenn sie diese zumeist große Kluft verbinden sollen.

Nach einer zweitägigen Vorstandsklausur standen praxisrelevante (neue) Führungsregeln und eine Überarbeitung der Grundwerte im Protokoll. Das war im November 2000. Im Dezember wurde mit einem Dutzend Führungskräfte das neu geschaffene Werk diskutiert, reflektiert, kritisiert … Im Januar 2001 verabschiedete der Vorstand mit den Führungsregeln gleichzeitig ein Beurteilungssystem, das die in Management- und Leadershipfunktionen aufgeteilten Regeln eins zu eins abbildet.

Das wirklich greifende Veränderungsmodul: Mit diesem Beurteilungssystem müssen sich nicht nur die *Manager* (Entscheidungsträger ohne Personalverantwortung) und *Leader* (Entscheidungsträger mit Personalverantwortung) von ihrem Chef messen lassen. Vielmehr wird dasselbe Verfahren herangezogen, um alle Chefs von unten nach oben, also durch ihre direkten Mitarbeiter, beurteilen zu lassen. Das ist nicht mit einem »360°-Feedback« zu verwechseln, zu dem ich aus vielerlei Gründen eine äußerst kritische Distanz halte.

Wirkliche »Führung« ist heute sehr ins Abseits geraten. Mehr und mehr scheinen wir *Führung als Handlungskonzept* zum Einfluss auf die Leistung anderer mit *Führung als Status* zur Sicherung des eigenen Vorteils zu verwechseln. Woran Führungskräfte heute scheitern, ist dies: dass aus Verbalbekundungen keine Taten werden. Dabei ist Führungswissen weit verbreitet. *Gelebte Führungsqualität* scheint allerdings ein rares Gut zu sein.

> Der Unterschied zwischen einem Manager und einem Leader ist einfach erklärt:
> Der Manager kämpft mit seinem Mitarbeiter darum, wer als Glühbirne heller strahlt.
> Der Leader strahlt gemeinsam mit dem Mitarbeiter hell leuchtend, weil er den Mitarbeiter Glühbirne sein lässt, während er sich als Reflektor auf die Bündelung des Lichts konzentriert.

Auf der Suche nach Führungspersönlichkeiten

Früher war die Sache scheinbar einfach. Da gab es noch Leitfiguren, denen die Mitarbeiter auf der Spur folgten. Wenn auch mit deutlich zu großem Speichelverbrauch, der als Frustkompensation den zu scharfen Biss auf die eigene Zunge vermied. Heute sitzen auf denselben Etagen zuweilen »Leidfiguren« (nicht Leitfiguren), auf die – natürlich hinter deren Rücken – in Mitarbeiterkreisen Wetten abgeschlossen werden, »wie lange er es noch macht«.

In einer Epoche danach schien sich die Welt in die richtige Richtung zu bewegen. Kooperation wurde ernst genommen, Mitarbeiter in Entscheidungen eingebunden, Verantwortung auf unterschiedliche Entscheidungsträger übertragen. Führung sollte sogar messbar werden. Denn erste Mutige trauten sich, ein Vorgesetztenbeurteilungssystem – eine gute Sache unter einem schrecklichen Begriff – einzuführen. Dann kam die Entdeckung des Exports der Verantwortung von den Handelnden in der Firma an die Bewertenden an der Börse. Giganterie und Shareholdervalue lösten das qualitative Wachstum ab. Miserable Firmen wurde bejubelt, exzellente Firmen ignoriert.

Chefs finden immer eine Lösung, sonst wären sie nicht Chefs! Und sei es eine Notlösung. Also lösten sie sich. Von was? Vom Anspruch, Mitarbeiter führen zu wollen. Da zum Führen keine Zeit blieb oder bei Neuberufenen schlicht die Befähigung dazu fehlte, wurde die Autonomie neu entdeckt und mit bloßer Ergebnisorientierung gepaart. Die Ära der Entmündigung von Mündigen war eingeläutet.

Hinter diesem Legalisierungsversuch von Führungsverweigerung keimte ein revolutionärer Gedanke. Weil die Beziehung von Individuum zu Individuum ohnehin gestört war, erfanden wir das Team als Lösung aller Not. *Teamleadership* hieß das neue Modewort. »Unter vielen hat der Einzelne keine Bedeutung«, dachten sich die Chefs folgerichtig. Wer keine Bedeutung hat, kann auch keine Ansprüche stellen. Der Denkfehler bestand allerdings darin, dass die Entdeckung des Teams eine Epoche zu spät kam. Denn der Hund ist ein Rudeltier, die Katze ein Einzelgänger mit Persönlichkeit.

Diesen Tatbestand ignorierend, wurden Teams in der nahen Vergangenheit derart aufpoliert, dass niemand mehr die Schatten entdecken konnte, die durch die Omnipotenz des Teams dem Einzelnen das Licht nehmen. Es ist wie beim Obst vom Markt: Je fahler der Geschmack, umso besser muss die Optik glänzen.

> Wirkliche Genialität ist beim Einzelnen möglich, nicht im Team. Die Bäume mit den prachtvollsten Kronen stehen auch nicht mitten im Wald.
>
> Teams sind nicht schneller, nicht gründlicher, nicht klüger als der Einzelne. Dafür können sie zäher, lauter und unbeweglicher sein.

Eine wirkliche Lösung ist das freilich nicht. Schon gar keine auf die Dauer. Mit zum quasi Rudeltier umfunktionierten, sich unterordnenden Hauskater lässt sich keine große Beute fangen. Das wissen die Verantwortlichen nur zu gut. Denn ihre Unruhe kommt in den widersprüchlichen F.A.Z.-Annoncen deutlich zum Ausdruck.

Persönlichkeiten werden gesucht, wenn auch größtenteils schizophrene. Das brave Rudeltier mit räuberischem Trieb. *Teamfähig* und *durchsetzungsstark*! Das muss man sich einmal praktisch vorstellen. Teamfähig sind Menschen mit einer starken Neigung zur Integration. Durchsetzungsstark sind Menschen mit einem deutlichen Hang zur Domination. Wer beides in einer Person leistet, ist der Vorreiter einer neuen Organisationsausrichtung: Betriebsschizophrenie.

Der nächste Typus von Mitarbeiter steht kurz vor seiner Vollendung: die Raubkatze. *Immer wenn ein Schmetterling geboren wird, muss eine Raupe dafür sterben* ist ein alter Lehrsatz der Natur. Wenn die Wildkatze den Hauskater ersetzen soll, dann geht das nicht mit weniger an Führung, sondern nur mit mehr Sensibilität in der Führung.

> Wenn man Wildkatzen will, darf man nicht nach den Gesetzen eines Wolfsrudels leben.

Wir werden uns daran gewöhnen müssen, Mitarbeiter in mindestens zwei Kategorien zu sehen. Zum einen den teamfähigen Integrativen. Zum anderen den durchsetzungsfähigen Dominativen.

Wer teamfähig sein soll, wird dies nur erreichen, wenn er mit der Energie anderer gehen kann, ihre Vorstellungen und Bedürfnisse hört und sie mit seinen zu verschmelzen sucht. Integration hat immer etwas mit *anpassen* oder *sich einpassen* zu tun. Das eine Ich sucht das andere, um daraus ein Wir entstehen zu lassen.

Wer sich am Markt durchsetzen soll, muss dies auch zu Hause tun. Durchsetzen ist eine Form von Behauptung gegen andere. Durchsetzen ist der *Kampf* des einen Ich gegen ein anderes Ich, ohne dass daraus ein Wir entsteht.

Oder streben wir doch den Schizophrenen an, den Alleskönner, die rudelfähige Raubkatze? Dieser Typus von Mitarbeiter muss noch erfunden werden. Und wenn es den Frankensteins der Weiterbildungsszene gelingen sollte, dann muss er durch pekuniäre Antidepressiva lebensfähig erhalten werden. Die gut gefüllte Brieftasche als Druckpflaster gegen das seelische Ausbluten? »Geld macht die Seele leer«, denke ich mir so manches Mal, wenn ich extrem gut bezahlten Vorständen in Einzelgesprächen zuhöre, wie sie das Wichtigste der Leistungserbringung auszugrenzen versuchen: den Menschen.

Die Fehleinschätzung der Motivation

Um ganz offen zu sein: Ich kann das Wort »Motivation« nicht mehr hören. Vergessen Sie es! Suchen Sie nicht nach dem motivierten Mitarbeiter. Sie haben ihn! Oder haben Sie wirklich schon einmal einen »Unmotivierten« in die Firma kommen sehen? Ich nicht!

»Motivation« heißt Triebkraft, aktivierende und richtunggebende Vorgänge, die ein Verhalten bestimmen. Nach McDougall (1937) ist Motivation eine »Tendenz, die nur auf dem Niveau selbstbewusster reflektierter Handlung wirksam wird«. Für mich ist Motivation der *Treibstoff der Selbstgestaltung*, im positiven wie im negativen Sinne. »Motivierter Mensch« ist eine Tautologie wie »weißer Schimmel«.

Wie leicht und flott die – immer bei psychisch Gesunden – für irgendetwas vorhandene Motivation auf Hochtouren zu fahren ist, erlebe ich, wenn ich Menschen bei ihrer Urlaubsgestaltung beobachte. Die arbeiten dort nicht weniger als in der Firma. Aber anders. Auch die Dosis an Tagesstress ist nicht geringer. Aber gewollt und freiwillig verursacht. Aus eigenem Antrieb. Und das gibt das Gefühl, das Wohligkeit und Zufriedenheit auslöst.

Die Frage ist nicht, *ob* ein Mensch *motiviert* ist. Solange das Leben eine Zukunft hat, hat der Mensch seine Motivation. Die Frage ist vielmehr, *für was* ein Mensch *motiviert* ist. Manche sind motiviert, die Fehler ihres Chef zu suchen, um nicht so allein dazustehen mit all den Unzulänglichkeiten, die einem angekreidet oder eingeredet werden. Andere sind motiviert, eine möglichst kurze Wegstrecke zur Firma zu haben. Weil es sonst nichts gibt, was für diesen Arbeitgeber spricht. Einige sind motiviert, möglichst viel Geld nach Hause zu tragen. Weil ihre Interessen zur Selbstverwirklichung nicht mit den Zielen der Firma zu synchronisieren sind. Schließlich sind viele Menschen motiviert, ihr Leben in ihrer farbenfrohen Freizeit so richtig zu genießen. Das ist das Gegenthema zu den steingrauen Themen am Arbeitsplatz.

Wir scheinen uns von diesem Modewort »Motivation« in den Firmen nicht trennen zu können. Fast jede Führungskraft, vom Vorstandsvorsitzenden bis zum Teamleiter, baut in seine Erzählungen über Mitarbeiter an irgendeiner Stelle dieses Wort ein. Das bringt die Sache, die damit – meistens – gemeint zu sein scheint, nicht auf den Punkt. Es geht in Wirklichkeit um etwas anderes. Wenn ich als Berater zuhöre, dann haben diese Chefs etwas anderes im Kopf, wenn sie von »Motivation« reden:

Wie schaffe ich es als Chef, die *Energie* meines Mitarbeiters so zu lenken, dass er in meinem Sinne handelt? Das ist die Frage, um die sich alles dreht. Der einzelne Mitarbeiter hat 100 Prozent Energie oder weniger. Bei unter 50 wird es bedenklich. Also taucht noch eine zweite Frage auf: Wie gelingt es mir, die Energie eines Mitarbeiters mit unter 100 Prozent zu steigern?

> Wie soll jemand die Werte der Firma pflegen, wenn er nur für die Sauberkeit seines Arbeitsplatzes zuständig ist?

Außerdem möchte ich, dass sich mein Mitarbeiter *identifiziert* mit seinen Zielen, seinen Aufgaben, den Werten der Firma … und mit mir. Daraus entsteht direkt eine Gegenfrage: Was habe ich ihm anzubieten, das seinen Bedürfnissen gerecht wird?

Hoppla, *Bedürfnisse*? Ja, die hat der Mitarbeiter! Die bringt er ungefragt mit in die Firma. Ob Ihnen das als Chef gefällt oder nicht.

Wir sagen »Motivation«, meinen aber *Energie* und *Identifikation*. Warum sagen wir dann nicht das, was wir meinen? Jeder Chef möchte, dass sein Mitarbeiter sein Bestes gibt. In Sachen Motivation gibt der Mitarbeiter immer sein Bestes. Er ist zum Beispiel zu 100 Prozent motiviert mehr zu verdienen. Er ist zum Beispiel zu 100 Prozent motiviert, sich selbst zu verwirklichen. Er ist zum Beispiel zu 100 Prozent motiviert, eigenständige Entscheidungen zu treffen. Selbst wenn er dafür nicht die Voraussetzungen besitzt. Er ist sogar zu 100 Prozent motiviert, beim ersten Volltreffer im Lotto seinem Chef mal so richtig die Meinung zu sagen.

Da ist viel Energie vorhanden. Wird sie auch zielführend genutzt? Wenn der Mitarbeiter mit seinem Chef, seiner Aufgabe, seiner Rolle im Unternehmen usw. identifiziert wäre, müsste er nicht im Geiste bei erstbester Gelegenheit (beispielsweise einem Lottogewinn) auf die Pauke hauen.

Es geht um die *Nutzung* der *Energie* des Mitarbeiters und um die *Sicherstellung* seiner *Identifikation*. Darauf kommt es an. Das ist führungsmäßig zu leisten! Um es zu leisten, muss ein Chef unterschiedlichste Rollen einnehmen und diese überzeugend und gekonnt spielen. Abends zu Hause – oder am Wochenende –, da darf er ganz er selbst sein, Beine und Seele baumeln lassen.

Wenn Chefs keine Rolle spielen

Sagt die eine Sekretärin zur anderen: »Wenn ich mit meinem Chef alleine bin, fällt er manchmal aus der Rolle.« Darauf antwortet die andere: »Dazu gebe ich meinem Chef keine Gelegenheit. Der spielt für mich keine Rolle.«

Das Thema *Rollen* ist im Zusammenhang mit Führung inzwischen eine bekannte Größe, zumindest ein oft erwähnter Begriff. Dennoch möchte ich einen Beitrag zur Klarheit leisten, was damit gemeint ist, wenn ich in diesem Buch von *(Management-Leadership-)Rollen* spreche.

> Jeder spielt im Leben für andere Menschen eine Rolle. Und wenn nicht, dann ist er den sozialen Tod gestorben.

Der Begriff in seiner heutigen Verwendung – also außerhalb von Theater und Film – geht auf George H. Mead und Jacob Levi Moreno (1934) zurück. Der eine war Professor für Philosophie in Chicago, der andere Professor für Medizin, Theaterwissenschaftler und Begründer des Psychodramas mit Ursprüngen in Wien. Moreno begann mit seinen Untersuchungen bereits 1911, früher als Mead. Beide veröffentlichten 1934 ihre Arbeiten zur Rollentheorie – Moreno ein halbes Jahr früher als Mead –, obwohl die Entwicklung ihrer Ideen diametral gegensätzlich verlief.

In »Wie es euch gefällt« (II, 7) von Shakespeare heißt es:

»Die ganz Welt ist eine Bühne,
und alle Frau'n und Männer bloße Spieler.
Sie treten auf und gehen wieder ab.
Sein Leben lang spielt einer manche Rollen …«

Moreno wurde in seinem psychatrischen Lebenswerk stark von den Gedanken Shakespeares geprägt. Er ging jedoch über dessen Rollenmetapher weit hinaus und begann in den 20er-Jahren mit »Lebensrollen« zu experimentieren. Schon die Auffassung der Antike kannte *»das Spiel des Daseins mit sich selbst«*. Mead entwickelte in der gleichen Zeit das Konzept des »role-taking«.

Den Begriff *Rolle* konnten Moreno und Mead aus dem griechischen Theater, genauer gesagt aus dem altgriechischen Schauspiel, ableiten. Die alten Griechen definierten *Rolle* als ein durch Thema und Inhalt vorgeschriebenes Verhalten eines Akteurs. Im sozialpsychologischen Sinne bedeutet *Rolle* heute die Summe der von einem Individuum erwarteten Verhaltensweisen, auf die das Verhalten anderer Gruppenmitglieder abgestimmt ist.

Der Begriff *Rolle* gewann umso mehr an Bedeutung, je mehr der Mensch als Person im Zusammenhang mit anderen in der Gruppe betrachtet wurde. Die *Rolle* ist in diesem Kontext ein geordnetes Modell von Verhaltensweisen, relativ zu einer gewissen Position in einem interaktiven Gefüge. So werden an ein Gruppenmitglied bestimmte *Rollenerwartungen* gestellt, das sind Erwartungen an bestimmte Verhaltensweisen, die jemand einnimmt oder unterlässt.

Was ist unter einer *Rolle* in dem hier verwendeten Sinne zu verstehen? Eine Rolle ist zum einen eine *erlernte* (und jederzeit *erlernbare*) *Verhaltensweise*. Wir können hier von *intrinsischen* Rollen sprechen. Das *Rollenlernen* beginnt in der frühesten Kindheit und setzt sich bis zum Tod fort. So hat Moreno auf den Straßen Wiens durch Beobachtung von Kindern, die ihre Probleme spielerisch lösten, indem sie zum Beispiel die Rolle der Mutter oder des Vaters übernahmen, das Stegreiftheater entwickelt.

Ich habe während meiner Studienzeit in der Geriatrie beobachten können, dass Menschen selbst in hohem Alter neue Rollen lernten. Es ist bei gesundem Gehirn keine Frage der Fähigkeit. Es ist allein eine Frage des Wollens und damit der geistigen Beweglichkeit. Wenn der Körper nicht mehr mitspielt, zeigt sich, ob jemand die Rolle des Hilfeempfängers *lernt* und damit gut zurechtkommt oder sich weiterhin stur gegen Realitäten (in diesem Fall biologische) stemmt. Der eine ist – relativ – glücklich, zumindest zufrieden. Der andere lädt sich ein zusätzliches Leiden auf, er kämpft verzweifelt gegen eine Autorität, die stärker ist als er: seine Gebrechlichkeit.

Neue Rollen sind in jedem Alter dann erlernbar, wenn mindestens eine von zwei Bedingungen erfüllt ist: Entweder es treibt die innere Inspiration hin zu einer neuen Rolle oder es lastet Druck von außen, dem mit einer neuen Rolle besser begegnet werden kann als mit dem bisherigen Verhaltensmuster. Andererseits ist eine einmal gelernte Rolle so gut wie nicht verlernbar. Das gilt eben auch für negative Rollen. Die Rolle »der Autoritäre« bleibt auch nach noch so vielen und gründlichen Führungstrainings oder Coachings in ihrer Substanz erhalten.

Diese erlernten Rollen können aber durchaus überlagert werden. So kann durch neues Bewusstsein der Einsichtige lernen, eine neue Rolle über die alte zu legen. Er lernt, seine Autorität bewusst zurückzuhalten. Ein solches Bewusstsein kann Klarheit dafür schaffen, wann und warum die Rolle ursprünglich erlernt wurde. Es kommt zu einer *Peripetie*, einer Wandlung beziehungsweise Veränderung der Einstellung. Das erworbene Bewusstsein kann aber ebenso den Blick dafür schärfen, dass der »Autoritäre« mit dieser Rolle nicht das erreicht, was er immer glaubte zu erreichen. In diesem Fall kommt es zu einer *Katharsis*, einer substanziellen Veränderung des Wesenszugs.

Erlernten Rollen muss immer ein gewisses *Potenzial* unterlegt sein, wenn sie souverän eingenommen werden sollen. Fehlt das Potenzial, wirkt das Verhalten aufgesetzt, die Rolle unecht. So kommt es zum Beispiel vor, dass starke Chefs zu Hause angepasste Ehemänner sind. Umgekehrt sind auftrittsstarke Familienoberhäupter in der Firma brave Mitarbeiter. In beiden Beispielen lässt sich das Potenzial »Stärke« erkennen, das situativ einerseits ausgespielt wird und andererseits nicht zum Tragen kommt. Starke Persönlichkeiten sind Menschen, die ihre verschiedenen Rollen souverän spielen. Sie sind in ihren Rollen überzeugend. Wir können auch sagen: Sie *sind* ihre Rollen.

Eine *Rolle* ist zum Zweiten ein *erwartetes* (oder manchmal *unerwartetes*) *Verhalten*. Hier handelt es sich um *extrinsische* Rollen. Der Mitarbeiter erwartet zum Beispiel von seinem Chef Fairness oder klare Entscheidungen. Wenn solche Rollenerwartungen (»der Gerechte«, »der Entscheider«) nicht erfüllt werden, kann es bei Anhäufung weiterer Rollenenttäuschungen dazu kommen, dass dieser Chef für den Mitarbeiter im wahrsten Sinne des Wortes »keine Rolle mehr spielt«. Extrinsische Rollen angemessen einnehmen zu können, hat immer mit Aufmerksamkeit und Einfühlung zu tun.

Der Chef, der »aus der Rolle fällt«, überrascht seine Mitarbeiterin (das Beispiel der Sekretärin) mit einem unerwarteten Verhalten. Die Rollenerwartung der Mitarbeiterin (vielleicht: »der Höfliche«, »der Galante«, »der Zuvorkommende«) wird mit einer unerwarteten Rolle (vielleicht: »der Plumpe«, »der Anmacher«, »der Unpersönliche«) enttäuscht.

Ein Chef, der seinen Mitarbeitern gegenüber nicht in den erwarteten Rollen auftritt, zum Beispiel »der eindeutig Leitende«, »der Verlässliche«, »der Förderer«, »das Vorbild« …, riskiert, für diese Mitarbeiter mit der Zeit »keine Rolle mehr zu spielen«. Er stirbt den Tod der sozialen Rollenakzeptanz. Ohne diese Vitalität wird es ihm schwer fallen bis unmöglich sein, sich in entscheidenden Momenten durchzusetzen.

Manche Chefs spüren, dass sie für ihre Mitarbeiter nicht bedeutend sind, also keine oder eine geringe Rolle spielen. Anstatt mit erwartungsgerechten Rollen zu reagieren und damit das Beziehungsgeflecht zu revitalisieren, ziehen sie sich zurück. Damit verstärken sie die Situation, die sie im Grunde genommen nicht haben wollen. Oder sie greifen auf alte (erlernte) Rollen zurück, mit denen sie früher ähnlichen Schwierigkeiten (zum Beispiel abgelehnt zu werden) begegneten, beziehungsweise sie lernen aus der Not heraus unpassende Rollen. Sie werden »der Angreifende«, anstatt »der Fürsorgliche«, »der Außenseiter« anstatt »das Vorbild«, »der Trotzige« anstatt »der Leitende«. Es entsteht ein kontraproduktiver Ball Paradox.

Empfehlungen des Dalai-Lama für das Leben im neuen Jahrtausend:

»Habe stets Respekt vor dir selbst, Respekt vor anderen,
und übernimm Verantwortung für deine Taten.
Wenn du feststellst, dass du einen Fehler gemacht hast,
ergreife sofort Maßnahmen, um ihn wieder gut zu machen.
Bedenke: Nicht zu bekommen, was man will,
ist manchmal ein großer Glücksfall.«

Rollen sind interaktiv wirkende Verhaltensweisen, die das Zusammenspiel von zwei oder mehr Menschen definieren. Solche Rollen können das Zusammenwirken erschweren, zum Beispiel der Ehemann, der auf dem Beifahrersitz penetrant die Rolle »der Fahrlehrer« einnimmt, oder die Ehefrau, die in die Rolle »die Mutter« schlüpft, wenn sie ihrem Mann vorschreibt, was er für seine Gesundheit tun soll. Rollen können das Miteinander erleichtern, zum Beispiel der Freund, der die Rolle des aufmerksamen Zuhörers einnimmt und dabei auf die – störende – Einbringung seiner eigenen Themen verzichtet.

Rollen können auch mehrdeutig und damit verwirrend sein. Wenn ich an unpassender Stelle einen Witz mache, bin ich dann in der Rolle des auflockernden Humoristen oder des satirischen Kritikers? Ein Chef fällt nicht nur aus der Rolle, wenn er seiner Sekretärin unangemessen nahe kommt. Er fällt auch aus der Rolle, wenn er nicht das Erforderliche tut, das seine Mitarbeiter von ihm erwarten.

Rollenverwirrungen gibt es auch durch dies:

Was das Institut für Arbeitswissenschaft der GH Kassel in einer vierjährigen Studie herausgefunden hat, darf den, der das Managementtreiben in Unternehmen kennt, nicht wirklich überraschen. Danach ist die viel gepriesene *Sozialkompetenz* eine Mogelpackung, in der sich nicht die Leistung entfaltet, die durch sie erwartetet wird.

So legt die Studie in 20 Unternehmen offen, dass die Lösung von Problemen im Arbeitsbereich, das Planen von Optimierungen und die Mitarbeit an Veränderungen durch soziale Kompetenz eher gebremst wird.

Die Forscher meinen, sozialkompetentes Verhalten, wie Empathie, aktives Zuhören und persönliche Ermunterungen, führe dazu, am Thema vorbeizudiskutieren. Zustimmen und Kopfnicken ersetzen das Vertreten von Standpunkten.

Nach meiner Auffassung ist dieses Phänomen nicht ursächlich mit dem Vorhandensein oder Nichtvorhandensein von sozialer Kompetenz in Zusammenhang zu bringen. Vielmehr sind sich die Handelnden ihrer Rollenmöglichkeiten, die sie *durch* soziale Kompetenz gewinnen, nicht bewusst. Es fehlt an *Rollenklarheit*. Aktives Zuhören zu beherrschen, darf eben nicht dazu führen, alle Situationen nunmehr mit aktivem Zuhören bewältigen zu wollen. »Der aktive Zuhörer« ist eine Rolle – von vielen –, die ein Chef situationsangemessen beherrschen muss.

Die Forscher aus Kassel schlussfolgern, dass Fach- und Methodenkompetenz zusammen mit »Selbstkompetenz« (hier ist die Persönlichkeitskompetenz gemeint) weitaus wichtiger für eine effektive Gruppenarbeit seien als Sozialkompetenz. Für mich ist es keine Frage des Vorhandenseins von Kompetenzen als vielmehr der Handhabung derselben durch bewusste und angemessene *Rollenausgestaltung*.

Zwei Fragen stellen sich für jeden Chef:

1. Welche Rollen *kann ich* souverän *spielen*, um meine Mitarbeiter im Sinne meines Auftrags oder den mir gesetzten Zielen zum Erfolg zu bringen?
2. Welche Rollen *erwarten meine Mitarbeiter* von mir, um im Sinne meiner Vorstellungen erfolgreich zu sein?

Die erste Frage hängt eng mit den *Potenzialen* des Chefs, die zweite mit den *Reifegraden* der Mitarbeiter zusammen. Da ich auf die Potenziale noch detailliert eingehen werde, seien die Reifegrade hier kurz erläutert:

Reifegrad 1
Der Mitarbeiter, der wenig kann und zu kaum etwas Lust hat.

Reifegrad 2
Der Mitarbeiter, der durchaus etwas kann und durchaus zu bestimmten Aufgaben bereit ist.

Reifegrad 3
Der Mitarbeiter, der viel kann und von Grund auf bereit ist, das Richtige eigenständig zu tun.

Reifegrad 4
Der Mitarbeiter mit herausragenden Begabungen und unternehmerischer Agilität.

Während Mitarbeiter des Reifegrads 1 den »engen Betreuer« und »Kontrolleur« benötigen, um etwas zu leisten, brauchen Mitarbeiter des Reifegrads 4 den »Reflektor«, der ihre Strahlungskraft durch positive Rückmeldungen verstärkt.

Führungsqualität beginnt mit der Trennung von Management und Leadership

Wenn wir *Führung* sagen, meinen wir dann *Leadership*? Und: Was verstehen wir unter *Management*? Sind Führung und Management wirklich ein und dasselbe? Eindeutig nein! Gleichwohl, ich wundere mich nicht über die landläufige Vermischung selbst in der Beraterszene, die eigentlich mit einem guten Beispiel der Trennschärfe in wichtigen Fragen Vorbild sein sollte. Stattdessen stellen sich viele der angebotenen Führungskonzepte als heiße Luft heraus, indem sie statt Leadership- ausschließlich Managementthemen aufgreifen. Frei nach der Erkenntnis »Ich muss keine Pfanne sein, um ein Schnitzel braten zu können« oder dem Motto »Welcher Wegweiser kennt schon den Weg, den er weist?«.

Was zeichnet einen guten *Manager* aus? Was sind die Merkmale eines guten *Leaders*? Es gibt Unterschiede, eindeutige und fatale. Ich kenne Manager, sogar exzellente, die von Leadership keine Ahnung haben. Deren Mitarbeiter wären ohne diesen Vor-(die Nase)Gesetzten weitaus erfolgreicher. Es gibt Leader, denen das Managen nicht liegt. An ihrer Seite fühlen sich die Mitarbeiter wohl, doch die Prozesse verwahrlosen.

Wenn wir Leistung und Ergebnisse steigern wollen, können wir nicht einfach an Bewährtem festhalten. Bezogen auf die Verwendung von Technik und den Einsatz von Methoden ist das jedem klar. Aber in einer so wichtigen Frage der Rollentrennung *Management* und *Leadership* scheinen wir keinen Schritt voranzukommen.

> *»Nimm das Beste, was existiert, und mach es besser. Wenn es nicht existiert, entwerfe es. Akzeptiere nie etwas, das beinahe richtig oder nur fast gut ist.*
> *Vor allen Dingen seid akkurat!*
> *Kleine Dinge machen Perfektion aus, aber Perfektion ist keine Kleinigkeit.*
> *Was immer korrekt getan wird – sei es auch noch so gering –, es ist nobel.«*
>
> *Frederick Henry Royce*

Wir müssen *Management* und *Leadership* als getrennte Prozesse begreifen lernen und danach die Schlüsselfunktionen besetzen. 1984 griff ich zum ersten Mal die Trennung von Management und Führung auf. Damals wurde – wie heute größtenteils immer noch – *Management mit Führung* und der *Führende* mit dem *Manager* begrifflich in einen Topf geworfen. In meinem ersten Buch »Alternatives Führen – Mitarbeiter qualifizieren« (1984) machte ich deutlich, dass ich ausschließlich Führung meine. In meinem dritten Buch »Effizient Führen – Mitarbeiter erfolgreich machen« (1990) nahm ich eine strikte Trennung beider Themen vor, ohne mir jedoch über die Auswirkungen im Klaren zu sein, die eine Nichttrennung mit sich bringt.

Es war 1990, als ich schrieb: »Dieses Buch handelt von Führung, nicht von Management ... der wesentliche Unterschied besteht darin, dass Führen ein zwischenmenschliches Thema und Managen etwas Instrumentell-Technisches ist. Führer sind Menschen, die auf andere einwirken, sie ... beeinflussen, eine Koordinatorenrolle einnehmen und Wegweiser sind. Manager sind Sachverwalter, Strategieproduzenten, Budgetprotagonisten und Ergebniskontrolleure.«

Wenn ich heute bei Hinterhuber und Krauthammer lese, dass Leadership aus »drei Säulen« besteht, nämlich: »1. Visionär sein: Den Siegeswillen anspornen«, »2. Vorbild sein – vorleben: Engagement zeigen, Energien freisetzen und Talente fördern«, »3. Den Unternehmenswert steigern: Wohlstand für alle Partner schaffen«, dann habe ich insbesondere mit der Interpretation von 1 und 3 Synchronisationsschwierigkeiten zu meinem Ansatz. Das heißt nicht, dass ich die Zuordnung der Autoren für falsch halte, mir fehlt es allein an Trennschärfe, die da sagt: Leadership ist Arbeit am Menschen, Management ist Arbeit an der Organisation.

Hinterhuber und Krauthammer führen aus: »Das Ziel (Anm.: von Leadership) ist, die Unternehmungen in den Geschäftsfeldern, in denen sie tätig ist oder sein will, zur Marktführerschaft zu führen und diese erfolgreich zu halten.« Das ist nach meiner Auffassung das – recht allgemeine – Ziel von Management *und* Leadership. Ich sehe das wirkliche *Ziel* von Leadership darin, *Menschen* – nämlich die geführten Mitarbeiter, nicht das Unternehmen – zum Erfolg zu führen oder auf Erfolgskurs zu halten.

Ich gehe noch einen Schritt weiter, um deutlich zu machen, wo für mich der Unterschied liegt: So wie Tom Peters einmal gesagt hat, »dass noch kein Markt eine Rechnung bezahlt hat«, sondern »dass es Kunden sind, die so etwas tun«, sage ich, ich sehe nicht, wie das gehen soll, ein Unternehmen zur Marktführerschaft zu führen. Ein *Unternehmen* kann man so *managen*, dass es Spitzenleister wird. Einen Mitarbeiter kann man so *führen*, dass er sein Bestes gibt, um ein Spitzenleister zu werden. Wenn alle Mitarbeiter – oder weit über 50 Prozent – Spitzenleister sind, dann ist das Unternehmen bestens für Marktführerschaft gerüstet.

Spitzenleister schaffen Spitzenleistungen. Spitzenleistungen ziehen Spitzenleister an. Dagegen wird der Untaugliche von den Anforderungen des Mittelmaßes geradezu erschlagen.

Ich sehe es tagtäglich, dass das Thema »Management und Führung« in unseren Betrieben nach wie vor recht unterschiedlich besetzt ist. Ich erlebe altbackene Strukturen, das sind die nach streng hierarchischem Prinzip geordneten Organisationen, in denen der Chef noch mit Respekt gewürdigt werden will und die Vorzimmerdame die Eintrittskarten zur Besichtigung seines Hauptes verteilt. Diese Führungskultur stammt aus einer Zeit der *Hundegesellschaft*. Herrchen zu Hasso: »Da! Lauf! Hol den Knochen!« Das schwanzwedelnde Fellstreicheln nannte man *Motivation*.

Ich erlebe zukunftsweisende Kulturen, das sind die Betriebe, in denen Führungskräfte nicht Vorgesetzte, sondern *Förderer*, *Koordinator*, *Impulsgeber* und – vor allem – *Reflektor* sind und den täglichen Fitnesslauf gleich in die Arbeit integrieren, indem sie auf die Mitarbeiter zugehen. Diese Führungskultur entspricht der *Katzengesellschaft*, in der wir heute leben. Die Katze ist hoch motiviert, die Maus zu fangen, lässt sich aber nicht vorschreiben, wann und wie. Zum Glück haben wir uns weitestgehend von der *Papageiengesellschaft* aus der Adenauer-Ära endgültig verabschiedet, in der Jakob der Papagei dann belohnt wurde, wenn er brav die Worte seines Herrn nachsprechen konnte.

Warum, frage ich mich, ist *Führungsqualität* so schwer in die Praxis zu bringen, wenn so viel darüber geschrieben und geredet wird? Warum wurden in der Vergangenheit wider besseres Wissen definitiv nicht geeignete Kandidaten in Führungspositionen gehievt?

Ich muss mich korrigieren. Was heißt »Vergangenheit«? Auch heute noch. Erst Anfang 2001 sagte mir ein Bereichsleiter: »Kein Wunder, dass im Vertrieb die Führung fehlt. Der beste Verkäufer wurde zum Vertriebsleiter gemacht. Jetzt hat der beste Verkäufer eine neue Visitenkarte. Mehr hat sich nicht geändert.« Vielleicht ist das der Grund, warum erstklassige Fachleute zu drittklassigen Führungskräften befördert werden: weil man Angst hat, dass die sonst fachlich Hochqualifizierten und gleichzeitig Karriereorientierten abwandern könnten?

Diesen Notbeförderungen könnte man entgegenwirken, wenn man in Organisationen die Themen *Management* und *Leadership* sauber trennen würde. Nach oben kommen heißt Macht bekommen. *Macht* wird in dem Zusammenhang aber nicht mit *machen*, sondern mit *über Menschen bestimmen* gleichgesetzt. *Leadership* und *Management*, das lässt sich nicht einfach gleichsetzen. Das sind zwei unterschiedliche Vorgänge. *Management* ist die Begabung, Prozesse, Strategien und Sachvorgänge zu sehen, richtig bewerten zu können und zielführend auszurichten. *Leadership* ist dagegen die Leidenschaft, *andere* zum Erfolg bringen oder auf Erfolgskurs halten zu wollen.

Leader wird als *Führer*, *Leiter*, aber auch *Spitzenreiter* übersetzt. *Ship* heißt unter anderem *an Bord nehmen*. Der Begriff »Leadership« wurde um 1800 in die englische Sprache eingeführt und bedeutet im engsten Sinne »Führungsrolle«. Meine heutige Definition von *Leadership* ist: Der Spitzenreiter, der andere ins Boot holt, um gemeinsam zu Spitzenleistungen zu kommen. Ich kann mich aber ebenso an dem deutschen Begriff orientieren. *Führen* heißt, dem anderen den Weg aufzuzeigen, vorauszugehen, Orientierung zu geben … Damit hat Führung unmittelbar mit *Beziehung* zu tun, die ich als Führender zu einem anderen aufbaue und aufrechterhalte, um ihn *in mein Boot* zu holen.

Unter *Management* verstehen wir *Direktion*, *Einrichtung*, *Unternehmensleitung*, *Verwalten*, *Wirtschaftsführung*. Das macht den Unterschied deutlich. Hier geht es eher um die *Sache*, weniger um eine *Beziehung*.

Leadership ist die *Arbeit am Menschen*, *Management* ist *Arbeit an der Organisation*. Oder anders ausgedrückt: Leadership ist die Pflege am Kulturgut menschlicher Zusammenarbeit. Management stellt die Mauern dar, in denen dieses Kulturgut pflegsam aufzubewahren ist.

Management kann aber auch die Mauern bedeuten, in denen Leadership seine Fortpflanzung einstellt. Das ist zum

Beispiel dann der Fall, wenn Tops managen und dabei die Führung aus den Augen verlieren. Führung ist ein Beziehungsgeschäft, da hilft weder strategisches noch analytisches Denken. Auch mit Methoden- und Fachkompetenz kommt der Einzelne nicht weit. Was Führung ausmacht, findet sich in dem wieder, was ich als *Beziehungskompetenz* bezeichne. Das könnte man lernen, wenn ..., ja wenn man bereit wäre, den anderen *mindestens* so wichtig zu nehmen wie sich selbst. Das widerspricht zunächst einmal dem gesunden Egoismus des Menschen.

Wenn man selbst 14 Jahre lang einen Platz an der Spitze eines Unternehmens innehatte, die heterogenen Denkweisen und Interessen von Aufsichtsräten, Gesellschaftern und Mitarbeitern in Einklang zu bringen bemüht war, dann weiß man, dass man eigentlich beides beherrschen muss: Management und Leadership. Ich nehme nicht für mich in Anspruch, beides in der hier beschriebenen Qualität beherrscht zu haben. Meine eigenen Fehler haben mir mehr geholfen, einen Blick für die Dinge zu gewinnen, wie sie sein müssten, als für das, was ich konsequent gelebt habe.

Wenn man sich auf dem Thron der Macht ein Quäntchen Selbstkritik erhalten hat, dann weiß man um seine Schwächen, zum Beispiel die, dass man nicht gleichzeitig auf zwei Bühnen Protagonist sein kann. Ich weiß es von mir und sehe es an anderen: Kaum jemand ist Manager und Leader in einer Person. Die einen können scharfe Analysen treffen und sind exzellente Strategen, die anderen sorgen für Begeisterung, stellen Menschen hinter sich und lösen den Wunsch nach Gefolgschaft aus.

> Je höher man aufsteigt, umso mehr verwandeln sich Fenster in Spiegel. Mit der Abnahme des Durchblicks wächst das (trügerische) Selbstbild. Wenn man dann so weit oben ist, dass man sich für unfehlbar hält, reicht ein einzelner Fehltritt, um den Spiegel zu zersplittern. Danach folgt der Blick auf eine dunkle Wand.

Es lassen sich Unternehmen beobachten, die strategisch gut aufgestellt sind mit klaren Strukturen, sauber formulierten Zielen, einem guten Programm, aber einer miserablen Stimmung unter den Führungskräften und Mitarbeitern. Dann wiederum gibt es Firmen, in denen der Orkan des Chaos tobt, jeder hektisch wirkt, ohne dabei unglücklich auszusehen.

Die einen, dass sind die *sachorientierten* Firmen, die aufpassen müssen, dass ihnen mit der Zeit die guten Leute nicht davonlaufen. Die anderen, das sind die *klimaorientierten* Firmen, in denen bis auf das exzellente Miteinander nichts stimmt. Sie müssen aufpassen, dass ihnen der Markt nicht davonläuft. Die einen werden von *Managertypen* dominiert, die ein »strategic review« wichtiger nehmen als die Menschen. Die anderen werden von *Leadershiptypen* inspiriert, die alles auf die Karte der Wertschöpfung durch die emotionale Intelligenz (EQ) setzen.

Firmen ohne Strategie leben im Markt wie eine Laus auf dem Blatt. Stirbt der Baum, stirbt das Blatt, stirbt das Blatt, stirbt die Laus. Die Laus ist auch erledigt, wenn ein herber Wind das Blatt in eine Ecke fegt, in der für sie kein Überlebensraum ist.

Strategie ist aber nicht alles. Vor allem dann nicht, wenn es die falsche ist. Dummerweise weiß man das meistens, wenn es zu spät ist. Den Firmen ohne Strategie fehlt in der Spitze der *Manager*. Bei den Firmen mit falscher Strategie liegt es meistens daran, dass die Rollen der Macht und Meinungsbildung nicht eindeutig aufgeteilt sind. Wenn ein Generalist an der Spitze glaubt, alles zu können, und den Aufsichtsrat mit tönernem Verbalklamauk hypnotisiert, dann sieht es meisten düster um die Mitdenker im Unternehmen aus, die sich im Zauber der Verblendungskünste weniger gut auskennen.

> Management ist die Fähigkeit, sich auf Elefanten und deren Arbeitsprozesse zu konzentrieren. Leadership ist die Begabung, die Nützlichkeit von Mäusen im Elefantenrevier zu sehen und in die richtigen Bahnen zu lenken.

Meine Beobachtung ist, dass eine eindeutige Präsenz und Aufteilung der Rollen »Management« und »Leadership« in einem Unternehmen, besetzt durch unterschiedliche Persönlichkeiten, die sich gegenseitig die Bälle zuspielen, der sicherste Erfolgsfaktor ist. Das Pingpongspiel um Hierarchie, Status und Positionsklimbim führt zu nichts. Außer zur Selbstbefriedung des Egos.

Die Klarheit der Rollen ist es, die für Mitarbeiter einladend ist, sich am Unternehmensgeschehen mitdenkend zu beteiligen, und die ihnen Lust macht, Verantwortung zu übernehmen. Übrigens: Ich kenne kein Unternehmen ohne kluge Köpfe. Dafür kenne ich eine Unmenge an Firmen, in denen die divergente Klugheit kaserniert wird.

Es gibt Manager, die einen klaren Kopf für das Wesentliche haben, wenn es um die Stoßrichtung geht, aber unfähig sind, diejenigen anzufeuern, die das Spiel ans Laufen bringen sollen. Neben den Denkerköpfen braucht das Unternehmen Leader, das sind Inspiratoren, die Menschen begeistern, ihnen die Steigbügel zum Erfolg halten, den Weg ausleuchten, Individualität und Persönlichkeit wachsen lassen, den Stoff für Entfaltung und Motivation verstäuben, Leistung beklatschen und unternehmerischen Mut machen.

Da stört es dann auch nicht, wenn sich Manager unter ihrer Denkglocke einigeln, keinen Blick für Menschen haben, Unmögliches verlangen, ohne es selbst vorzuleben, Sachvorgänge bis ins Detail durchleuchten, ohne zu wissen, dass es ohne Menschen keine Sachvorgänge geben würde.

Mitarbeiter sind die besten Multiplikatoren eines Unternehmens. Keine Marketing- oder Werbemaßnahme ist in ihrer Aussagekraft dichter und überzeugender, als es der Meinungsspiegel der Mitarbeiter hergibt. Wenn dieses Grundverständnis geteilt wird, dann ist die sich daraus logisch ableitende Konsequenz eine der bedeutsamsten Herausforderungen von Führung: nicht nur für eine gute Leistung, sondern vor allem für eine gute Meinung unter den Mitarbeitern (über das Unternehmen, die führenden Personen, die Produkte …) zu sorgen.

Dazu muss zunächst einmal die Meinung der Menschen *gehört* werden. Diese zentral bedeutsame Aufgabe leistet kein Manager, der vom Lärm der permanenten Ablenkung überwältigt ist und den Kopf mit Themen voll hat, die *ihn* beschäftigen. Je voller ein Kopf ist, umso mehr drückt der Inhalt auf die Ohren mit der Folge von anfänglicher Schwerhörigkeit bis zur Gehörlosigkeit in fortgeschrittenem Stadium. Berater aller Couleur verdienen heute eine Menge Geld damit, dass sie die Menschen in den Unternehmen nach Meinung und Rat fragen, um die Klugheiten anschließend in einem teuren Gutachten zusammenzufassen.

Niemand weiß genau, wie er ist, bevor er nicht eine Reaktion darauf gehört hat, wie er wirkt. Erst wenn Führungskräfte hören, wie sie wirken, können sie sich ein Bild davon machen, was sie ausrichten – oder anrichten.

Man muss heute niemanden mehr davon überzeugen, dass wir in einer Welt permanenter Veränderung leben. Es geht vielmehr um die Frage, was sich wie verändern muss, damit die Triade *Mensch – Technik – Geld* in Unternehmen zur vollen Wirkung im Zusammenspiel der Kräfte heranreifen kann. Meine Thesen dazu sind:

1. Wir müssen der Hierarchie eine weichere Form geben. Nur so lassen sich Energie, Identifikation und Qualität der Mitarbeiter zu einer unternehmerischen Glanzleistung entwickeln.
2. Wir müssen uns von der Euphorie und dem Irrtum verabschieden, dass Teams der Schlüsselfaktor zur Hochleistungsorganisation sind und sich besonders gut für jede Allzwecksituation eignen. Teams sind nicht für jeden Zweck das beste Modell. Die Flucht in das Team anonymisiert die Persönlichkeit. Andererseits müssen wir uns vor einer Extremität bewahren, mit der die ges-

tern noch hoch gelobte Teamarbeit aus den Firmen verbannt wird.

3. Wir müssen die Suche nach Persönlichkeiten, die Führung ohne Amtsautorität zu leisten bereit und imstande sind, intensivieren. Wir brauchen weniger karrieresüchtige Manager und dafür mehr führungsstarke Leader, die den Erfolg anderer durch Bestaunen steigern. Diese Persönlichkeiten sind warmherzig, glaubwürdig und fordernd zugleich. Sie ziehen Spuren, denen andere bereitwillig folgen.
4. Wir müssen zwei bisher verschmolzene Leistungsbereiche trennen: *Management* und *Leadership*, und zu einem neuen Verständnis von Matrix kommen. In dieser Matrix sorgen Tandems aus Managern und Leadern für optimale Prozesse im Unternehmen. Die einen sorgen für die Steuerung der Prozesse, die anderen für die emotionale Leitung der Prozesstreiber.
5. Wir müssen die *Potenziale* der *Keypeople* identifizieren, um Menschen in die richtigen Aufgaben zu bringen. Das gilt für die Unterscheidung von Managern und Leadern, aber ebenso für andere Schlüsselfunktionen. Das Unternehmen von heute braucht *Denker* und *Netzwerker* und kann sich nicht darauf verlassen, dass es allzu viele gibt, die beides gleichsam gut auf hohem Niveau beherrschen.

Wir brauchen Management, wir brauchen Leadership. Aber ich bezweifle, dass diese unterschiedlichen Funktionen auch zukünftig noch in der Hand ein und desselben Funktionsträgers bleiben können.

Perfektes Projektmanagement ist die Vorstufe zum Leadership in höchster Qualitätsausprägung

Über Projektmanagement ist in den letzten Jahren viel veröffentlicht worden und es hat Einzug in nahezu allen Unternehmen gehalten. Ein Aspekt kommt dabei jedoch bei weitem zu kurz: die Leistungen im Bereich Leadership, die ein guter Projektmanager zu vollbringen hat. Leadership ist geradezu die Achillesferse des Projektmanagements. Denn anders als in der Linie bedeutet das Managen von Projekten *Führung jenseits der Leitungsmacht.*

Der beste Projektmanager (er müsste eigentlich *Projektleader* heißen) ist nicht der mit dem größten Sachverstand. Solche Leute braucht man *innerhalb* des Projekts. Am besten treiben solche Menschen Projekte voran, denen eine gewisse *Persönlichkeitsausstrahlung* nachgesagt wird, mit der sie andere auch ohne formelle Leitungsmacht anziehen, und die gleichzeitig eine *Sensibilität für Menschen* haben, ein Gespür für sich selbst und andere.

Bis heute werden bei der Auswahl von Projektleitern die größten Fehler damit gemacht, dass man sich den besten Fachmann oder – noch schlimmer – einen jungen Aufsteiger sucht, der über den Weg der Projekterfahrung die Reife für den Aufstieg in der Linie gewinnen soll. Das muss man sich in etwa so vorstellen, als wenn ein auszubildender Metzger seine ersten Erfahrungen im Umgang mit Fleisch im OP einer Unfallklinik sucht.

Wie waren die Anfänge des Projektmanagements? Was in den Verwindungen der Hierarchie auf der Strecke zu bleiben schien, wurde den Projektmanagern zur Wiederaufarbeitung anvertraut. Die ersten Implementierungsversuche des Projektmanagements waren gekennzeichnet von der Vorstellung von Leitwölfen, die anderen das gemeinsame Heulen beibringen, ohne nach Titel oder Status zu fragen.

Dass nach anfänglich guten Erfahrungen dann später so viele Projekte scheiterten, lag daran, dass bei den Projektleitern der zweiten Generation nicht mehr die Persönlichkeits- und Sozialkompetenz, sondern die Fach- und Methodenkompetenz gefragt war. Man guckte sich den besten Fachmann/die beste Fachfrau aus und schulte eifrig eine rüttelfeste Methodenkompetenz. Es wurde also ein Automechaniker ohne Fahrerfahrung in einen geländetauglichen Offroader gesetzt, und ab ging die Post. Wenn das Projekt den Bach runterging, war die Unfallanalyse immer dieselbe: Die Verursachersuche begrenzte sich auf die Mechanik, wenn man dort nichts fand, lag es am Gelände. Eine einfache Logik wie: Katzen sind Lebewesen; Lebewesen sind sterblich; Sterbliches ist verderblich; Verderbliches gehört in den Kühlschrank. Also gehören Katzen in den Kühlschrank!

Der zukünftig benötigte Typ von Leader ist einem professionellen Projektmanager nicht unähnlich. Er braucht eine starke Hand und ein sensibles Wahrnehmungssystem und dazu die Fähigkeit, Horizonte zu beschreiben, wo andere Wolken sehen oder von zu intensiver Sonneneinstrahlung geblendet werden.

Ich habe Projekte immer dann scheitern sehen, wenn führungsschwachen Fach- oder Nachwuchskräften die Bürde der Projektleitung auferlegt wurde, zu allem Hohn mit dem Begleitsatz: »Sammeln Sie zunächst einmal in einem Projekt Führungserfahrung, damit Sie bei entsprechender Bewährung eine ordentliche Führungsverantwortung in Linienfunktion übernehmen können.«

Während ein Linienmanager mit der Macht des Amtes komfortabel spielen kann, um Menschen zu bewegen, muss ein Projektmanager ersatzweise sein gesamtes Know-how einschließlich seiner Persönlichkeitsstärke ins Spiel werfen, um zu ähnlichen Ergebnissen zu kommen.

Ich bewundere die erfolgreichen Projektmanager, die sich nicht hinter einer Doppeltür verstecken, die keinen Status haben, mit dem sie andere beeindrucken (oder erdrücken), die sich nicht »Kraft Amtes« Gehör verschaffen und trotzdem etwas zuwege bringen. Sie müssen *führen* und *vorleben*, was im Übrigen eng miteinander verknüpft ist.

So mancher mag es nicht gern hören, aber mich beeindruckt kein Vorstandsvorsitzender, der innerhalb von zwei Jahren einen ganzen Konzern auf den Kopf stellt. Das ist mit derart omnipotenter Machtausstattung normales Geschäft. Mich beeindruckt ein Projektleiter, der es gegen die Fluten zahlreicher Widerstände, gegen den Druck der Mächtigen aus der Linie, ohne den Rückenwind der Amtsautorität, allein mit der Kunst und Geschicklichkeit seiner Führungs- und Überzeugungsarbeit schafft, ein kleines Projekt in einem großen Unternehmen zu einem vorher definierten Ziel zu führen.

Ich sehe aber auch die High Potentials mit klarem Sachverstand, analytisch tief greifenden Fähigkeiten und strategischer Weitsicht, die Antworten auf Fragen wissen, bevor sie gestellt sind, die Problemlösungen früher sehen als andere das Problem, die sich mit Leidenschaft in ein Thema verbohren, um dort auf den Stein des Weisen zu stoßen. Diese Menschen können Vorgänge managen, aber keine Menschen führen, sie können die Mitte treffen, aber nicht vermitteln, sie sind begeistert, können aber nicht begeistern. Diesen Menschen gebührt eine wichtige Aufgabe im Unternehmen, aber man muss andere vor ihnen und sie selbst vor sich schützen, indem man verhindert, dass sie sich in Führungsaufgaben verlieren.

Ich weiß, dass ich jetzt auf zweifelnde Gesichter treffe, insbesondere mit meiner Auffassung, dass wir uns zukünftig nicht mehr leisten können, Menschen mit Aufgaben zu betrauen, für die sie nicht die richtigen Potenziale haben. Ich bin mir bewusst, dass viele sagen werden, die strikte Trennung von Leadership und Management ist in der Praxis so nicht durchführbar.

Die zahlreichen mir schon bekannten Einwände werden mich nicht davon abbringen, zukünftig noch stärker als bisher für die Synchronisierung von Rollen und Potenzialen einzutreten. Wenn Produkte gleicher, Märkte transparenter, Methoden einheitlicher werden, dann differenzieren sich Unternehmen am besten durch Persönlichkeiten an wichtigen Schaltstellen, die das tun, was sie von ihrem Fundus her gut können.

»Wenn ich eine Leiter hinaufsteige und ein Hund will mich in den Knöchel beißen, dann bleibt mir nur zweierlei übrig – nach ihm treten oder höher hinaufsteigen. Ich steige lieber höher hinauf«, sagte Maria Montessori. Ich ergänze: … Weil der Hund damit unweigerlich kleiner, sein Bellen leiser wird und ich meine Energie nicht in die falsche Richtung gebe. Es hat keinen Zweck, sich mit Hunden zu beschäftigen, die verkleidete Bedenkenträger sind, auch wenn sie noch so bedrohlich daherkommen.

Leadership ist die hohe Kunst der Koordination von Ich-Welten

Wenn ich mit Firmenchefs rede, höre ich oft das Verlangen heraus, Mitarbeiter sollten ihr Ego zurückstellen und sich mehr darum kümmern, die Firma nach vorn zu bringen. Dieser Wunsch ist im Grundsatz nicht falsch und allemal verständlich, wenngleich eine humanistische Utopie. Warum?

Kein Mensch kann sein Ego, sein *Ich*, zurückstellen. Das Herzstück der menschlichen Seele beginnt nicht beim *Du*, auch nicht beim *Wir*. Das Zentrum der Seele ist das Ich. In der philosophischen Bedeutung ist das Ich die einzige Wirklichkeit (Subjektivismus respektive Solipsismus), alles Übrige nur Vorstellung.

Die gesunde Keimzelle des Egoismus setzt sich zusammen aus Selbsterhaltung, Selbstbewahrung, Selbstbehauptung, Selbstdurchsetzung (Lersch) und Selbsterweiterung (Klages). *Ich* heißt in seiner Wurzel so viel wie »Meine Hierheit«. Von dieser Hierheit aus werden Wahrnehmungen, Vorstellungen, Gedanken, Gefühle und Handlungen gesteuert. Soll der Mitarbeiter ohne all diese Fähigkeiten in die Firma kommen?

> Mit Führen soll das Vorhandene im Menschen gesehen, herausgelockt und in die richtigen Bahnen gelenkt werden. Wenn die Sonne ungünstig steht, werfen auch Riesen kurze Schatten.

Das Problem der Führung sind nicht die Geführten mit ihrer Egozentrierung. Im Gegenteil. Wo viel *Ich* ist, ist auch viel Selbstbewusstsein. Selbstbewusstsein und Persönlichkeit hängen eng miteinander zusammen. Da stellt sich unmittelbar die Frage, ob selbstbewusste und persönlichkeitsstarke Mitarbeiter gewollt sind.

Das Problem der Führung sind nicht die Mitarbeiter mit ihrem Ich, sondern die Führenden, denen es nicht gelingt, sich über den Rand ihres Ichs ein anderes Ich vorstellen zu können. Selbstverwirklichung (die Erleuchtung des Ichs) ist ein legitimes Ziel *aller*, nicht nur einiger weniger. An dieser Schnittkante begegnen sich Chefs und Mitarbeiter allzu oft als bittere Konkurrenten, die sich im Kampf der Ichs verlieren, anstatt das *echte* Wir zu suchen. Der Chef will glänzen, im Mittelpunkt stehen, sein Einkommen maximieren, Freiheiten haben … Das will der Mitarbeiter auch.

Die Lösung des Problems besteht weder in Motivationsprogrammen noch durch Druckmaximierung und schon gar nicht mittels Ignoranz. Die Schlangengrube der Egozentriertheit kann mit dem Deckel der Ignoranz zwar verdunkelt, aber nicht hermetisch verriegelt werden.

Die Lösung besteht in der Gründung einer Sinncompany und einer klaren Rollenaufteilung zwischen Chefs und Mitarbeitern: Wer arbeitet mit welcher Zuständigkeit an welchen Schnittstellen des gemeinsamen Interesses? Wenn sich dies nicht identifizieren lässt, kann man auch nicht von *effektiver Zusammenarbeit* sprechen.

Führung heißt Menschen stärken, nicht steif machen!

Dieses Bild zeigt sich in den meisten Firmen:

Des Mitarbeiters Rollen sind »hinreichend« definiert. Sagt man zumindest. Er soll seine Ziele erreichen und/oder seine Aufgaben erfüllen. Er soll sich so verhalten, dass sein Chef seine Freude an ihm hat. Als Chef müssen Sie bei einer solchen Konstellation aufpassen, dass aus der »hinreichenden« Definition keine *hinrichtende* wird. Denn dem Mitarbeiter fehlt die Kehrseite der Ansprüche: sein Nutzen. Und eine einseitige Medaille ist nun mal nicht viel wert. Er wird mit dieser einseitigen Ausrichtung schlicht und ergreifend zu Boden gestreckt. Führen heißt *hinführen*, nicht *abführen*.

Leadership ist ein Business des Gebens und Nehmens. Was haben Sie Ihrem Mitarbeiter – außer Einkommen natürlich – anzubieten, dass er sein Bestes gibt?

Die Rollen der Chefs sind vielfältig. Darauf komme ich später noch genauer zu sprechen. Wenn auch oft zwischen dem *Rollenverständnis* des Chefs und der *Rollenerwartung* des Mitarbeiters eine kaum überwindbare Lücke klafft.

Eine wesentliche Rolle der Führenden besteht darin, die unterschiedlichen Ichs – die seiner zahlreichen Mitarbeiter addiert um sein eigenes – zu koordinieren, das heißt miteinander in eine positive Schwingung zu bringen. Führung ist die hohe Kunst, das Ich des Mitarbeiters zum Leuchten zu bringen. Manager – ohne Mitarbeiter – dürfen sich dagegen erlauben, das eigene Ich in den Mittelpunkt zu stellen. Sie dürfen es deshalb, weil sie damit keine *doppelt quantifizierte Schädigung* riskieren.

Die doppelt quantifizierte Schädigung rechnet sich im Umgang mit Mitarbeitern so:

1. Der Chef nimmt sein Ich wichtiger als das des Mitarbeiters. Der Mitarbeiter spürt dies und reagiert auf diese persönliche Verletzung durch Ignoranz empfindlich.
2. Er antwortet mit einer Störattacke (zum Beispiel das Ziel nicht verstehen wollen, die Aufgabe anders auslegen, Verantwortung verweigern). Diese Reaktion torpediert das Vorhaben des Chefs, mehr oder minder offensichtlich. Der Chef hat verloren, obwohl er sich auf der Gewinnerseite glaubt. Ein in sich wiederum aufgehendes Loser-Loser-Konzept.

> Die beste Voraussetzung für fruchtbare Beziehungen ist die Unterschiedlichkeit der Menschen, obwohl Konflikte eben aus dieser Unterschiedlichkeit herrühren.

Hier trennt sich die Spreu (Manager ohne Führungsverantwortung) vom Weizen (Manager mit Führungs*verantwortung*). Dem Manager mit Führungsbewusstsein, dem Leader also, wird so etwas allenfalls aus Versehen passieren. Er hat gelernt, dass sein Ich nur im Verbund mit den Ichs seiner Mitarbeiter auf die Dauer tragfähige Erfolge produziert.

Unternehmen scheitern nicht an Produkten, nicht an Märkten, nicht an Standorten, auch nicht an ihrer Organisation, obwohl sie umgekehrt durch solche Faktoren begünstigt werden können. Wenn sie scheitern, dann an der Unfähigkeit, das einst eingekaufte Know-how der zahlreichen Ichs zu pflegen und weiter gedeihen zu lassen. Mancherorts kommt den Zimmerpflanzen in den Empfangshallen und Chefbüros mehr Aufmerksamkeit zu als den Mitarbeitern.

Es ist immer wieder erstaunlich, wie viel ein einzelner Mensch an der Spitze mit seiner Amtsgewalt *an*richten kann, obwohl er seine Macht ausschließlich dazu benutzen sollte, etwas *aus*zurichten. Die missbrauchte Macht des Amtes einer einzelnen Person kann zur Ohnmacht einer ganzen Firma führen. Hier möchte ich *Machtverhalten* deutlich von *Autoritätsgebaren* unterscheiden. Auch scheinbar »leise« Chefs können äußert mächtig wirken. Das ist der Zustand der verdeckten Autorität.

Das Prinzip der missbrauchten Macht funktioniert ganz einfach so:

Der Mächtige kann direkt oder verdeckt bedrohen, bestrafen, Schicksal spielen und sich so sein Volk untertan machen. Dabei werden große Leute zu kleinen Wesen degradiert. Mit kleinen Wesen lassen sich aber nun mal keine großen Kampagnen durchziehen.

Die Ohnmacht fängt an, wenn Chefs zur Aufwertung ihres Ichs Forderungen stellen und dabei die Ichs der Mitarbeiter platt bügeln.

> Macht ist das, was einem durch die Freundlichkeit oder Hilflosigkeit anderer verliehen wird. Echte Macht kommt aber in erster Linie von machen.

Die Kehrseite ist, dass Macht auch etwas Anziehendes haben kann, nämlich dann, wenn sie sich als angemessen, wegweisend und richtig dosiert erweist. Führung hat immer Folgen. Diese sollte man abwägen, bevor man führt. Und im Zusammenhang mit Macht sollte der Satz der Kabarettistin Lore Lorenz nachdenklich stimmen: »Je autoritärer man sich irrt, umso lächerlicher macht man sich.«

Echte Leader unterscheiden sich hier meilenweit von typischen Managern. Während der Leader weiß, dass sein Ich ausreichend zur Geltung kommt, wenn er um sich herum eine Vielzahl von starken Ichs aufbaut, fürchtet der Manager um die Lichtstärke seines Ichs, wenn es außer ihm noch andere Leuchter gibt.

> Der glühende Funke erzeugt in der Finsternis mehr Aufmerksamkeit als lodernde Flammen im grellen Sonnenlicht. Dennoch ist seine Wirkung bescheiden und nur von kurzer Dauer.

Weit verbreitet ist folgendes Problem an der Spitze von Unternehmen, im Mittelstand wie bei den Konzernen: Die Sessel in den Topetagen sind besetzt mit *Managern*, nicht mit *Leadern*. Manager sind in der Regel Leute, die am Fuße ihrer Karriere durch fachbezogene, analytische oder strategische Intelligenz auf sich aufmerksam gemacht haben. Wenn solche Manager den Weg zur Macht geschafft haben, geben sie den Ton an. Sie schreiben vor, was andere zu tun haben, und verbrennen mit der Strahlung ihres Ichs die Ichs der anderen.

Das Spiel heißt: Einer denkt für alle, alle tun so, als ob sie mitdenken. Das ist nicht Führung! Das ist babylonisches Sprachgewirr, und zwar in einer Pingpongvariante. Der Manager glaubt, alle hinter sich zu wissen, weil sich niemand traut, ihm die Wahrheit zu sagen. Doch dieser Glaube ist ein Irrglaube. Denn die Gefolgschaft besteht nicht aus überzeugten Anhängern oder gar geistig identifizierten *Mit*-arbeitern. Nein, eine Heerschar von *Zu*-arbeitern erfüllt rein äußerlich die Erwartungen. Die Gefolgschaft gleicht einer Armee, in der durch Drill und Einengung »Gehorsam« mit »Inspiration« verwechselt wird.

Der Unterschied zwischen *Mit*-arbeitern und *Zu*-arbeitern ist leicht erklärt. Die einen *denken mit*, die anderen *danken ab*. Alle haben eines gemeinsam, sogar mit ihrem Chef: Jeder denkt zuerst an sich.

Leadership ist die Kunst der Koordination von Ich-Welten. Dort, wo ganz oben Leader ihre Arbeit machen, sieht die Situation gleich ganz anders aus. Leader ziehen Leader an. Demzufolge schlägt das Thema Leadership Wurzeln, selbst in einer relativ unstrukturierten Organisation. Das erklärt auch das Phänomen von Chaosorganisationen, die erstaunlich erfolgreich sein können: Jeder kann sich selbst verwirklichen. Demzufolge gibt er sein Bestes.

Leader verstehen es, die Strahlungskraft ihres Ichs so zu dosieren, dass sich der Mitarbeiter daran ausrichten kann, ohne in den Schatten gestellt oder gar verbrannt zu werden. Dem *Ich* sind *Werte* und *Motive* hinterlegt, die das Denken und Handeln eines Menschen bestimmen.

Je klüger der einzelne Mensch, umso kantenschärfer seine persönlichen Werte und Normen.

Werte besitzen im Gegensatz zu Motiven eine stark kognitive Komponente. Es sind solche Faktoren, von denen der

Einzelne glaubt, dass sie für seinen Erfolg und sein Streben bedeutend sind. Werte geben Auskunft über unser Verständnis von der Welt und welche Kultur wir dabei am bedeutendsten erachten.

Motive spiegeln überlicherweise wider, wie viel Freude Menschen bei bestimmten Aktivitäten empfinden. *Werte* beeinflussen häufig die Wahl, wo Menschen sich engagieren und ihre Energie investieren. Die Werte eines Menschen können sich durchaus von seinen Motiven unterscheiden.

So sind zum Beispiel *Managertypen* eher an *Macht* über andere, *Leadertypen* eher an *Einfluss* auf andere interessiert. *Manager* empfinden eine intrinsische Befriedigung, *sich selbst durch andere* verwirklichen zu können. *Leader* empfinden eine intrinsische Befriedigung, dafür zu sorgen, dass *andere sich durch ihren Beitrag* verwirklichen können. Das Thema Macht spielt bei beiden eine Rolle. Die Wissenschaft unterscheidet

a) die *personifizierte*, selbsterhöhende Macht,
b) die *sozialisierte*, andere ermächtigende Macht.

Manager produzieren *Leistung* (Achievement), um *sich selbst* mit der Umwelt zu vergleichen. *Leader* produzieren *Leistung*, um ihr *System* mit der Umwelt vergleichen zu können. Generell streben Menschen mit einem hohen Leistungsgrad danach, Dinge mit klaren Leistungsstandards zu tun und die persönliche Verantwortung dafür zu übernehmen. Beide, Manager und Leader, wollen ein konkretes Feedback über die Effizienz ihrer Anstrengungen ermöglichen. Der Unterschied macht sich am Inhalt des Feedback fest. Manager orientieren sich an Zahlen, Daten beziehungsweise faktischen Erfolgen. Leader sind eher an Beziehungen, Prozessen, Erlebnissen interessiert.

Zugehörigkeit (Affiliation) ist ein Wert beziehungsweise Motiv, das beiden Typen wichtig ist. Den Leadern, um Beziehungen mit anderen Menschen einzugehen, solche zu pflegen und Konflikte zu vermeiden oder aufzuarbeiten.

Manager verspüren dagegen eine Zugehörigkeit zur Sache an sich. Sie fühlen sich mit der Bilanz, materiellen Errungenschaften beziehungsweise Shareholdervalue eng verbunden.

Demzufolge verbringen Leader viel Zeit mit Kollegen und Mitarbeitern und bevorzugen Tätigkeiten, die ihnen eine große soziale Interaktion erlauben. Manager gehen eine Bindung mit ihrem Schreibtisch ein und bauen einen regelrechten Rapport zu Akten, Statistiken und Vorlagen auf. Leader schaffen *Euphorie*, Manager *Apathie*; von beiden Übeln ist das zweite das weitaus ernst zu nehmendere.

> Jeder Mensch ist ein Wunder für sich. Er ist immer nur so unverstehbar, wie wir keine Lust haben, uns mit ihm zu beschäftigen.

Max de Pree hat als Vorstandsvorsitzender von Hermann Miller Inc., einem besonders innovativen Unternehmen in der amerikanischen Möbelindustrie und dank seiner *Führung* eines der besten und angesehensten Firmen in Amerika, schon 1992 auf die Gefahr der Apathie hingewiesen. Von ihm ist mit »Die Kunst des Führens« das beste Buch über Führung geschrieben worden, das ich je gelesen habe. Nebenbei bemerkt: Das zeigt mir einmal mehr, dass es keinen Sinn macht und einfach nur Zeit stielt, wenn man Führungsbücher von Autoren liest, die selbst niemals ein Unternehmen geführt haben. Von solchen Autoren werden einem allenfalls theoriewurschtige Flausen in den Kopf gesetzt, deren Umsetzung dazu führt, dass einen die Mitarbeiter ab jetzt überhaupt nicht mehr verstehen.

Zu Miller muss man wissen: Miller ist erstens ein äußerst gewinnträchtiges Unternehmen. Zweitens ist die Belegschaft dieses in der Möbelindustrie eher kleinen Unternehmens die produktivste in der ganzen Branche – gemessen am Ertrag pro Mitarbeiter. Drittens gehört Miller zu den Unternehmen mit einer enormen Innovationskraft mit radikalen Designideen. Viertens setzen die Unternehmer darauf, »sich den Stärken anderer anzuvertrauen« (de Pree), gemeint sind alle Mitarbeiter des Unternehmens.

De Pree beschreibt das Phänomen der *Entropie* (technisch gesehen das zweite Gesetz der Thermodynamik) und aus der Sicht der Unternehmensführung die Tendenz, dass alles den Bach runtergeht. Wer das verhindern will, muss die Signale der *Entropie* erkennen und deuten lernen, diese sind zum Beispiel:

- Zunahme von Oberflächlichkeit,
- Spannungen und düstere Stimmung unter den Spitzenkräften,
- keine Zeit mehr für Rituale, Anekdoten und für die Pflege der Stammesgeschichte,
- das aufkommende Gefühl, dass Belohnung und Ziele dasselbe seien,
- wenn Leute anfangen, Worte wie »Verantwortlichkeit«, »Dienstleistung« oder »Vertrauen« verschieden zu interpretieren,
- wenn die Zahl der Bedenkenträger die der Why-not-Player übersteigt,
- wenn komplexe und mehrdeutige Vorgänge als etwas ganz Simples dargestellt werden,
- wenn Führer mehr kontrollieren als befreien wollen,
- wenn der Druck des Alltagsgeschäfts keinen Raum mehr für Visionen und Risiken lässt,
- wenn die Abläufe auf die trockenen Regeln der Betriebswirtschaftslehre reduziert werden und für Werteorientierung, Geist, Freude, Spitzenqualität und Schönheit kein Raum mehr bleibt,
- wenn Kunden als zeitraubend und anstrengend angesehen werden,
- wenn Handbücher wichtiger werden als kreative Prozesse,
- wenn die Vorstellung von der Zukunft auf quantifiziertes Denken reduziert wird,

- wenn Strukturen wichtiger werden als Menschen,
- der Verlust von Vertrauen, Umsicht, Erfahrung, Liebenswürdigkeit, Stil und Takt.

Ich ergänze:

- wenn Chefs sich wichtiger nehmen als ihre Mitarbeiter.

Ein Unternehmen funktioniert dann am besten, wenn die wichtigen Schlüsselfunktionen mit den richtigen Menschen besetzt sind. Manager sind gute Analytiker und Strategen, sie besitzen das, was in der einschlägigen Literatur schlechthin als *Fach-* und *Methodenkompetenz* beschrieben wird. Sie gehören dorthin, wo analytischer und strategischer Sachverstand gefragt ist.

Leader sind sensibel wahrnehmende Kommunikatoren, die andere Menschen anziehen wie Blüten Bienen. Sie sind so etwas wie Agenten in der Künstlerszene, die andere zu Ruhm und Ansehen bringen und selbst dadurch auf ihre Kosten kommen, dass sie an den Tantiemen des Erfolgs ganz unauffällig mitverdienen. Sie besitzen *Persönlichkeits-* und *Sozialkompetenz* und gehören dorthin, wo es gilt, Führungsverantwortung wahrzunehmen und Führung aktiv zu leben.

In dem Zusammenhang noch ein Wort zum Thema *Persönlichkeitskompetenz*. An der obersten Spitze von Konzernen sehe ich so manchen Machtträger, der eine *maskierte Persönlichkeit* ist. Von den Krücken seinen Amts gestützt, vom Chauffeur im antiseptischen Dienstwagen vor der Realität geschützt, von der Hochglanzpolitur des Schreibtischs geblendet und von Sekretärin und Assistenten glorifiziert, läuft er Zeit seines Amtes im Kostüm der künstlich genährten Selbstsicherheit durch die Welt. Wenn dann am Ende der Faschingszeit Kostüm und Schminke abzulegen sind, weil es der Aufsichtsrat so will, und wenn sich durch Alter oder Imagekratzer kein neuer Käufer für das Produkt »Topmanager« finden lässt ..., dann sieht es plötzlich bitter aus um die so genannte »Persönlichkeit«.

Mich hat schon als junger Therapeut erschreckt, wie schnell eine angeblich »starke Persönlichkeit« in sich zusammenfällt, wenn sie gezwungen ist, sich außerhalb des Korsetts der Amtsgewalt in der Gesellschaft frei bewegen zu müssen.

Da kommt auf einen Therapeuten eine große Aufgabe zu, wenn es darum geht, den Kälteschock des Eintritts in das wirkliche Leben einigermaßen in den Griff zu kriegen und eine neue Identität zu schaffen. Im Grunde genommen geht es um nichts weiter als eine Revitalisierung. Die Identität heißt: »Ich habe nur noch mich.« Das ist eine Menge. Wer aber seine *Persönlichkeit* auf ge- oder verliehenen Rollen von begrenzter Dauer aufgebaut hat, steht mit seinem Persönlichkeitsgebäude urplötzlich auf Treibsand, der unter ihm wegrutscht.

Ich habe einige solcher Manager nach ihrem Absturz betreut. Kinder, Greise und gestürzte Manager haben eines gemeinsam: Sie brauchen die helfende Hand, weil sie sonst nur bedingt lebensfähig sind. Die vormals beschworene Persönlichkeitskompetenz war in Wirklichkeit eine *Rollenkompetenz*. Getragen durch die Rolle seines Amts strahlte der Manager Selbstsicherheit und Souveränität aus. Auf die Psyche bezogen, war das Amt ein Beatmungsgerät, das die Selbstfunktionen über lange Zeit überflüssig gemacht hat.

> Macht ist im Grunde genommen ein harmloses Instrument wie ein Messer. Mit einem großen Messer kann man viele kleine gute Taten verrichten. Mit einem kleinen Messer kann man große Wunden schneiden. Bei sich selbst und bei anderen. Die Gefahr geht vom Benutzer aus, nicht vom Instrument.

Abhilfe vor dem tiefen Fall in die Verwahrlosung in der Zeit danach schafft nur die stets bewusste Trennung von Rolle und Person.

In welcher Rolle Mitarbeiter ihre Chefs sehen wollen

Die wissenschaftliche Definition von »Rollen« habe ich ja bereits besprochen. Nun geht es darum, sich jenseits von Wissenschaft und Theorie die Praxis anzusehen – was ja durchaus zur Säuberung des Verstandes dienlich sein soll.

Über das eigene *Rollenrepertoire* nachzudenken (welche Rollen spiele ich typischerweise in welchen Situationen?), ist äußerst hilfreich zur Schärfung des Führungsbewusstseins. Jeder Chef sollte sich einmal täglich zwei Fragen stellen:

1. »Was richte ich an?«
2. »Was richte ich aus?«

Daraus ergibt sich dann zwangsläufig eine dritte:
»Will ich das so?«

Und auch noch eine vierte:
»Übernehme ich dafür die volle Verantwortung?«

Wer nicht über sich und seine Wirkung nachdenkt, denkt auch nicht über Menschen und dessen Reaktionen auf ihn nach. Aus diesem Stand-by der Seele lässt sich keine gute Führungsarbeit machen.

Die *Rollen des Chefs* sind nicht mit der Aufzählung beliebter Begriffe der Führung erklärt, die gerade im Trend liegen. Solche wie »Fachkompetenz«, »Methodenkompetenz«, »Sozialkompetenz«, »Persönlichkeitskompetenz«, »Handlungskompetenz« ... sind zwar in aller Munde, aber keine Rollenbeschreibungen. Sie beschreiben eher Anforderungen, Potenziale oder Competencies.

Eine *Rolle* ist eine *auf Wirkung ausgerichtete Verhaltensweise* mit der Besonderheit, dass sie entweder *bewusst eingenommen* oder *konkret erwartet* wird. Rollen sind demnach zweidimensional. Es sind die eingenommenen Rollen aus dem Selbstverständnis *(Rollenverständnis)* oder es sind Rollen, die andere konkret von mir erwarten *(Rollenerwartung)*. Schon Goethe hat die Rollen des Chefs auf einen einfachen Nenner gebracht:

»Freilich ist es auch kein Vorteil für die Herde, wenn der Schäfer ein Schaf ist.«

Rollenverständnis

Das ist das Selbstverständnis der eigenen, bewusst eingenommenen Rollen:

a) Wie stelle ich mich dar?
b) Was zeige ich von mir?
c) Welche Rolle will ich spielen?
d) Welche Rolle ist meinem jeweiligen Verhalten hinterlegt?

> Führung ist eine Frage der Vogelperspektive. Mitarbeit heißt, dieselben Dinge aus der Froschperspektive zu sehen. So sind die Rollen der Arealgestaltung und -überwachung am sinnvollsten verteilt.

Beispiel:
Ein neuer Chef im ersten Gespräch mit einem seiner Mitarbeiter:

Chef: »Wie stellen Sie sich die Zusammenarbeit mit mir vor?«

Mitarbeiter: »Auf die Frage bin ich nicht vorbereitet. Mm. Ja. Wie stelle ich mir die Zusammenarbeit vor? – Ich wünsche mir eine harmonische Zusammenarbeit.«

Chef: »Was verstehen Sie unter harmonisch?«

Mitarbeiter: »Dass Sie für mich Verständnis haben, dass Sie auf mich eingehen, dass Sie meine Arbeit würdigen und Ähnliches.«

Chef: »Für was soll ich Verständnis haben? In welchen Situationen soll ich auf Sie eingehen?«

Mitarbeiter: »Zum Beispiel, wenn Sie mehr von mir verlangen, als ich schaffen kann. Dann wünsche ich mir, dass Sie ein offenes Ohr für meine Nöte haben. Andererseits will ich aber auch gefordert werden, wenn es sein muss, bis an die Grenzen meines Könnens.«

Chef: »Was sind Ihre Grenzen oder wie kann ich sie erkennen?«

Mitarbeiter: »Ich weiß es nicht genau, wo bei mir der Punkt der Überforderung ist. Mir genügt es vollkommen, dass ich mich bei Ihnen melden darf, wenn ich den Eindruck habe, dass ich jetzt nicht mehr alleine klarkomme.«

Chef: »Das will ich gern leisten. Was kann ich sonst noch für Sie tun, damit Sie das Beste für unser Unternehmen geben?«

Mitarbeiter: »Dass ich Rückmeldungen von Ihnen erhalte, Sie gelegentlich Zeit für mich haben.«

Chef: »In welcher Form wünschen Sie Rückmeldungen?«

Mitarbeiter: »So konkret und offen wie möglich. Sagen Sie mir, wie Sie mich sehen, was Sie von mir halten, wie Sie meine Stärken und Schwächen einschätzen.«

Chef: »Was meinen Sie damit, dass ich gelegentlich Zeit für Sie haben soll?«

Mitarbeiter: »Wenn ich Fragen habe, Ihre Hilfe brauche oder Feedback wünsche.«

Sehen wir uns den Dialog und hier die Redeanteile des Chefs bezogen auf sein Rollenverständnis an:

a) Wie stelle ich mich dar?

Der Chef stellt sich als »der Fragende« und »der aufmerksam Zuhörende« dar.

b) Was zeige ich von mir?

Der Chef zeigt, dass ihm der Mitarbeiter wichtig ist, dass ihm an einer echten Zusammenarbeit gelegen ist.

c) Welche Rolle will ich spielen?

Der Chef will (zukünftig) die Rolle des »Fürsorglichen« und gleichzeitig des »Fordernden« für den Mitarbeiter spielen, damit dieser sich auf ihn einstellen kann. Der Chef spielt in diesem Gespräch die Rolle des »Erforschenden«, vielleicht auch die des »sich Absichernden«.

d) Welche Rolle ist meinem jeweiligen Verhalten hinterlegt?

Das (vom Mitarbeiter wahrzunehmende) Verhalten des Chefs geht nicht unmittelbar aus dem vorstehenden Dialogbeispiel hervor. Somit können wir nur spekulieren. Der Chef mag in dem Gespräch vielleicht Gelassenheit zeigen. Hinterlegt wäre hier die Rolle »der gelassene Zuhörer«.

Aus der Beschreibung zu d) können wir deutlich ersehen, was eine Rolle ausmacht beziehungsweise füllt. Die *gezeigte* Gelassenheit muss nicht der inneren Verfassung entsprechen. Sie ist eine (mehr oder minder natürlich gespielte) Rolle. Ebenso kann es sein, dass Gelassenheit nicht einmal gezeigt, wohl aber *wahrgenommen* wurde. Auch hier spielt der Chef die Rolle »der gelassene Zuhörer«, bezogen auf die Wahrnehmung des Mitarbeiters.

Es ist ganz natürlich, dass wir uns entweder *anders zeigen*, als wir uns *innen fühlen*, oder dass wir *anders wahrgenommen* werden.

Ersteres ergibt sich aus unserer Kultur und den daraus abgeleiteten gesellschaftlichen Normen: Wir sind zur *Höflichkeit*, zur *Zurückhaltung*, zu *indirektem Äußern* ... in bestimmten Situationen erzogen, obwohl wir in denselben Situationen am liebsten vielleicht *direkt*, *konfrontierend* und damit unverblümt *ehrlich* sein möchten. Wir sind nicht, wie wir sind, wir nehmen stattdessen eine bestimmte Rolle ein. Wir sagen dem anderen nicht (ehrlich und konfrontierend): »Sie langweilen mich«, stehen auf und gehen, wir sagen entweder nichts oder stellen eine weiterführende Frage.

> Was halten wir uns mit der Suche nach Objektivität auf, wo doch das menschliche Gehirn nur zur Subjektivität in der Lage ist?

Zweiteres ergibt sich aus der *subjektiven* Fremdwahrnehmung, die immer durch den *Relevanzfilter* der wahrnehmenden Person läuft. Diese Person nimmt uns innerhalb des Bildausschnitts wahr, in den sie uns einordnet. Das Bild wird kontrastiert und eingefärbt durch Lebenserfahrungen, Erziehung, Werte, Normen.

So kommt es vor, dass wir uns in einer bestimmten Situation weder »gelassen« fühlen, noch glauben, »Gelassenheit« zu zeigen. Entgegen unseres Empfindens wird uns aus der Sicht der Fremdwahrnehmung inder selben Situation die Rolle »der« oder »die Gelassene« zugeschrieben. Die Rolle wird uns gewissermaßen *angehängt* beziehungsweise sie wird in uns *hineininterpretiert*.

Rollenerwartung

Das ist die Vorstellung von *konkret erwarteten* Rollen:

a) Was erwarte ich vom anderen?
b) Was soll er von sich zeigen?
c) Welche Rollen soll er für mich spielen?
d) Was soll er damit für mich tun?

Sehen wir uns den Dialog zwischen Chef und Mitarbeiter noch einmal an, diesmal aber mit Konzentration auf die Rollenerwartung des Mitarbeiters gegenüber seinem Chef:

a) Was erwarte ich vom anderen?

Zunächst einmal wird der Mitarbeiter überrascht. Normalerweise neigen Chefs in einem solchen Gespräch dazu, viel zu erzählen. Dieser Chef stellt – fast ausschließlich – Fragen (»Auf die Frage bin ich nicht vorbereitet ...«). Später äußert der Mitarbeiter konkret seine Erwartungen (»Dass Sie für mich Verständnis haben ...«). Auf die zukünftige Chefrolle bezogen, macht es ihm der Mitarbeiter mit der Äußerung seiner Rollenerwartung leicht (er sagt, dass er konkrete und offene Rückmeldungen wünscht, eine Einschätzung seiner Stärken und Schwächen und unter welchen Umständen er auf die Unterstützung des Chefs zurückgreifen will).

b) Was soll er von sich zeigen?

Das können wir aus dem Dialog nicht konkret herausarbeiten, weil der Mitarbeiter vorwiegend auf Fragen des Chefs antwortet. Bei dem Beispiel handelt es sich auch nur um einen Dialogausschnitt. Der Mitarbeiter wird vermutlich wünschen, dass der Chef sich outet und zu erkennen gibt, was er verlangt und auf was sich der Mitarbeiter zukünftig einstellen kann (wird er eher »der Kritische« oder »der Unterstützende« oder »der Fördernde« oder eine Mischung aus allem sein). Der Mitarbeiter wird ein Bedürfnis nach Orientierung haben, damit er mit seinen Rollen auf die Rollen des Chefs reagieren kann (Chefrolle »der Kritische«/Mitarbeiterrolle – als Reaktion – »der Gründliche« oder Chefrolle »der Unterstürzende«/Mitarbeiterrolle »der sich gut geführt Fühlende).

c) Welche Rollen soll er für mich spielen?

Zwei Rollen spricht der Mitarbeiter konkret an: »der Verständnisvolle« (»Dass Sie für mich Verständnis haben ...«), »der Fordernde« (»Andererseits will ich aber auch gefordert werden ... bis an die Grenzen meines Könnens«).

d) Was soll er damit für mich tun?

Der Mitarbeiter möchte sich in Sicherheit wiegen (bei Überlastungen, in Notsituationen), der Mitarbeiter möchte aber ebenso gefordert werden. Für die Forderung überträgt er die Verantwortung der Aufmerksamkeit auf seinen Chef, nicht aber für Überlastung (»Mir genügt es vollkommen, dass ich mich bei Ihnen melden darf, wenn ... ich nicht mehr allein klarkomme«).

Die *Rollen des Chefs* sind einerseits von seinem *Rollenrepertoire*, andererseits von der unter Umständen vielgestaltigen *Rollenerwartung* des beziehungsweise der Mitarbeiter abhängig, nicht zuletzt aber auch von der jeweiligen Situation.

So muss ein Bauleiter gegenüber seinen Mitarbeitern andere Rollen spielen als ein Chefarzt, ein Vorstand andere als ein Gruppenleiter, eine Frau als Chef andere als ein Mann, ein Chef oder eine Chefin gegenüber einer Frau andere als gegenüber einem Mann, ein älterer Chef andere als ein jüngerer.

Beim Mitarbeiter hängt seine Rollenerwartung eng mit seinem Reifegrad, seinen Werten und seiner Herkunft ab.

Rollenerwartung und Reifegrad

»Reifegrad«, das ist die Beschreibung der Voraussetzungen, die ein Mitarbeiter für eine bestimmte Aufgabe mitbringt. Der Einfachheit halber können wir von vier Reifegraden ausgehen:

Erster (höchster) Reifegrad

Der Mitarbeiter *kann* und *will*, er bringt also alle Voraussetzungen mit, seine Aufgabe in hohem Maße eigenständig zu erfüllen. Er ist umfassend kompetent und von innen heraus motiviert, das Beste zu leisten und dafür die Verantwortung zu übernehmen.

Zweiter Reifegrad

Der Mitarbeiter *kann*, will aber nicht so richtig. Er bringt eingeschränkte Voraussetzungen für die eigenständige Erfüllung seiner Aufgabe mit. Er ist zwar umfassend kompetent, aber nicht so richtig vom Sinn und Zweck der Aufgabe überzeugt, oder es hindern ihn andere Faktoren, sein Bestes zu geben.

Dritter Reifegrad

Der Mitarbeiter *will*, das heißt, er ist motiviert, kann aber nicht so richtig. Ihm fehlen Voraussetzungen im fachlichen oder persönlichen Bereich, um die Aufgabe mit Bravour zu meistern.

Vierter (niedrigster) Reifegrad

Der Mitarbeiter *kann* und *will nicht.* Ihm fehlt entweder die Einweisung in die Aufgabe oder es mangelt generell an der

Grundvoraussetzung dafür. Er ist überfordert und spürt dies auch. Er stößt immer wieder an seine Grenzen, seine fachlichen Mängel addieren sich im Laufe der Zeit mit einem Mangel an Selbstvertrauen. Er meint, er sei der Aufgabe nicht gewachsen.

Das Zusammenspiel von Reifegrad und Rollenerwartung

Es liegt geradezu auf der Hand, ein Bild davon zu bekommen, welche Rollenerwartungen mit den einzelnen Reifegraden verknüpft werden. Was meinen Sie?

Ob ein Mitarbeiter mit Reifegrad 1 engmaschig geführt werden will? Ob ein solcher Experte, möglicherweise selbst mit Führungsverantwortung, den Eindruck haben möchte, dass sein Chef ihm nichts zutraut? Die Rollenerwartung an den Chef geht eher in die Richtung, »der Partner« oder »der Reflektor« zu sein.

Selbst eine Rolle wie »der Coach« wird ein solcher Mitarbeiter als zu große Einengung empfinden. Schon aus diesem Grund bin ich in der modernen Führungsauffassung gegen eine solche Pauschalierung wie »der Chef als Coach«. Coachen heißt begleiten. Bei was soll der Chef einen solchen Mitarbeiter begleiten? Der Mitarbeiter braucht keine Stütze und keine Unterstützung, er braucht alleine die Aufmerksamkeit (»der Aufmerksame«) seines Chefs, die dadurch zum Ausdruck kommt, dass die Bestleistungen gesehen und – gelegentlich – kommentiert werden.

> Partnerschaft in der Führung ist heute ein geflügeltes Wort, das in die Ferne abzuschweifen droht.
>
> Nicht selten wird Partnerschaft mit »Fürsorge« verwechselt.
>
> Falsche Fürsorge ist die Vorstufe der Unterdrückung, die durch ein freundliches Gesicht nur kaschiert wird.

Die Praxis beschert dem Mitarbeiter oftmals eine bittere Realität: Er fühlt sich von seinem Chef nicht gesehen, und wenn doch, dann falsch.

Der gerade durch irgendein populäres Seminar inspirierte Chef (vielleicht hieß das Thema »Die Führungskraft als Spielercoach«) coacht drauflos, was Kehle und Seele auszuhalten imstande sind. Der Chef hat eine neue Rolle gelernt (Coachen) und die wird jetzt bis zur höchsten Eskalationsstufe der Frustration des Mitarbeiters geübt. Von Sensibilität, Mitarbeiterorientierung und Einstellung auf die *Rollenerwartungen* des Mitarbeiters keine Spur.

Dem Mitarbeiter mit Reifegrad 4 ergeht es von der Gesamtbetrachtung her nicht viel besser, wenn ihm die engmaschige Betreuung vorenthalten wird. Denn nur durch klare Instruktionen, Hilfen, häufige Kontakte kann er lernen und dadurch gleichzeitig seine Unsicherheit verlieren.

Dem Mitarbeiter mit Reifegrad 4 helfen Anleitungen, Schulungen, Einweisungen und die moralische Stärkung, dass sein Chef daran glaubt, dass er es schaffen wird. Er braucht seinen Chef in Rollen wie »der Instruktor«, »der Mentor«, »das Vorbild« oder »der Coach«, »der Geduldige«.

Wenn Sie als Chef glauben, diese Rollen nicht leisten zu können, dann gibt es nur zwei Möglichkeiten:

a) Besorgen Sie dem Mitarbeiter einen Paten, der die erforderlichen Rollen »der Instruktor«, »der Mentor«, »der Coach« … übernehmen kann, oder
b) »topfen« Sie den Mitarbeiter um wie eine Zimmerpflanze, die wegen eines zu großen oder zu kleinen Gefäßes nicht gedeihen kann.

Letzteres sollten sie auch immer dann tun, wenn Sie erkannt haben, dass der Mitarbeiter bezüglich der Aufgabe in Reifegrad 5 einzustufen ist. Dass ist das Stadium ohne Hoffnung und Aussicht auf eine Verbesserung, weil der Mitarbeiter an seine Grenzen gestoßen ist.

Wenn ich an einem Sprössling ziehe, wächst er deshalb nicht schneller. Im Gegenteil, ich reiße seine Wurzeln aus.

Die schwierige Frage ist in diesen Grenzfällen immer, ob der Mitarbeiter noch Reserven hat oder nicht. Aber die Frage schmeckt mit der Würze von Ungeduld oder Gleichgültigkeit nicht besser.

Rollenerwartung und Werte

Während sich der zuvor besprochene Reifegrad im Zusammenhang mit der Rollenerwartung eher auf den Mitarbeiter bezieht – des Mitarbeiters Reife bestimmt seine Rollenerwartung gegenüber dem Chef –, sind Werte im Zusammenhang mit der Rollenerwartung ein wechselseitiges Spiel. Die Werte des Mitarbeiters bestimmen dessen Rollenerwartung an den Chef. Umgekehrt sind die Werte des Chefs Grundlage seiner Rollenerwartung an den Mitarbeiter.

Wenn wir heute von »Werten« sprechen, dann haben wir dabei wohl weniger den von Lotze in die Philosophie eingeführten Wertbegriff im Auge: positiver, relativer, absoluter, bedingter, unbedingter, subjektiv bedingter Wert. Mit »Werten« verbinden wir da schon eher die von Lersch 1962 unterschiedenen eigenen Wertsysteme, die sich auf unterschiedliche Antriebe, auf *Lebens-*, *Bedeutungs-* und *Sinnwerte* beziehen.

Wie kommen Werte zustande? Die Bildung von Werten geschieht sowohl durch Imitation und Internalisation fremder Wertvorstellungen beziehungsweise Werte von frühester Kindheit an und additiv durch eigene positive und negative Erfahrungen des Individuums mit seiner mitmenschlichen und objekthaften Lebensumwelt.

In der ausführlichen Beschreibung von M. Eberhardt zur Komplexität der Wertentstehung wird deutlich, dass sich auffällige (Früh-)Erlebnisse positiv oder negativ im Unterbewusstsein des einzelnen Menschen festsetzen und dann ihre Wirkung zeigen, wenn neue Erlebnisse auftauchen, die in das bereits angelegte Grundmuster passen.

Werte prägen die Einstellung und Gesinnung eines Menschen und steuern sein Verhalten beziehungsweise sein Handeln. *Werte* beschreiben, an was ein Mensch *glaubt*, wovon er zutiefst *überzeugt* ist oder was ihn von innen heraus *steuert*.

Wertkontraste zwischen dem Führenden und dem Geführten führen nicht nur zu *Missverständnissen* auf der Oberfläche der Führungsbeziehung, sie *stören* vielmehr das natürliche *Umgehen* miteinander. Sie sind Auslöser oftmals besonders hartnäckiger Konflikte.

Ein Chef kann die Werte seines Mitarbeiters kaum verändern, wohl aber sehen und in sein Führungshandeln mit einbeziehen. Einen Mitarbeiter mit aggressiven verkäuferischen Aufgaben zu betrauen, dessen Werte mit jeglicher Art von Manipulation eines anderen Menschen kollidieren, kann nur schief gehen. Da hilft weder vorbildhaftes Verhalten des Verkaufsleiters oder der Kollegen noch Verkaufstraining. Genauso gut könnten Sie versuchen, einer Scholle das Fliegen und umgekehrt einer Schwalbe das Tauchen beizubringen.

Werte besitzen andererseits nicht eine lebenslängliche Hartnäckigkeit. Sie können sich im Laufe des Lebens eines Menschen – zum Teil sogar gravierend – verändern. Solche Veränderungsprozesse kann jedermann heute im Fernsehen beobachten, das Politiker eines Schlags von Joschka Fischer, Gerhard Schröder, Jürgen Trittin … darbietet, manchmal in kurzer Bildabfolge: heute, gestern, vorgestern.

Da kann aus einem Turnschuhrevoluzzer in offenem Hemd mit Bauch (im Hessischen Landtag) ein beinahe unterernährter marathonlaufender Wahlkämpfer werden, der drei Jahre später als – wieder etwas wohlgenährterer – Außenminister im allerfeinsten Zwirn Werte repräsentiert, die man ihm nicht zugetraut hätte.

Aus einem Rhetoriker mit kantenscharfer Meinung unter einem Haupt mit langen Haaren wird ein Medienkanzler, dessen rhetorisch-konfrontative Trennschärfer unter einer Ich-will-es-allen-recht-machen-Haltung zu verkümmern droht. Und aus einem kämpfend-engagierten hellgrünen Umweltverteidiger wird ein grauer amtsverteidigender Umweltminister.

Wenn ehemalige Betriebsräte Gewerkschaftsbosse werden, dann ändert sich mit der Dienstwagenberechtigung der Anspruch, mit dem Anspruch die innere Einstellung zum Kapitalismus, mit der neuen inneren Einstellung das Verhältnis zum Geld. Was ein Jahrzehnt zuvor kraft Überzeugung gelebt wurde, wird jetzt nur noch mit Überzeugungskraft gesagt.

Der wirkliche Leader interessiert sich für die Werte seines Mitarbeiters, zumindest kennt er sie. Er erkennt die Gemeinsamkeiten zu seinen Werten, er kennt – und akzeptiert – die Unterschiede, die mehr oder minder krassen.

> Die beste Form von Zusammenarbeit liegt jenseits von Verträgen und Vereinbarungen.

Ein guter Leader beschäftigt sich damit, dass die Werte des Mitarbeiters – ähnlich dem permanenten Suchlauf eines Mobiltelefons nach der besten Zelle im Netz – in ständiger Kontaktaufnahme mit den Werten des Chefs stehen. Der Mitarbeiter gleicht ab, wo und wie die Werte seines Chefs die eigenen stärken oder gefährden. Er öffnet sich, wenn eine Werteharmonie vorhanden zu sein scheint. Er schützt sich, wenn er sich diesbezüglich bedroht fühlt.

Den Rollenerwartungen des Mitarbeiters sind Werte hinterlegt. Sie sind gewissermaßen das Betriebssystem der Anwendungssoftware »Rollenerwartung«.

Ein Mitarbeiter mit Karrieresucht wird vorrangig erwarten, dass ihn sein Chef nach vorn oder – noch deutlicher – nach oben bringt. »Der Treiber« für Erfolg beziehungsweise »die Aufstiegsleiter« heißt die primär erwartete Rolle.

Es ist gar nicht einmal ausgeschlossen, dass sich Chef und Mitarbeiter über die Schiene der gegenseitigen Rollenerwartungen besonders gut verstehen. Denn das wollen viele Chefs auch: Mitarbeiter, die Goldgräber in Sachen Erfolg oder Trüffelschweine für weitere Karrierekanäle sind. Jeder sucht seinen Förderer. Eine tragfähige Gemeinschaft, die sogar dem Unternehmen hilft.

Ebenso kann es sein, dass sich Chef und Mitarbeiter über die gegenseitigen Rollenerwartungen, gesteuert durch ihre unterschiedlichen Werte, ausbremsen. Dabei kommt es darauf an, was bei dem einen und was bei dem anderen in der *Wertehierarchie* ganz oben steht. Diese *Primärwerte* (die obersten Rangplätze in der Wertehierarchie) überschatten die *Sekundärwerte* (die weiter unten stehenden Rangplätze).

Angenommen, ein Mitarbeiter legt »Wert« auf Solidität, Qualität und Gründlichkeit, sein Chef auf Tempo, Gewinn und Giganterie. Die Rollenerwartungen sind klar, ob gegenseitig ausgesprochen, sei dahingestellt. Das Zusammenspiel der beiden *muss* kräfteauffressend und energievernichtend sein. Der eine macht dem anderen Stress allein durch bloße Anwesenheit. Dieser *Rollen(erwartungs-)Konflikt* ist nur schwer aufzulösen, es sei denn, durch echte Kooperation.

> Kooperation heißt: Was ist dein Standpunkt? Was ist mein Standpunkt? Wer geht mit wie vielen Schritten auf wen zu?

Der Chef muss sich entscheiden:

a) Kann er sich vorstellen, ihm wichtige Werte aufzugeben, zumindest zu vernachlässigen?
b) Wenn das nicht geht, was kann er sich – mit diesem Mitarbeiter – vorstellen?

Den Mitarbeiter müssten ähnliche Fragen bewegen:

a) An welchen Werten will/muss er unbedingt festhalten?
b) Ist er bereit, die Konsequenzen zu tragen, wenn er sich in seinen Werten nicht bewegen kann?

Derartige *Rollenkonflikte* (im engeren Sinne Konflikte zwischen der eigenen Rollenerwartung und einer bestimmten Rolle des anderen) werden in der Praxis bevorzugt durch *Vermeiden*, *Verschweigen*, *Herunterspielen* oder gegenseitiges *Austricksen* zu »lösen« versucht. Bei einer solchen »Lösung« handelt es sich aber in Wirklichkeit um eine schrittweise Auflösung, nämlich des Verhältnisses vertrauensvoller Zusammenarbeit.

Eine Zeit lang war der Begriff »innere Kündigung« ein beliebtes Modewort für frustrierte Mitarbeiter, die ihren Körper zum Geldabholen in die Firma schickten, während ihre Gedanken die Phantasiewelt von einem besseren Leben – in Freiheit oder bei einem anderen Arbeitgeber – absuchten. Ich habe der Zustandbeschreibung »innere Kündung« schon im Jahr der Begriffsgeburt nicht viel abgewinnen können, weil die Verpackung den Inhalt verdeckt.

Wenn die Zusammenarbeit nicht stimmt, stimmen die gegenseitigen Rollenerwartungen nicht. Die Rollenerwartungen können nicht stimmen, wenn die im Hintergrund »laufenden« Werte nicht stimmen.

Wenn Chefs Golf spielen, dann wissen sie, dass es am Abschlag liegt, wenn der Ball woanders ankommt, als er soll. Mag sein, dass der Schläger falsch gewählt ist, das Wetter nicht optimal, der Rasen minderwertig. Trotzdem: Es liegt am Golfspieler, dem es misslungen ist, diese Realitäten in seinen Abschlag mit einzubeziehen.

Rollenerwartung und Persönlichkeit

Was ist *Persönlichkeit*? Fasst man die Auffassungen von Allport, Baltes und Kagan, Oerter, Piaget, Trautwein und Vigotsky zusammen, dann beschreibt Persönlichkeit *das komplexe System innerhalb eines Individuums*, das sich mit der Umwelt und der Innenwelt auseinander setzt. Mit der Persönlichkeit ist unmittelbar die *Person* verbunden. Der Personbegriff ist über die Jahrhunderte recht wechselnd verwendet worden. Heute versteht man darunter nicht einfach den Menschen als Angehörigen seiner Art schlechthin, sondern in seiner *Eigenart*, als den Träger eines in sich bewussten *Ichs* beziehungsweise *Selbst*.

Interessant ist in diesem Zusammenhang, dass mit »Person« im alten Rom der freie Rechtsbürger gemeint war. Bei Cicero bedeutete Person auch die *Rolle*, die das Individuum spielt und damit Träger von individuellen Eigenschaften ist.

Im Mittelalter wurde der Begriff verwandelt: *personae* sind Gott Vater, Gott Sohn und Heiliger Geist und im weiteren Sinne der getaufte Christ *(persona)* als Bürger im Reiche Gottes. Die deutsche Mystik entwickelte zu *persona* und *personalis* den Begriff *personalitas* als Persönlichkeit (der Christ ist persönlich, weil Christus in ihm wohnt).

Über den deutschen Idealismus und die Klassik (Kant, Goethe und andere) hat sich dann der heutige Wortgebrauch eingestellt: *Wertschätzung des Einmaligen im Individuum* schlechthin.

> Gegenstand der Psychologie ist es, zu beschreiben, wie Menschen empfinden und was sie von sich zeigen. Alles, was darüber hinaus geht, ist Wunschdenken, Missbrauch oder Lüge.

Im Zusammenhang mit Führung möchte ich drei graduelle Unterschiede der Persönlichkeit des Mitarbeiters aufzeigen, die einen wesentlichen Anteil an der Rollenerwartung gegenüber dem Chef haben.

Die gefestigte Persönlichkeit

Das ist der Mitarbeiter mit vorwiegend ausgeprägtem *Selbstbewusstsein* (sich seiner selbst bewusst), der weiß, was er will, der aber auch seine bestimmten Muster hat, von denen er nicht oder allenfalls geringfügig abzuweichen bereit ist.

Dieser Mitarbeiter hat eine klare Vorstellung von den Rollen, die sein Chef für ihn einnehmen soll, und er ist auch bereit, diese zu benennen. Meistens will er große Freiräume genießen (ob berechtigt oder nicht), seinen Chef eher in der Rolle »der Partner« sehen.

Ein solcher Mitarbeiter kann sehr wertvoll sein, dann nämlich, wenn sein ausgeprägtes Selbstbewusstsein mit *Realitätsbewusstsein* korreliert. Das heißt, er weiß, was er kann, und er kennt seine Grenzen.

Ein solcher Mitarbeiter kann sehr schwierig (im Umgang) sein, dann nämlich, wenn sein ausgeprägtes Selbstbewusstsein an *Realitätsferne* gekoppelt ist. In diesem Fall klaffen *Rollenerwartung* und *Rollennotwendigkeit* weit auseinander. Er erwartet die Rolle »der Partner«, braucht aber in Wirklichkeit seinen Chef in einer diametral entgegengesetzten Rolle, die eher mit »der Unterstützer«, »der Mentor« oder »der Anleiter« zu beschreiben ist.

Die dynamische Persönlichkeit

Hierbei handelt es sich um den Wunschmitarbeiter der Chefs, die den Begriff *Mitarbeiter* wörtlich meinen. Dieser Mitarbeiter ist sich seiner Möglichkeiten und Grenzen bewusst, er arbeitet daran, besser zu werden, und gibt schon jetzt sein Bestes. Er ist offen für *Rollenangebote* seines Chefs und geht mit dessen Rollen mit, wenn dadurch seine *Werte* nicht konterkariert werden.

Dieser Typ von Mitarbeiter ist bereit zu eigenverantwortlichem Handeln, ohne das Ziehen am gemeinsamen Strick auf das entgegengesetzte Ende auszulegen. Er schöpft seine Möglichkeiten bis an die Grenzen aus, die er allenfalls unabsichtlich überschreitet. Er ist auf der Suche nach dem Machbaren und bereit, (nicht veränderbare) Realitäten zu akzeptieren und in sein Handlungskonzept zu integrieren.

Fatal wird das Spiel der Zusammenarbeit nur dann, wenn der Chef nicht weiß, was er will, und dementsprechend keine Orientierung zu bieten hat. Denn neben vielen Rollen, die sich dieser Mitarbeiter vorstellen kann, fällt es ihm schwer, auf die Rolle »der Orientierungsgebende« zu verzichten.

Die unsichere Persönlichkeit

Der unsichere, in seiner Persönlichkeit eher labile Mitarbeiter hat Probleme mit sich selbst und ist mehr oder minder bewusst auf der Suche nach der Vater- oder Mutterrolle. Er kommt in der Gestalt des Erwachsenen daher, dessen Kern unausgereifte, infantile Formen hat. Ich spreche hier nicht vom psychisch Kranken, ich meine die noch im Werden befindliche Persönlichkeit.

Leadership heißt: aus der Stärke des Ichs das Ich des anderen stärken.

Dieser Mitarbeiter erwartet Anleitungen, Hilfen, soziale Wärme und er will im wahrsten Sinne des Wortes »an die Hand« genommen werden. Im ersten Anschein könnte man meinen, dass es einen engen Zusammenhang zwischen *Reifegrad* und unsicherer Persönlichkeit gibt. Das kann vorkommen, ist aber keinesfalls eine sichere Gesetzmäßigkeit. Mitarbeiter mit Reifegrad 4 können – im Gegenteil – sogar ausgesprochen gefestigt (und damit besonders schwierig zu führen) sein.

Dagegen gibt es Mitarbeiter mit Reifegrad 1 (hohe Begabung und Fertigkeit kombiniert mit ausgeprägtem Leistungswillen), die sich gerade wegen ihrer schwach ausgebildeten Persönlichkeit unter Wert verkaufen und von nicht sonderlich sensiblen Chefs auch so wahrgenommen (und verkannt) werden.

Die Rollenerwartungen dieses Mitarbeitertyps zielen immer in eine bestimmte Richtung. Gesucht werden »der Vater«, »die Mutter«, »der Förderer«, »der Entwickler«, »der Lehrer«, »der Coach«, »der Therapeut«.

Generelle Rollenerwartungen

Unabhängig von Reifegrad, Werten und Persönlichkeit haben die meisten Mitarbeiter bestimmte »Standardrollenerwartungen« an ihren Chef. Der Chef des Chefs hat solche auch. Darauf werde ich später zu sprechen kommen.

Glauben Sie, dass ein Mitarbeiter seinen Chef in der Rolle des Managers sehen möchte? Das Thema wäre gut geeignet für ein Ratespiel. Sie raten, was ich meine. Ich rate, wie viel Prozent meiner Leser die Frage mit Ja beantworten.

Meine Antwort: Ich glaube es nicht! Konkreter gesagt: Ich kenne keinen Mitarbeiter, der in seinem direkten Chef den Manager sehen und erleben will. Warum?

Zum einen grassiert eine diesbezügliche Reizüberflutung. Die meisten Chefs kommen als »der Manager« daher. Erinnern Sie sich an meine Ausführung zur Unterscheidung von *Management* und *Leadership*? Manager sind Prozessanschieber, Sachverwalter, Organisatoren, Strategen, Analytiker. Es mangelt in den Chefetagen nicht an Menschen mit dieser Qualifikation. So etwas haben einige auf der Uni gelernt, andere in Business-Schulen trainiert und manche sich durch die Praxis angeeignet.

»Management« hat in unserer Gesellschaft eine ähnliche Wirkung wie »Herzinfarkt«: Obwohl es krank macht, genießt es eine ungeheure Popularität. Man kann ohne Tabus offen darüber sprechen.

»Leadership« ist dagegen vergleichbar mit »Psychotherapie«. Es befreit, hilft, zeigt Wege auf und heilt. Allerdings ist es nicht sonderlich gesellschaftsfähig. Deshalb versucht man es zu vertuschen.

Mitarbeiter – auch internationale und solche mit eigener Führungsverantwortung – erwarten in der Hauptrolle den Leader. »Der Leader«, das ist die Leitfigur, die

- *Orientierung* gibt,
- eine *Story* zu bieten hat,
- *Aufmerksamkeit* erbringt.

Wer eine dieser drei Rollen(erwartungen) nicht beherrscht, ist kein Leader. Reinhard K. Sprenger beschreibt es mit: »Führende haben Folgende«. Ich ergänze: Führende müssen um ihre Gefolgschaft werben. Und dazu bedarf es eines attraktiven Angebots. Bernhard Mack zeigt in »Führungsfaktor Menschenkenntnis«, wie Mitarbeiter typgerecht geführt werden müssen, wenn Vertrauen mit effektiver Zusammenarbeit und Sinn stiftender Zukunftsaufrichtung verknüpft werden soll. Meine Meinung ist: Mitarbeiter erwarten schlichtweg, dass ihnen vonseiten der Führung etwas (an)geboten wird. Wenn das Angebot verlockend klingt, sind sie dabei. Wenn nicht, reduzieren sie ihr Dabeisein auf körperliche Präsenz, während sie im Kopf Tennis spielen, von zu Hause träumen, den nächsten Urlaub planen oder – das ist bei besonders qualifizierten Mitarbeitern der Fall – den nächsten Jobwechsel vorbereiten.

Mitarbeiter wollen wissen, *wo* es langgeht (Orientierung), und drängen damit ihren Chef zwangsläufig in die Rolle desjenigen, der die Lampe in der Hand hält, um den

Weg auszuleuchten. Sie wollen zudem erzählt bekommen, *warum* ausgerechnet dieser Weg der richtige ist und *wohin* er führen soll (Story). Das alleine reicht aber noch nicht. Mitarbeiter erwarten, dass ihr Chef einen Blick für sie hat und sieht, *wie* sie ihre Schritte setzen, und dass er darauf mit Bestätigung oder Korrekturhilfen reagiert (Aufmerksamkeit).

Mitarbeiter nabeln sich ab, wenn Chefs diese drei Rollenerwartungen nicht erfüllen. Sie gehen ihre eigenen Wege, schreiben sich ihre eigene Geschichte und holen sich die Anerkennung oder Hilfen woanders. Diese Chefs sind Verlierer in einem Spiel, für das ihre Mitarbeiter die Regeln längst aufgestellt haben, auch wenn er sie noch nicht kennt.

Zunächst verlieren sie den Kontakt zu ihren Mitarbeitern, in der zweiten Phase der Erosion der Führungsbeziehung den Glauben ihrer Mitarbeiter an sie, in der dritten Phase deren Akzeptanz. Dieser Prozess der schleichenden Auflösung von Leadership endet meistens damit, dass sich die Mitarbeiter *informelle* Führer suchen, während der Chef seine Pseudomitarbeiter als Bedrohung erlebt. Wir Berater bekommen solche Zustände mit, indem solche Chefs über ihre Mitarbeiter negativ und Mitarbeiter über solche Chefs überhaupt nicht mehr reden.

Wenn Chefs auf diese Weise einen Mitarbeiter nach dem anderen verlieren, flüchten sie in noch mehr Sachbearbeitung oder Managementaufgaben. Das ist kein Ausweg, das ist der Weg ins Aus.

Nur wer verwickelt ist, ist wirklich eingebunden.

Dabei sind Mitarbeiter leicht einzubinden. Wie? An die Zügel nehmen? Die beißen sie durch. Mit Geld locken? Das nehmen sie, geben es aus und wollen mehr. Mit Sozialkomfort ködern? In dem räkeln sie sich bis zur Schläfrigkeit. Mit Personalentwicklungsprogrammen? »Entwicklung« heißt auch: etwas schaffen, was es bisher nicht gab. Personalentwicklung so verstanden, ist die Entmündigung des Seins. Außerdem ist der Begriff der »Personalentwicklung« die anonymisierte Form der »Mitarbeiterförderung«.

Mitarbeiter muss man verwickeln, wenn man sie für sich gewinnen will. Sie müssen spüren, dass sie im Zentrum des Geschehens stehen, und dabei merken, dass sie – wie Mitwirkende in einem Orchester – den Ton angeben. Einen von vielen Tönen. Orchesterspieler brauchen den Dirigenten, der sie und die anderen Mitspieler zu einem Gleichklang bringt. Die an den Dirigenten gestellten Rollenerwartungen müssen von ihm erfüllt werden. Sonst will jeder die erste Geige spielen und vor allem seine eigene Melodie.

Rollen, die das Unternehmen fordert

Wenn Sie nicht wissen, was genau Ihr Unternehmen von Ihnen in Ihrer Position erwartet, schauen Sie sich das dazu formulierte Regelwerk an. Wenn das nicht existiert, fragen Sie Ihren Chef. Wenn der keine Antwort weiß, fragen Sie Ihre Mitarbeiter, was diese von Ihnen erwarten. Wenn die nichts wissen, tun Sie, was Sie für richtig halten.

Aus der Sicht des Unternehmens gibt es eine Vielzahl von erforderlichen Rollen, die einfach präsent sein müssen. Die Rollenanforderungen der Firma ergeben sich aus der Firmenphilosophie, den Grundwerten, den Spielregeln für Führung und Zusammenarbeit, den Zielen, der Strategie und den Funktionsbeschreibungen.

Auf der Bühne, die da »Unternehmen« heißt, hat jeder seine Rollen zu spielen. Wer öfters aus der Rolle fällt oder keine einnimmt, spielt bald keine mehr. Deshalb ist mein Tipp an jede Führungskraft und jeden Mitarbeiter: Geben Sie Ihr Bestes, wenn sie Ihre Rolle(n) spielen! Erfüllen Sie die an Sie gerichteten Erwartungen und Anforderungen so optimal wie möglich.

Viele Menschen sind sich des eigenen *Rollenrepertoires* und seiner gezielten Anwendung zu wenig bewusst. Die Frage ist: Welche Rollen übernehme ich in welchen Situationen und wie passt mein Repertoire mit den *Erwartungen* (anderer Menschen) und *Anforderungen* (des Unternehmens) zusammen? Damit verbunden ist auch die Frage: Wie haushalte ich mit meinem Rollenrepertoire? In diesem Bereich gibt es einige Missverständnisse aufzuklären.

Wenn jemand nach der Arbeit nicht abschalten kann, auf dem Weg nach Hause ständig über nicht erledigte Dinge grübelt, so spielt er in diesem Moment dennoch für seine Firma keine Rolle. Zu Hause angekommen, ist er mit seinen Gedanken immer noch in der Firma, gibt dem Partner oder der Familie ein Gefühl von Ignoranz, weil er sich nicht wirklich auf sie einstellt. Auch hier spielt er keine Rolle, allenfalls eine negative. Es genügt nicht, über viele Rollen zu verfügen, man muss sie auch situationsgerecht einzusetzen verstehen.

Manche Menschen neigen dazu, Beruf und Privatleben miteinander zu vermischen. In einigen psychologischen Denkrichtungen wird die Unterscheidung zwischen der beruflichen und privaten Person sogar aufgehoben. Nach dem Motto: Die Firma ist eine große Familie. Es gibt keinen Unterschied zwischen Freizeit und Business. Arme Welt!, kann ich da nur sagen. Und ob es einen gibt. Sogar einen gewaltigen. Die *Geschäftswelt* ist auf *Ergebnis* beziehungsweise *Erfolg* ausgerichtet. Zumindest sollte es so sein. Hier ist das Ziel der Weg. Die *Privatwelt* ist auf *Erlebnis* und *Genuss* ausgerichtet. Zumindest sollte es so sein. Hier ist der Weg das Ziel.

Die Geschäfts- oder Berufswelt ist nicht dazu da, das Leben zu genießen, sondern sich den Lebensgenuss leisten zu können. Das ist der feine Unterschied. Andererseits, wenn die Privatwelt wirklich auf Ergebnisse ausgerichtet sein sollte, dann müssen wir das Thema auch konsequent zu Ende denken. In diesem Fall gibt es nichts Erstrebenswerteres als den Tod. Denn er ist das Ergebnis beziehungsweise das Endziel, auf das sich alles zubewegt.

> Wir müssen lernen, die Dinge so tief zu sehen, dass sie einfach werden. Dass Erkenntnis und Erschütterung eng miteinander verbunden sein können, lässt sich schon durch Blättern im Duden erkennen. Aber zum Glück steht dort Erleuchtung noch vor Erschütterung.

Das ist keine wahrhaft attraktive Vorstellung: Ich lebe nicht, um zu leben. Ich lebe auf das Ergebnis Tod hin. Mit den Gesetzen der Betriebswirtschaft gedacht: so schnell wie möglich und mit geringstem Aufwand. Wer sich eine Trennschärfe zwischen Beruf und Privatleben nicht vorstellen kann und auch nicht danach lebt, braucht sich nicht zu wundern, wenn er mit 50 fertig und verschlissen ist. So etwas hat die Natur geschickter für uns geregelt. Wir brauchen uns an ihren Gesetzmäßigkeiten nur ein Beispiel zu nehmen: Sie hat uns so eingerichtet, dass wir automatisch zwischen zwei Zuständen hin- und herschalten: Wachphase – Schlafphase. Normerweise ist die Schlafphase ein Kontrastmodus zur Wachphase. Mit einem gesunden Schlaf und seinen Traumphasen gewinnen wir Abstand, kommen zur Ruhe und verarbeiten die Reste der Wachphase, um danach wieder neu starten zu können. Man muss sich das vorstellen wie bei einem PC. Wir schließen alle Dateien und gehen aus Windows heraus. Beim Start werden dann alle Dateien wieder neu geladen und es findet sogar eine gewisse Fehlerkorrektur statt.

Leitbild, Grundwerte, Anforderungen

Ein *Leitbild* dient dazu, durch seine Inhalte zu leiten. Dies heißt auch mit bestem Beispiel vorangehen. *Grundwerte* heißen deshalb so, weil es Werte sind, die von Grund auf Gültigkeit haben sollen, also von der Basis bis zur Spitze.

Wenn ich Vorständen zuhöre, dann später mit Führungskräften spreche und darüber hinaus das Glück habe, die Mitarbeiter ein und desselben Unternehmens auf dem Fuße ihres Mutes zur Ehrlichkeit zu erwischen, dann komme ich nicht selten in das Trauma der Verwirrung. Da drängt sich unweigerlich die Frage auf: Wer von denen, die da reden, gehört eigentlich zu welchem Unternehmen? Vertragsrechtlich alle zu einem, das ist klar. Aber vom Erleben her scheinen oft ganz unterschiedliche Firmen im Spiel zu sein.

> Instrumente und Methoden müssen sein wie Holz: natürlich, beweglich und individuell.

Aus der Sicht des Vorstands oder der Geschäftsführung ist die Firmenausrichtung immer klar. Aktionismus wird häufig als Leitbild oder Werte verkauft: *permanenter Wandel* (oder eher: auf dem Weg zur Entidentifizierung des Seins?), *lean und leaner* (oder eher: über die Nulldiät zum nackten Gerippe?), *Wissensmanagement* (oder eher: Landschaftspflege auf dem Datenfriedhof?), *Leistung und Vertrauen* (oder eher: List und Vorgaukeln?), *Teamfähigkeit* (oder eher: bis zur Entpersönlichung des Individuums?), *lernende Organisation* (oder eher: wie man die Kleinen vor den Karren spannt und die Großen mit der Peitsche knallen lässt?), *Kostenreduktion* (oder eher: jetzt wird gespart damit der Vorstand sich was leisten kann?), *Unternehmertum auf allen Ebenen* (oder eher: dass bloß keiner was auf eigene Faust unternimmt?), *Reengineering* (oder eher: die Auferstehung des Taylorismus?), *ISO-Zertifizierung* (oder eher: die Kunst, die Lebendigkeit in Dokumenten einzufrieren?), *Total Quality Management* (oder eher: Wie vergrößern wir das Delta zwischen Theorie und Praxis?), *Visionen* (oder eher: das Licht am Ende des Tunnels, in dem alle über das am Boden liegende Geröll stolpern?).

> Gesetze und Verordnungen haben den Höhepunkt ihrer Untauglichkeit erreicht, wenn sie von ihren Verfassern ignoriert oder torpediert werden.

Um Missverständnissen vorzubeugen: Ich zähle mich nicht zu den Autoren, die Unternehmern und Führungskräften grundsätzlich das Gegenteil von allem einreden – auch vom dem, was nicht gerade in den eigenen Kompetenzbereich fällt und sich obendrein definitiv in der Praxis bewährt hat, nur um sich als Provokateur einen Markt zu schaffen.

Ich kann mir alle oben genannten Mittel beziehungsweise Methoden vorstellen, wenn …, ja wenn sichergestellt ist, dass sie mit Ernsthaftigkeit und auf längere Zeit angelegt werden, konsequent danach gelebt wird, die Verbindlichkeit *für alle* gemeint ist und mit Sorgfalt eingeführt und Beharrungsvermögen gepflegt werden. Und eben hier beginnt meine Verwirrung in Gesprächen mit den Führungskräften der zweiten und dritten Ebene und sie bekommt ungeahnte Auswüchse, wenn ich die Mitarbeiter höre. Vorstand beziehungsweise Geschäftsführung predigen Wein und trinken Wasser … falsch, wohl umgekehrt. – Nein, so wieder auch nicht. Sie sprechen über Wein, spendieren Wasser und trinken Champagner.

Das größte Dilemma der Führung ist, ideal sein zu wollen. Das unbegreiflichste, von anderen mehr zu verlangen als von sich selbst.

Leitbild und Grundwerte haben eine hohe Attraktivität für Führungskräfte und Mitarbeiter, wenn sie den *Geist des Unternehmens* spiegeln. Sie können *Visionen* prägen (begründete Vorstellungen von der Zukunft), das Register zur *Unternehmensstory* rahmen (was Mitarbeiter anfeuert, sie Spuren finden lässt, auf denen sie laufen können), *Ziele* beeinflussen (vorgedachte Ergebnisse), *Strategien* unterfüttern (Ausrichtung auf begehbare Wege) und *Rollenanforderungen* definieren.

Es gibt Unternehmen mit einem niedergeschriebenen Leitbild oder schriftlich ausformulierten Grundwerten. Das reicht nicht, wenn man es nur tut, weil es gerade schick ist, so etwas zu haben. Peinlich, wenn einzelne Vorstände oder obere Führungskräfte den Text nicht kennen. Wertlos, wenn sie nicht danach leben.

Es gibt auch Unternehmen, in denen kein einziges Stück Papier zu Leitbild oder Werten existiert. Solche Unternehmen …

a) stellen sich als gebündelte Chaoslandschaften dar (operationale Turbolenzen halten alle auf Trab, einiges wird übersehen, anderes dafür doppelt und dreifach gemacht – das einst geschriebene Leitbild würde sowieso niemand mehr finden);

b) werden vom Zufallsgenerator gesteuert (alle freuen sich über einen Erfolg, für dessen Zustandekommen die Vaterschaft ein Rätsel bleibt – was soll man da ins Stammbuch schreiben?);

c) haben in Kombination mit einer überschaubaren Größe eine Kulturreife erreicht, die jegliche Niederschrift der täglich spürbaren Werte überflüssig macht.

Schließlich gibt es Firmen, in denen Leitbild beziehungsweise Grundwerte durch einen viele einbindenden Prozess entstanden und als verbindliches Commitment *für alle* fixiert sind.

> Commitment heißt nicht nur Verpflichtung, sondern auch Bindung. Binden kann sich später nur, wer vorher eingebunden wird.

Auf der Grundlage eines soliden Leitbilds können Regeln entstehen, auf der Basis von Regeln Rollenanforderungen. Wenn die Bühne »Unternehmen« kein Laientheater sein soll, dann müssen den Rollen der Protagonisten Anforderungen hinterlegt sein.

Grundlagen für Rollenanforderungen

Jedes Unternehmen hat mehr oder minder konkret formulierte Grundlagen zur Festlegung der Anforderungen an Führungskräfte geschaffen. Die gut aufgestellten Unternehmen haben es in einem intensiven Prozess unter Einbezug möglichst vieler Führungskräfte Schritt für Schritt entwickelt, halten es für einige Jahre stabil und prüfen dann erneut die zeitgemäße Gültigkeit. Solche Unternehmen haben die größten Chancen, brillante Ergebnisse und hohe Zufriedenheit der Mitarbeiter miteinander in Einklang zu bringen und zu halten.

Einige Unternehmen scheinen aus Lehrbüchern abgeschrieben zu haben. Zumindest drängt sich dieser Eindruck auf, wenn man die weder zur Firmengeschichte noch zum Credo der obersten Verantwortlichen passenden Texte liest. Andere Unternehmen gehen davon aus, dass die einzelne Führungskraft schon wissen wird, worauf es ankommt.

Wenn Ihr Unternehmen Grundlagen schriftlich fixiert hat, dann können Sie daraus Ihre Rollenanforderungen ableiten. Dabei ist es unerheblich, welchen Namen das Regelwerk trägt. Wenn Sie zur Firmenspitze gehören, dann sollten Sie sich fragen, was Sie von Ihren Führungskräften erwarten und wie klar die Erwartungen der Unternehmensspitze kommuniziert sind. Mit »mal drüber reden« ist es da nicht getan. Und Einstellungen wie »Die richtigen Führungskräfte werden schon wissen, worauf es ankommt« führen im glimpflichsten Fall dazu, dass diese »richtigen Führungskräfte« machen, was sie für richtig halten. Jeder für sich. Alle ziehen zwar an einem Strang, jeder definiert das passende Ende, an dem zu ziehen ist, auf seine Art und Weise. In solchen Firmen lässt sich »unheimlich« viel Aktivität beobachten. Was fehlt, ist die gemeinsam abgestimmte Richtung, in die sich die Aktivität nach vorn bewegen soll. Im Kreis laufen und das Tempo erhöhen mag als Training für Höheres geeignet sein, nicht aber als Griff nach der Zukunft. Die Zukunft liegt vorne. Man muss sich nach ihr strecken. Mit Einkreisen ist da nichts zu machen. Wenn die zuletzt beschriebenen Firmen dann auch noch das Wort »Strategie« in ihr Firmenvokabular eingebaut haben, dann mag man darunter verstehen, was man will, jedenfalls wohl kaum »Ausrichten auf ...«.

Wie könnten Rollenanforderungen an Führungskräfte aussehen? Ich werde drei aktuelle Modelle aus der Praxis vorstellen.

Modell A: Bankgesellschaft

Dieses Modell geht von vier Ausprägungen aus und beschreibt sehr konkret Leadership- und Managementrollen. Es handelt sich dabei um ein 2001 in der Bankgesellschaft Berlin entwickeltes Modell. Die gewählte Reihenfolge der Beschreibung ist willkürlich, da im Grunde genommen alle Ausprägungen interdependent sind und auf keine verzichtet werden kann.

Changemanager

Profil

- treibt Veränderungen voran und sichert die langfristige Existenz der Firma
- setzt das Lernen als kulturelle Norm
- kann seine klare Vision und die damit verbundenen Ideen vermitteln
- unterstützt die Veränderungsbereitschaft und Kreativität anderer
- verknüpft das Entwickeln »großer Bilder« mit genauer Detailkenntnis

- übersetzt Visionen in Handlungsempfehlungen und Ziele in Strategien
- versucht ständig, die gegebenen Bedingungen zu verbessern
- denkt in dynamischen Kategorien, die Auswirkungen auf Struktur, Produkte und Märkte haben

Wirkung

- Bewältigung großer Wettbewerbsveränderungen einhergehend mit Paradigmenwechsel
- Vermittlung von Visionen
- Managen und Initiieren von Wandlungsprozessen

Businessmanager

Profil

- arbeitet ergebnis- und strategieorientiert, vermeidet ziellosen Aktionismus
- bevorzugt Aktionen und Strategien, die das Erreichen von spezifisch messbaren Ergebnissen beinhalten
- bewältigt auch unter schwierigen Bedingungen und starker Verunsicherung die täglichen Aufgaben, gegebenenfalls durch Improvisieren
- experimentiert in einem gewissen Spielraum, um damit die Leistung zu verbessern
- bringt Markt- beziehungsweise externe Sicht in das Unternehmen ein
- arbeitet im Rahmen von Visionen und richtet sein Tun nach strategischen Notwendigkeiten aus

Wirkung

- Ergebnisse steigern, Effizienz erhöhen
- Reagieren auf Wettbewerbsherausforderungen
- Sichern von Produktqualität und hoher Kundenzufriedenheit

Relationshipmanager

Profil

- o baut zielführende Beziehungen auf und pflegt diese, interessiert sich für seine Mitarbeiter
- o erkennt Potenziale bei Mitarbeitern und nutzt diese
- o fördert die Kompetenz- und Rollenerweiterung von Mitarbeitern
- o verlangt von Mitarbeitern Bestleistungen und unterstützt sie dabei durch eigenes Vorbild
- o ist ein guter Zuhörer und überzeugt durch Authentizität
- o nutzt jede Gelegenheit, die Geschäftsideen und die Visionen zu transportieren, und erzeugt darüber Motivation und Identifikation
- o setzt moderne Entwicklungsinstrumente (Mentoring, Coaching) in seiner Führungsarbeit ein

Wirkung

- Vermittlung von Visionen, Zielen und Strategien
- Prägen von Führungskultur
- Anleiten von Mitarbeitern zu Spitzenleistungen

Integrationshipmanager

Profil

- o kann Visionen, Ziele und Strategien in klare Pläne und Handlungsmaximen übersetzen und die Organisationseinheit danach ausrichten
- o versteht es, die strategische Ausrichtung und deren Auswirkungen für jeden Mitarbeiter deutlich zu machen
- o verknüpft zielführende Organisationsstrukturen mit geeigneten Mitarbeiterprofilen
- o fördert Teamwork, bei dem sich die Potenziale und Kompetenzen der Mitwirkenden ergänzen

- erklärt Zusammenhänge verständlich und nachvollziehbar
- verbessert den Leistungsgrad durch rationelle und effiziente Arbeitsabläufe
- schafft zielführende Netzwerke, die der Notwendigkeit entsprechen
- führt das unterschiedliche Verständnis der handelnden Personen zusammen

Wirkung

- Zusammenführung und Entwicklung von Organisationseinheiten
- Förderung von zielführenden Prozessen
- Bildung von Kooperationen und Commitments

In der gelebten Unternehmenspraxis kommt eine Priorisierung dann in Betracht, wenn sich situativ die Notwendigkeit zur besonderen Hervorhebung der ein oder anderen Dimension herausstellt. Wenn das Unternehmen zum Beispiel in den letzten Jahren hinsichtlich der Veränderungsprozesse eher träge war, sollte die Konzentration auf *Changemanagement* an erster Stelle stehen. Gebietet die Situation eines Unternehmens die Ausrichtung auf eine Kraftanstrengung im wirtschaftlichen Bereich, so müsste das Augenmerk auf Businessmanagement an die erste Stelle rücken. Beide Ausprägungen lassen sich eher der klassischen Managementkompetenz zuordnen.

Der *Leadershipkompetenz* sind die Ausprägungen *Relationship* und *Integrationship* hinterlegt. Wenn die klassische Führungsarbeit vernachlässigt wurde, ist sicherlich eine bevorzugte Konzentration auf die Herstellung von guten Beziehungen zu den Mitarbeitern *(Relationship)* anzustreben. Wird festgestellt, dass die Mitarbeiter eher orientierungslos umherlaufen oder sich nicht ausreichend in die Abläufe, das Verständnis für die Organisation oder das Erkennen von zwingenden Zusammenhängen eingebunden fühlen, müsste *Integrationship* den höchsten Grad der Aufmerksamkeit erhalten.

Der neue Vorstandschef der Bankgesellschaft, Hans-Jörg Vetter, griff im Frühjahr 2002 auf dieses Modell zurück, um im Zuge der Sanierung der Bank die zukünftigen Führungskräfte auf der obersten und mittleren Führungsebene auszuwählen.

Modell B: Webasto

Dieses Modell ist das 2001 bei Webasto implementierte Regelwerk zur Sicherung der Management- und Leadershipqualität. Die strikte Trennung von Leadership und Management bietet sich an, wenn man sieht, wie unterschiedlich die in Unternehmen wahrzunehmenden Rollen bei wichtigen Entscheidungsträgern ausfallen können (Manager treiben Prozesse voran, Leader inspirieren Menschen). Während Modell A die Grundlage für Potenzialanalysen bildet, wird bei diesem Modell B einen Schritt weiter gegangen: Die Regeln sind einerseits eins zu eins Bestandteil der jährlichen Leistungsbeurteilung für außertarifliche Angestellte, also Leader und Manager. Darüber hinaus dienen sie ebenfalls eins zu eins als Grundlage für die Vorgesetztenbeurteilung, also die Einschätzung der Führungsqualität aus Sicht der Geführten.

Wegen der anspruchsvollen Ausformulierung der elf Management- und sieben Leadershipregeln sind top down alle Führungskräfte gründlich eingewiesen und auf die Umsetzung hin trainiert worden. In einem Basismodul wurde jede einzelne Regel eingehend besprochen, sodass abweichenden Interpretationen oder Auslegungen weitestgehend vorgebeugt worden ist. In einem Aufbaumodul haben die Führungskräfte hinreichende Hilfen bekommen, wie sie ihre Mitarbeiter hinsichtlich der Erfüllung der Regeln einschätzen (Leistungsbeurteilung) und diese Einschätzung adressatengerecht vermitteln können. Jeder auf diesem Gebiet Erfahrene weiß, dass es dabei auf zweierlei ankommt: einerseits im Sinne des Unternehmens *gerecht* und andererseits im Interesse des Mitarbeiters *fair* zu beurteilen. Eine vom

Mitarbeiter als unfair empfundene Einschätzung geht nicht nur ins Leere, vielmehr sendet sie die – aus der Sicht des Beurteilers sicher ungewollte – Botschaft »Mein Chef sieht mich falsch«. Denn ein Chef, der »falsch« hinguckt, führt auch »falsch«.

> Wo betriebliche Leistungsbeurteilung über das Niveau der Schulzeit nicht hinauskommt, braucht man sich nicht zu wundern, wenn sich die Beurteilten wie Primaner fühlen. Und da Menschen so handeln, wie sie sich fühlen, reagieren sie auf die Beurteilung wie Primaner: mit Trotz, Uneinsicht und Verschlossenheit.

Außerdem erhielten die Führungskräfte Unterstützung im Umgang mit Rückmeldungen ihrer Mitarbeiter (Vorgesetztenbeurteilung). Erst diese Begleitmaßnahmen ermöglichen den Anwendern einen souveränen Umgang mit derart anspruchsvoll ausformulierten Regeln. Ein zielgerichtetes Training dient nicht der Veränderung der Persönlichkeit. Das wäre auch nicht zu leisten. Ein solches Training ist auf die bewusste Übernahme von Management- respektive Leadershiprollen ausgerichtet.

Franz-Josef Kortum legt als Vorstandsvorsitzender großen Wert darauf, dass die im Rahmen des Leibildes stehenden Management- und Führungsregeln tatsächlich mit Leben erfüllt werden. Vom Vorstand und von allen Führungskräften.

Das Leitbild

DER WEBASTO-WEG
Unser Weg in eine erfolgreiche Zukunft basiert auf acht Verpflichtungen:

1. Wir nehmen eine führende Rolle mit Produkten ein, die zu mehr »Komfort und Erlebnis in der Mobilität« beitragen.

2. Wir erkennen Chancen und Entwicklungen im Markt frühzeitig und setzen diese in attraktive Produkte und Leistungen um (first time to market).
3. Wir steigern unsere Attraktivität und damit die Kundenloyalität als **To**tal **P**rocess **P**artner (ToPP) durch ein umfassendes Angebot aus Technik- und Marktwissen.
4. Wir setzen mit motivierten Mitarbeitern unser Leitmotiv »Webasto – feel the drive« für jeden jederzeit erlebbar um.
5. Wir fördern durch die Balance zwischen zentraler und dezentraler Verantwortung den reibungslosen Wissenstransfer und eine effektive Kommunikation – intern wie extern.
6. Wir erhöhen unsere Leistungsfähigkeit durch sorgfältige Auswahl und konstruktive Zusammenarbeit mit unseren Partnern und Lieferanten.
7. Wir erzielen eine Rendite, die durch hohe Investitions- und Innovationskraft unser Wachstum und unsere Beschäftigung sicherstellt.
8. Wir verpflichten uns, die notwendigen Maßnahmen zu ergreifen, um langfristig den Wert unseres Unternehmens zu steigern.

11 Management- und 7 Führungsregeln

Manager (Entscheidungsträger mit und ohne Personalverantwortung) …

- gestalten und sichern die Zukunft des Unternehmens, Bereichs, der Abteilung durch ihre strategische Kompetenz
- sind zielorientiert, indem sie Ziele nach vorher gemeinsam festgelegten Messgrößen verfolgen
- sind emotional und physisch belastbar, begegnen Anforderungen mit dem nötigen Maß an Gelassenheit und Selbstsicherheit

- verstehen Konflikte als Chance zur Weiterentwicklung, gehen sie aktiv an und haben die Fähigkeit und Kompetenz, sie zu lösen
- leben die Konsequenz ihres Handelns und übernehmen dafür die Verantwortung
- lernen ständig, auch aus Fehlern, sind Vorbild für persönliche Entwicklung im Erfolgshandeln, indem sie ihre Sozial-, Persönlichkeits-, Methoden- und Fachkompetenz weiterentwickeln
- fördern erfolgreiches Teamwork und konstruktive Beziehungen, nutzen Kooperationen und entwickeln Netzwerke dort, wo es zielführend ist
- beweisen bei Problemen analytisches Denken, präventives Handeln, Disziplin, Hartnäckigkeit und Geschwindigkeit in der Bearbeitung
- zeigen unternehmerisches Handeln in den Bereichen Zielorientierung, Organisationseffizienz, Qualität, Wirtschaftlichkeit und Zeitmanagement
- haben eine hohe geistige Veränderungsbereitschaft, erweisen sich durch interkulturelle Fähigkeiten und sind für internationale Aufgaben einsetzbar
- fördern die Beziehungsgestaltung und Effizienz im Umgang mit Kunden durch aktives Kontaktverhalten

Leader (Entscheidungsträger ausschließlich mit Personalverantwortung) …

- ermutigen und inspirieren ihre Mitarbeiter durch Begeisterung und Visionen, delegieren angemessen, setzen Energie durch Fordern und Fördern frei und wählen neue Mitarbeiter mit hoher Sorgfalt aus
- bauen eine gesunde Führungsbeziehung zu ihren Mitarbeitern auf, schaffen Vertrauen und sind sich der Verantwortung gegenüber ihren Mitarbeitern bewusst
- sichern eine optimale Informationspolitik gegenüber ihren Mitarbeitern, sind beispielhaft im Kommunikationsverhalten, haben Zeit für ihre Mitarbeiter und sind erreichbar und zugänglich

- sind durch Kontinuität für ihre Mitarbeiter berechenbar, unterliegen nicht ständig wechselnden Stimmungen, die ihr Handeln und ihren Umgang mit Mitarbeitern beeinflussen
- treffen nach Abwägung kontroverser Standpunkte klare Entscheidungen, in die sie situativ die Mitarbeiter mit einbeziehen
- fördern Kreativität ihrer Mitarbeiter, setzen diese um und/oder sorgen durch innovatives Handeln für Marktfähigkeit und Wirtschaftlichkeit
- leiten ihre Mitarbeiter zu ständiger Weiterentwicklung an und unterstützen sie dabei

Zum Verständnis: *Leader* werden nach allen 18 Regeln, *Manager* ausschließlich nach den ersten elf Regeln beurteilt. Bei dieser Differenzierung wurde davon ausgegangen, dass es wenig sinnvoll ist, Menschen nach Kriterien (zum Beispiel Führung) zu beurteilen, die auf sie nicht zutreffen. Die logische Schlussfolgerung ist, Menschen danach zu beurteilen, was sie zu leisten haben.

> Konsequenzlose Führung ist konzeptlose Führung oder der Beweis ziellosen Handelns, das zu nichts führt.

In den meisten Unternehmen stehen Führungsregeln zusammenhanglos – zumindest bezogen auf das Beurteilungswesen – im Raum. Sie sind zwar formuliert, ihr Einhalten wird aber später nicht nachverfolgt. Das Ergebnis ist allen Erfahrungsträgern klar: Derart abgekoppelte Regeln, Leitsätze, Grundsätze … verblassen als Papiertiger, dessen Geburt Jahre später kein Mensch mehr nachzuvollziehen vermag. Papiertiger hinterlassen zwar beim Fressen keine blutigen Spuren, sie zehren aber im Laufe der Zeit den Glauben an die Ernsthaftigkeit von Anleitungen, Grundsätzen und Kernbotschaften – auch solche mit anderen Inhalten – auf.

Modell C: Bilfinger Berger

Bilfinger Berger hat 2001 Identität, Werte, Vision und Strategie zu einem Leitbild zusammengefasst. Die 1992 in ausführlicher Form verfassten Führungsgrundsätze blieben davon unberührt und werden vom Vorstand als Auslaufmodell gesehen. Das Leitbild hebt auf Managementprozesse ab und soll nach den Vorstellungen von Herbert Bodner, dem Vorstandsvorsitzenden, ebenso als zukünftige Orientierung für Leadership dienen.

Das Leitbild

- Wir entwickeln unseren Baukonzern zur führenden Multi-Service-Gruppe für Immobilien und Infrastruktur. Mit exzellenten Leistungen wollen wir national wie international bevorzugter Partner für unsere Kunden werden.

  Auf dem Weg zu diesem Ziel wird sich unserer Unternehmen grundlegend verändern.

  - ➠ Wir wollen mit einem umfassenden Angebot hohe Werte für unsere Kunden schaffen. Dem Bauen vor- und nachgelagerte Leistungen werden wir durch Akquisitionen und strategische Allianzen gezielt ausbauen.
  - ➠ Wir beherrschen die zur Lösung von Immobilien- und Infrastrukturaufgaben erforderlichen Prozesse. Dabei übernehmen wir führende Verantwortung.
  - ➠ Wir bauen unsere starke internationale Position weiter aus. Im Verbund aller Unternehmensteile werden wir unsere Ressourcen bestmöglich nutzen.
  - ➠ Wir vernetzen unser Wissen zur Weiterentwicklung unseres Geschäfts. Bei der Anwendung neuer Informationstechnologien übernehmen wir eine führende Rolle.

➠ Wir pflegen den frühzeitigen und vertrauensvollen Dialog mit unseren Kunden und streben eine partnerschaftliche und dauerhafte Zusammenarbeit an.

Unser Selbstverständnis bildet ein solides Fundament für die weitere Entwicklung:

➠ Wir setzen auf dezentrale Organisation, verbunden mit unternehmerischem Handeln auf allen Ebenen. Dies erfordert ein hohes Maß an Transparenz und umfassendes Verantwortungsbewusstsein.
➠ Kompetenz und Innovationsfähigkeit tragen entscheidend zum Erfolg unseres Unternehmens bei. Diese Stärken wollen wir noch gezielter mit Risikobewusstsein und konsequenter Ausrichtung am wirtschaftlichen Erfolg verbinden.
➠ Teamgeist ist ein wichtiger Bestandteil unserer Unternehmenskultur. Wir setzen uns dabei offen mit unterschiedlichen Standpunkten auseinander und stellen hohe Ansprüche an uns selbst.
➠ Der vorbildliche Umgang von Mitarbeitern und Führungskräften untereinander und eine systematische Personalentwicklung haben für uns hohen Stellenwert.
➠ Wir zeichnen uns durch geradliniges und faires Verhalten aus. Dabei vertreten wir konsequent unsere Interessen.
➠ Baukompetenz und finanzielle Solidität bleiben auch künftig Grundlagen unserer weiteren Unternehmensentwicklung.

- Mit der Verpflichtung auf das Ziel, die führende Multi-Service-Gruppe für Immobilien und Infrastruktur zu werden, schlagen wir ein neues Kapitel in der Entwicklung unseres Unternehmens auf. Auf diese Weise steigern wir unsere Attraktivität für Aktionäre, Kunden, Geschäftspartner und Mitarbeiter.

Die Führungsregeln von 1992
(in stark verkürzter Form)

Die Identifikation unserer Mitarbeiter mit dem Unternehmen, ihre Zufriedenheit mit den ihnen gestellten Aufgaben und ihre fachliche Qualifikation sind unabdingbare Voraussetzungen, um unseren Ansprüchen gerecht werden zu können.

Wir wollen deshalb vor allen Dingen die Qualifikation und Kreativität unserer Mitarbeiter fördern, die organisatorischen Voraussetzungen zur Förderung der Eigenverantwortung im Rahmen individueller Handlungsfreiräume schaffen und erhalten sowie für ein umfassendes Qualitätsbewusstsein Sorge tragen.

Grundlage ist die Überzeugung, dass jeder Mitarbeiter unseres Unternehmens als eigenständige Persönlichkeit zu achten ist. Dies und nicht eine aus sachlichen Gründen stets erforderliche hierarchische Ordnung bestimmt den Umgang miteinander.

1. *Unternehmerverhalten*
   Wirksame Führung erfordert unternehmerisches Handeln auf allen Ebenen des Betriebs. Unser Grundsatz ist deshalb das Delegieren von Verantwortung und Befugnis.

2. *Kommunikation*
   Wirksame Führung erfordert ein offenes Kommunikationsverhalten. Unser Grundsatz ist deshalb, im offenen Dialog umfassend zu informieren.

3. *Teamarbeit*
   Wirksame Führung erfordert fachübergreifendes Denken und Handeln. Unser Grundsatz ist deshalb die fachübergreifende Arbeit in Projektgruppen mit einem verantwortlichen Projektleiter.

4. *Steuerung und Kontrolle*
   Wirksame Führung erfordert effektive Steuerung

und Kontrolle. Unser Grundsatz ist, durch regelmäßige Kontrolle Abweichungen frühzeitig zu erkennen und Steuermaßnahmen zu ergreifen.

5. *Mitarbeiterentwicklung*
   Wirksame Führung erfordert qualifizierte Mitarbeiterentwicklung. Unser Grundsatz ist deshalb die Förderung des Mitarbeiters in seinem und unserem Interesse.

6. *Zukunftsplanung*
   Wirksame Führung erfordert vorausschauende Planung zur Sicherung unserer Wettbewerbsposition und des langfristigen Unternehmenserfolgs. Unser Grundsatz ist es, Mitarbeiter unserer Führungsebenen in die strategische Planung unserer Geschäftseinheiten einzubeziehen.

Unterschiedliche Ansätze, unterschiedliche Rollenanforderungen

Den unterschiedlichen Ansätzen sind unterschiedliche, mehr oder minder klar formulierte Rollenanforderungen hinterlegt. Die Ansätze spiegeln die Philosophie des Umgangs mit Business, Managementprozessen, Leadership und Menschen wider. Ganz gleich, wie sie formuliert sind, sie geben diesbezüglich eine Orientierung. Bei den Modellen A und B handelt es sich um konkrete Rollenanforderungen an Manager und Leader. Modell C nimmt im engeren Sinne keinen direkten Bezug auf Rollenanforderungen. Somit muss man dieses Modell als gemeinte Richtschnur für Manager und Leader verstehen – quasi als indirekte Aufforderung zur Übernahme bestimmter Rollen. Damit ist den Handelnden ein großer Spielraum gegeben.

Beim Klavier geht die Gefahr der schrägen Töne weniger vom Instrument als vom Pianisten aus. Warum sollte das bei der Benutzung von Führungsinstrumenten anders sein?

So unterschiedlich auch die Ansätze sind, eines haben die drei vorgestellten Modelle gemeinsam: Sie bilden eine niedergeschriebene Grundlage für den formulierten Anspruch des Unternehmens an seine an entscheidender Stelle handelnden Personen.

Wenn Sie die als verbindlich erklärte Ausrichtung Ihres Unternehmens kennen, können Sie sich entlang der von Ihnen wahrzunehmenden Rollen daran orientieren. Vielleicht arbeiten Sie aber für ein Unternehmen, das sich nicht festgelegt hat. Manche Unternehmen verzichten auf jegliche Aussagen zu Leitbild- oder Führungsfragen. Damit lässt es sich leben. Die Botschaft ist in einem solchen Fall nicht anders zu verstehen als: Jeder Manager und Leader soll tun, was er (unternehmerisch) für richtig hält. Andere beherbergen in ihren Schubladen Konzepte von vorgestern, an die sich kaum noch jemand erinnert. Damit lässt es sich weniger gut leben. Vorstand oder Geschäftsführung solcher Unternehmen ist zu empfehlen, sich eindeutig zu outen: Was ist mit den Konzepten von gestern? Sind sie verbindlich oder außer Kraft? Denn nichts ist für Führungskräfte und Mitarbeiter energieraubender als das Leben unter Geschäftsführungen oder Vorständen, die eindeutige Entscheidungen meiden. Auch in diesem Punkt.

Wenn eine verbindlich fixierte Ausrichtung nicht existiert, fragen Sie am besten Ihren unmittelbaren Chef und Ihre Mitarbeiter, was man von Ihnen erwartet. Was Sie von Ihrem Chef hören, sind *Rollenanforderungen* (die Aufträge aus der Sicht des Unternehmens oder des Chefs). Ihre Mitarbeiter äußern *Rollenerwartungen* (die Wünsche der betroffenen Führungsadressaten). Wenn Sie beide Seiten kennen und Ihre Rollen danach ausrichten, brauchen Sie sich um Akzeptanz keine Sorgen zu machen. Ohne die

Akzeptanz beider Seiten müssen Sie verdammt überzeugende Ergebnisse bringen, wenn Sie sich im System halten wollen. In diesem Zusammenhang noch eine Selbstverständlichkeit: Sie sind zu 51 Prozent den Anforderungen Ihres Chefs verpflichtet. Er vertritt das Unternehmen, mit dem Sie Ihren Vertrag haben. Da bleiben immer noch 49 Prozent Augenmerk für die Interessen Ihrer Mitarbeiter. So funktionieren Unternehmen richtig: Führungskräfte vertreten das Unternehmen! Es kann nicht umgekehrt sein, dass Führungskräfte zu größeren Anteilen Ihre Mitarbeiter und damit zwangsweise zu geringeren das Unternehmen vertreten. Das wäre Betriebsratsarbeit, nicht Führung.

Der Mythos um die Kompetenz

Ich glaube kaum, dass wir uns zukünftig noch erlauben können, Menschen mit Aufgaben zu betrauen, für die sie nicht die ausreichende *Kompetenz* (Entscheidungskompetenz, Führungskompetenz, Handlungskompetenz …) haben. Das gilt für alle Ebenen einer Organisation. Aber was meinen wir, wenn wir von Kompetenz sprechen, und wie entsteht sie? *Potenziale* addiert mit *Skills* lassen Kompetenz entstehen. Sie ist die Statik der Rollen, die wir einnehmen. Ohne sie wirken Rollen aufgesetzt und künstlich. Fehlt die Kompetenz zur Übernahme bestimmter Rollen (»der Anleitende«, »der Entscheider«, »das Vorbild« …), brechen die Rollen ein wie ein Kartenhaus und mit den Rollen die Glaubwürdigkeit der Person zusammen. Ein solcher Chef erfüllt weder die Rollenerwartungen (der Mitarbeiter) noch die Rollenanforderungen (des Unternehmens). Er mag ein Rollenspieler sein, aber ohne überzeugende Ernsthaftigkeit.

Was sind Potenziale, was Skills?

Potenziale sind »die Gesamtheit der zur Ausführung einer bestimmten Leistung erforderlichen Bedingungen« beziehungsweise »in der Lebensgeschichte entstandene, komplexe Eigenschaften, die als verfestigte Systeme verallgemeinerter psychologischer Prozesse den Tätigkeitsvollzug steuern«

(Hacker). Potenziale sind danach Anlagen, die in der gedanklichen Verarbeitung präsent sind, ohne dass damit sichergestellt ist, dass sie in Form von Fertigkeiten tatsächlich zur Anwendung kommen. Es handelt sich um ein geistiges Fundament, das vorhanden ist und das sich entwickeln kann.

Im Zusammenhang mit Potenzialen taucht die Frage auf, was *Skills* (Fähigkeiten, Fertigkeiten, Geschicklichkeiten) sind. Sie werden in der Literatur als »gesteigerte Fähigkeit« beziehungsweise »die durch Formung – Übung etc. – automatisierte, das heißt ohne stete Steuerung und Kontrolle durch das Bewusstsein ablaufende Tätigkeitskomponente« (Hacker) definiert. Skills gehen also über Potenziale hinaus, indem sie Fähigkeiten darstellen, die tatsächlich zur Anwendung kommen.

Wie entsteht Kompetenz?

Kompetenz ist ein in der Wirtschaft gängiger Begriff. Der Begriff hat in seinem Ursprung eine Doppelbedeutung:

a) die *Zuständigkeit* eines Menschen,
b) das fundierte *Grundwissen* in Form von *Urteilsfähigkeit* eines Menschen (in der generativen Transformationsgrammatik von Chomsky 1965 »die Kenntnis des idealen Sprechers/Hörers von seiner Sprache – ›native Speaker‹)«.

In der heutigen Umgangssprache gehen wir zum Teil weit über die ursprüngliche Definition des Begriffes hinaus, zum Beispiel wenn wir von *Fachkompetenz*, *Methodenkompetenz*, *Sozialkompetenz*, *Persönlichkeitskompetenz* oder *Handlungskompetenz* sprechen. Die Zuständigkeit ist nicht gemeint, schon eher die Urteilsfähigkeit, die sich aus fundiertem Wissen ergibt. Aber aus Wissen allein entsteht noch keine Kompetenz. Ohne Potenziale und Skills vermag ich mir Kompetenz nicht vorzustellen. In der weiteren Verwendung des Begriffs meine ich die *Urteilsfähigkeit und Umset-*

zungskraft, die sich aus der unmittelbaren *Verknüpfung von Potenzialen und Skills* ergibt.

> Es gibt derart vielfältige Aufgaben in einem Unternehmen, dass die Vielfalt der Menschen alleine eine Herausforderung an die richtige Zuordnung ist.

Wer Potenziale (zum Beispiel zum Führen) hat, verfügt zumindest *in Gedanken* über die »Gesamtheit zur Ausführung einer Leistung« (zum Beispiel Führung von Mitarbeitern). Es handelt sich um ein *unterschwelliges Vorhandensein.* Diese Leistung kann erst voll zur Geltung kommen, wenn sie mit den dazu passenden Skills verknüpft ist. Potenziale an sich sagen noch nichts darüber aus, ob jemand die vorhandene »Gesamtheit« (zum Beispiel zur Führung) auch tatsächlich umsetzt. Da *Potenziale* mit der »Lebensgeschichte« eng verbunden sind und als »komplexe Eigenschaften« die psychologischen Prozesse hin zur Tätigkeit lenken, können wir sie aber als das bedeutendste *Antriebs- und Steuerungselement* für eine Handlungsaktivität, zum Beispiel Management und Leadership, sehen.

> Kompetenz ist die Verknüpfung aus Potenzialen mit den dazu passenden Skills sowie deren Koordination.

Wir könnten sie in der technischen Analogie mit »Lenkung« oder »Getriebe« (Kfz) vergleichen. In Anlehnung an diese Metapher sind *Skills* das Fahrwerk und *Kompetenz* das ganze Fahrzeug. Während man Skills leicht antrainieren oder durch Coaching erweitern kann, können wir diesen Reiz für Veränderbarkeit auf Potenziale nicht anwenden. Das heißt im Klartext: Wer keine Potenziale – für ein bestimmtes, ihm abverlangtes Handeln – hat, wird sie in weiterbildenden Maßnahmen, durch Coaching oder Beratung nicht erwerben. Die Motivation alleine reicht bei weitem nicht aus. Skills lassen sich antrainieren. Aus ihnen entsteht aber erst durch die Vermischung mit Potenzialen die benötigte Kompetenz, die zur Übernahme bestimmter Rollen erforderlich ist.

Die Identifikation der Potenziale

Es gibt heute eine Vielfalt von so genannten Onlinetests, die mit wohlklingenden Namen wie »The Science of high Performance« beziehungsweise »Verhaltensprofilanalyse« verkauft werden. Das sind billige Schnellverfahren aus der Klamottenkiste der Scharlatanerie mit Etikettenschwindel. Billig nicht nur, weil sie in der Tat wenig kosten. Billig vor allem, weil sie einen einfachen Trick anwenden: Die in Prosa gehüllten »Expertisen« sind nichts anderes als eine Zusammenfassung der Selbstbeschreibung, die derjenige, der den Fragebogen ausgefüllt hat, abgab. Kein Wunder also, wenn für den Kandidaten eine »erstaunliche« Übereinstimmung zwischen seinem Selbstbild und dem Testergebnis festzustellen ist. Zum Zwecke der Potenzialeinschätzung in Firmen sind solche Verfahren vollkommen untauglich. Genauso gut kann man jemanden direkt nach seinem Selbstbild fragen. Aber auch wenn Sie für sich selbst daran denken, einen derartigen Fragebogen auszufüllen, so ist die Aktion nichts weiter als ein nettes Verbalspielchen mit dem Tenor »Mal sehen wie man das, was ich über mich schon weiß, auch noch anders formulieren kann«. Dieses heitere Sätzeraten darf dann aber auch nicht mehr kosten als ein Horoskop aus dem Automaten, mit dem Sie obendrein Informationen bekommen, die Sie bisher nicht hatten. Wie fragwürdig auch immer.

Die seriöse Einschätzung von Potenzialen basiert immer auf einem fundierten Fremdbild. Bei dieser Analyse kommt es weniger darauf an, zu erfahren, was eine Person wirklich tut oder getan hat, als vielmehr, ob sie dazu in der Lage ist (oder wäre), eine bestimmte Handlung zu vollziehen. Wenn sie es ist, kann von einem Vorhandensein des Potenzials für diese Handlung gesprochen werden.

Menschen sind wie Edelsteine. Je präziser die Kenntnis über Herkunft und Substanz, umso genauer die Aussagen über Marktwert und Verwendung.

Die Befragung nach vergangenen Ereignissen, Handlungen und deren Verarbeitung hat in der heutigen Potenzialermittlung einen hohen Stellenwert. Jeserich bezieht sich auf Ghiselli, der bereits 1966 in etwa nach diesem Verfahren vorging, indem er nach Ereignissen, den Verhaltensweisen und den daraus resultierenden Ergebnissen und den Umständen fragte. Ich selbst habe anhand von fast 4000 von mir erstellten Potenzialgutachten zwischen 1977 und heute die Erfahrung gemacht, dass zwei Bedingungen im Rahmen einer *Potenzialermittlung* unersetzlich sind:

1. Die Interviewer müssen unbedingt neutral sein, das heißt, sie dürfen weder betrieblich verwandt oder verschwägert sein oder – anderes gesagt – keine persönlichen Aktien im Spiel haben. Wer ein persönliches Interesse an einem bestimmten positiven oder negativen Ergebnis hat und somit schon vorher weiß, was hinterher herauskommen sollte, ist denkbar ungeeignet als Interviewer oder Gutachter. Gleiches gilt analog für die Beobachterrolle im *Assessmentcenter.*
2. Es führt nicht sehr weit, wenn die Interviewer nach Konstruktionen fragen, zum Beispiel: »Was würden Sie tun, wenn …?« oder »Wie würden Sie folgende Aufgabe angehen …?« oder so ähnlich. Hilfreich ist stattdessen das *Ereignis-/Erlebnisinterview*, das sich am konkreten Geschehen orientiert und unmittelbar auf das *Verhalten (Rollenübernahme)* des Kandidaten zugreift (Behavioral-Event-Interview).

Eine Bewertung nach den oben genannten Verfahren sollte unbedingt so differenziell wie möglich erfolgen. Damit ist gemeint, dass die individuellen Verhaltensmerkmale getrennt voneinander bewertet werden. Es besteht sonst die Gefahr des pauschalen Urteils, wenn auffällig positive Potenziale kleinere, negative überschatten. Ein Beobachter oder Interviewer darf sich nicht von negativen oder positiven Tendenzen beeinflussen lassen, die seine Neutralität verfärben. Schließlich soll das Ergebnis der Potenzialermittlung in Genauigkeit aufzeigen, was auf der Soll- und Habenseite der Qualität zu finden ist. Diese Ansicht wird auch von Jeserich geteilt.

Eine Potenzialanalyse sollte immer zugleich auch eine *Standortbestimmung* sein, die dem Kandidaten eine Orientierung gibt, die Ausgangspunkt für seine weitere Kompetenz- und Rollenentwicklung ist. Der Kandidat soll durch Wahrnehmungen Außenstehender einen Blick dafür bekommen, wie er als Person gesehen wird und wie sein Verhalten und seine Voraussetzungen mit den (Unternehmens-) Anforderungen korrespondieren. Meine Erfahrung ist, dass es einen engen Zusammenhang zwischen der Ergebnisqualität und dem im Verfahren erkennbaren persönlichen Nutzen für den Kandidaten gibt. Je angespannter oder kälter das Klima bei Vorbereitung und Ablauf des Verfahrens, je blasser der für den Kandidaten erkennbare persönliche Nutzen, umso größer die Neigung zur Verbiegung der Wahrheit im Sinne der Dissimulation von Schwächen und der Beschönigung in Richtung sozialer Erwünschtheit. Ein diagnostisch ungeschulter Interviewer erkennt auf diese Art und Weise nichts von den wirklichen Potenzialen. Vielmehr erlebt er eine kunstvolle Präsentation solcher »Potenziale«, die gesellschaftsfähig sind und eng mit dem eigenen Wunschbild harmonieren.

Die größte Treffsicherheit der Erkenntnis wird unter zwei Bedingungen erreicht:

1. Das Verfahren ist eine *freiwillige Standortbestimmung* und wird auch so verstanden.

2. Der Interviewer ist vom Fach, das heißt gründlichst in Diagnostik, Interkorrelationsanalytik, Validitäts- und Reliabilitätsvoraussetzungen ausgebildet.

Diese Form von *Standortbestimmung* beziehungsweise *Potenzialeinschätzung* ersetzt weder das beurteilende Mitarbeitergespräch noch macht es das kontinuierliche Feedback des Chefs überflüssig. Der Chef sieht durch die Brille der (Führungs-)Beziehung zwischen ihm und dem Mitarbeiter, die unmittelbar durch seine persönlichen Erwartungen und Ansprüche gefärbt ist. Das ist auch in Ordnung für die unmittelbare Führungsbeziehung. Deshalb ist aber der direkte Chef ebenso wie der nächsthöhere auch bei noch so qualifizierter Ausbildung denkbar ungeeignet für Gespräche mit dem Ziel der Potenzialeinschätzung. Auch hier ziehe ich eine Parallele zum *AC*. Wenn die Ergebnisse eines ACs auch nur annähernd brauchbar sein sollen, dann ist es ein unbedingtes Muss, dass sich die Beobachter zumindest zur Hälfte aus neutralen Externen zusammensetzen. Die Frage ist immer: Sollen ACs Potenziale entdecken oder den Weg zur Inzucht ebnen?

Die Potenzialeinschätzung in Form von freiwilliger Standortbestimmung leistet besonders wertvolle Dienste zur Ermittlung des zielgenauen Weiterbildungs- oder Coachingbedarfs. Der Kandidat ist frei und offen. Schließlich ist er intrinsisch an einer neutralen Rückmeldung interessiert. Die Potenzialeinschätzung in Form von verordneter Analyse im Zusammenhang mit Recruitment oder Karriere wird eher von einem natürlichen *Schutzverhalten* des Kandidaten begleitet, das der Interviewer relativierend einzuordnen hat. Eine nicht einfache Herausforderung.

> Jede Analyse ist zugleich Therapie. Denn wenn man Zustände erfragt, dann verändern sie sich alleine schon durch das Bewusstsein, das entsteht, indem man nach ihnen fragt.

Ohnehin gehört die Durchführung solcher Verfahren ausschließlich in die Hände von erfahrenen Experten. Jeserich erwähnt die Problematik, wenn Laien Interviews führen oder aus der Beobachterrolle Bewertungen vornehmen. Sie sind nicht in der Lage, die aufgenommenen Informationen des Kandidaten unverzerrt einzuordnen. Laien neigen dazu, die Aussagen des Kandidaten durch Vermischung mit eigenen Befindlichkeiten und Erfahrungen zu verfälschen. In die Motive, die das Handeln des Kandidaten beeinflussen, lassen sie ihre eigenen Themen einfließen. Dieses Übertragungsphänomen ist sogar bei Ausbildungskandidaten der Psychotherapie gegen Ende ihrer Ausbildungszeit zu beobachten. Eine qualifizierte Psychotherapieausbildung dauert vier und mehr Jahre, abhängig von dem Reifefortschritt in der Persönlichkeit des Kandidaten. Die zu erlernende Theorie und Methodenlehre ist nicht der Grund der langen Ausbildung. Die erfassen die Kandidaten in weniger als der Hälfte der Zeit. Das Internalisieren der Neutralität ist der Grund, der eine lange Ausbildungszeit geboten erscheint. Potenzialdiagnostiker müssen es wie Psychotherapeuten beherrschen, das eigene Empfinden abzuschirmen, um sich ganz auf den Kandidaten und dessen Aussagen einlassen zu können. Es kommt nicht darauf an, die Aussagen des Kandidaten mit dem eigenen Empfindungs- und Erfahrungssystem zu vergleichen. Es kommt ausschließlich darauf an, zu verstehen, was der Kandidat empfindet, wie er denkt, welche Motive sein Handeln steuern und warum er eine Handlung unternommen und eine andere unterlassen hat.

Den fachkundigen Interviewer kann auch der Computer nicht ersetzen. Zumindest nicht mit der heute angebotenen Software. Was hierzu auf dem Markt ist, eignet sich allenfalls für ein oberflächliches Bild, weil diesen Verfahren die nach der Erhebung erforderliche relativierende Diagnostik fehlt.

Was durch das Verfahren herausgefunden werden soll, zum Beispiel Management- und Leadershippotenziale, ist vorher exakt festzulegen. Je mehr Spezifika des Unternehmens

(Rollenanforderungen, Philosophie, Ziele …) mit einfließen, umso messgenauer kann das Verfahren ausgerichtet werden.

Ob ein Gutachten angefertigt oder andere schriftliche Unterlagen erstellt werden oder das Verfahren vorwiegend das individuelle Feedback des neutralen Dritten zum Ziel hat, muss vorher verbindlich festgelegt werden. Je höher die Ansprüche an eine Dokumentation und ihre weitere Verwendung, umso größer die Tendenz des Kandidaten zum Selbstschutz. In vielen Fällen ist es völlig ausreichend, wenn der Kandidat seine Ergebnisse für sich selbst nutzt. Im Idealfall kehrt er in dieser Situation ein Stück seines Inneren nach außen, weil er das Verfahren als große Chance zu seiner persönlichen Reflexion (eben *Standortbestimmung*) und Weiterentwicklung sieht.

Die beste Analyse ist die, die als solche nicht empfunden wird. Deshalb beginnt das qualifizierte Interview mit einem gut einstimmenden Warming-up. Der Interviewer wird in dieser Phase das Verfahren erklären, persönliche Informationen zu seiner Person anbieten und den Kandidaten in eine entspannte Situation bringen. An dieser Stelle wird auch erklärt, was mit den Aufzeichnungen geschieht. Dienen sie der Erstellung eines Dokuments oder werden sie nach dem anschließenden Feedback- und Beratungsgespräch vernichtet?

Zur guten Einstimmung des Kandidaten gehört auch, dass keine seiner Fragen offen bleibt. Auch ist das Rollenverhalten des Interviewers zu klären: Er fragt, hört zu, fragt, hört zu. Damit ist er nicht gleichberechtigter Dialogteilnehmer, sondern auf eine bestimmte Rolle reduziert. Die Ziele und der Ablauf des Gesprächs sollten eindeutig geklärt sein, bevor der Einstieg in die Analyse beginnt. Je größer die Transparenz des Verfahrens, umso größer die Akzeptanz. Die Vorteile des Verfahrens der *freiwilligen Standortbestimmung*, Ungezwungenheit, Vertrauen, entspannte Atmosphäre … sollten im Sinne einer höheren Ergebnisgenauigkeit weitestgehend ausgeschöpft werden. Bei einer verordneten Potenzialanalyse muss auf einige der Vorteile verzichtet werden.

Als Überleitungsstufe berichtet der Kandidat über die Highlights seiner beruflichen (wenn er will, auch privaten) Vergangenheit. Im Hauptteil, dem eigentlichen Behavioral-Event-Interview, geht es um das exakte Herausfinden, was der Interviewte in seinem Beruf getan und dabei gedacht beziehungsweise gefühlt hat. Es genügt nicht, Ereignisse abzufragen, sondern es geht darum, vor welchem Hintergrund, in welcher Lebenssituation und unter welchen Bedingungen die Handlung erfolgte. Wichtig ist vor allem, zu ergründen, *wie* der Interviewte das Ereignis erlebt hat, *was* er dachte und fühlte und wie *er* es im Nachhinein verarbeitet hat. Es geht dabei nicht um die Ermittlung der generellen Haltung des Interviewten im Hinblick auf seine Position oder um Details über die Erfahrungen und Leistungen oder zukünftiges, hypothetisches Verhalten.

Die Nachfrage nach den näheren Umständen erhöht die Antwortgenauigkeit und damit Nachvollziehbarkeit. Die Kombination aus Frage, Meinungsäußerung und Nachweis des Verhaltens am konkret geschilderten Beispiel bringt Licht in die eingenommenen Verhaltensweisen, einschließlich der ihnen hinterlegten Potenziale und Skills. Durch die Triade Ausgangsfrage beziehungsweise Ausgangsverhalten, Rahmensituation, Ergebnis können neben den konkreten Taten des Interviewten auch dessen Einstellungen und Intentionen festgestellt werden. Der Kandidat wird dadurch »umfassender« erkannt beziehungsweise der »ganze Mensch« ist Ausgangslage und nicht eine spezielle fachliche oder methodische Fertigkeit.

Das strukturierte Interview wirkt wie eine Plauderei, schafft aber eine Systematisierung der zu entdeckenden Potenziale. Die Frage im orthografischen Sinne wird vermieden, an ihre Stelle tritt das Item, das dazu auffordert, zu einer bestimmten in der Vergangenheit liegenden Situation Stellung zu nehmen. Sind die Antworten respektive Beispiele des Kandidaten anschaulich und konkret, gibt sich der Interviewer damit zufrieden. Hat er dagegen noch kein konkretes Bild davon gewinnen können, was der Kandidat in der geschilderten Situation *persönlich* tat und dachte, fasst er mit Vertiefungsfragen nach. Nach diesem Schema geht der Interviewer die Themengebiete der zu ergründenden Potenziale durch.

Im Anschluss an das Behavioral-Event-Interview erfolgt eine Selbsteinschätzung anhand gezielter Fragestellungen, die dem Kandidaten Gelegenheit geben, sich von innen und außen zu reflektieren. Hier zeigt sich, ob der Befragte sich mit *sich selbst* auseinander setzt, sich Gedanken zu den *eigenen* Stärken und Schwächen macht und inwieweit er zur Auseinandersetzung mit sich selbst fähig ist, auch, wie hoch der Grad der Offenheit gegenüber dem Interviewer eingeschätzt werden kann. Im Anschluss daran werden offene Fragen des Kandidaten explizit noch einmal abgefragt, um eine größtmögliche Transparenz zu schaffen. Hier endet das Verfahren.

Bei einer freiwilligen Standortbestimmung folgt nach einer Pause für den Kandidaten, die der Interviewer für seine Auswertung nutzt, das unmittelbar daran anschließende Feedback. Im Falle einer verordneten Potenzialanalyse wird zuerst ein Gutachten erstellt, das sodann ausführlich mit dem Kandidaten zu besprechen ist. Bei Recruitmentverfahren sollten sich die internen »Gutachter« nach ihren Gesprächen mit dem externen nach dessen Gutachtenvorlage zusammensetzen, um über die Einschätzung des Kandidaten zu beraten.

Von der Potenzialanalyse zum Management/Leadership Competence Check

Unternehmen brauchen Menschen mit den besten Talenten. Menschen mit den besten Talenten brauchen Aufgaben auf höchstem Niveau. Wenn man in der Zusammenführung zwischen Mensch und Unternehmen die in Deutschland so gern in Kauf genommene Sollbruchstelle vermeiden will, gehören Mensch und Firma aufs Feinste synchronisiert. Denn eigentlich sollte der Mensch erfolgreiche Firmen schaffen. Oft ist es aber so, dass Firmen erfolgreich den Menschen schaffen. Kompetenzträger werden solange *unterwertig* beschäftigt, bis sie entweder gehen oder sich anpassen. Von beiden Alternativen ist die zweite die weitaus tragischere. Einige der heute verwendeten Auswahlverfahren geben allen Anlass, an der Ernsthaftigkeit der Absicht zur Gewinnung von Talenten zu zweifeln.

Da ist zum einen das ins Museum der ausgemusterten Betriebspsychologie gehörende Assessmentcenter, das es nach langer Laufzeit und wider hohem Bekanntheitsgrad immer noch nicht geschafft hat, zu Höchstleistungen anzuregen. Diese sind aber unbedingt wichtig, damit das wohlwollende Auge des souveränen Beobachters, unter Anleitung eines fachkundigen Diagnostikers, entdecken kann, was wirklich im einzelnen Teilnehmer steckt. Stattdessen regt es die Teilnehmer auf, setzt sie unter Spannung, macht Angst und vermittelt ihnen das Gefühl, gegen alle Fronten kämpfen zu müssen. Nun könnte man meinen, wer den Kampf gegen Konkurrenten, finster dreinblickende Beobachter, ständig unklare, Unsicherheit schürende Szenen und entwürdigende Rahmenbedingungen gewonnen hat, gewinnt auch andere Kämpfe. Richtig gedacht! Aber ebenso schmalspurig. In einem solchen Verfahren werden nicht sensible Rassekatzen, sondern abgestumpfte Kampf- oder Schlittenhunde selektiert. Mit von Angst besetzten Rudelführern lässt sich eine Meute treiben, aber keine Führungskultur schaffen.

> Wenn man Wildkatzen will, darf man nicht nach den Gesetzen eines Wolfsrudels leben. Bildung führt zu der Einsicht, dass man nicht alles verstehen kann. Man lernt mit zunehmender Bildung die vernünftige Reduktion der Einbildung, dass man alles selbst machen muss, auch das, wofür es Spezialisten gibt.

Was ich bei den meisten ACs, von denen ich Kenntnis bekomme, vermisse, ist die Professionalität der handelnden Akteure, die oftmals über die untere Schwelle des mittleren Niveaus eines Laientheaters nicht hinauskommen. Laientheater kann unterhaltsam sein, darf aber nicht viel kosten. Diese Art von Laientheater kommt die Unternehmen aber teuer zu stehen. Ich kann mir ein AC nur unter der Anleitung von gründlichst ausgebildeten Experten vorstellen. Kein Mensch käme auf die Idee, den OP einer Klinik von Verwaltungsleuten betreiben zu lassen, die ein Buch über Medizin gelesen oder ein Einweisungstraining zur »Führung des Skalpells« absolviert haben. Der Patient unter dem Messer von Ökonomen, Juristen oder Ingenieuren? Da schiebt der Gesetzgeber einen Riegel vor. Im AC dagegen tauchen Veranstalter, Anleiter und Beobachter auf, die nicht einmal ein Grundverständnis von differenzieller Psychologie haben, geschweige denn Experten auf dem Gebiet der Eignungsdiagnostik sind. Manche von denen scheinen über das Maß der Mitte keinen Blick geworfen zu haben, deshalb müssen sie jeden zunichte machen, der auch nur den Anschein erwecken könnte, sie durch Überlegenheit in den Schatten zu stellen.

> Je weniger jemand von Psychologie versteht, umso unwahrer ist das, was er darüber denkt. Man muss die Wirklichkeit eben kennen, bevor man sie entstellen will.

Da ist zum anderen das Stressinterview. Was soll damit erkannt werden? Die Fähigkeit des Linkens und Tricksens? Spätestens nach der zweiten Erfahrung, meistens schon allein durch Kenntnis der heute angebotenen Vorbereitungsliteratur weiß der Bewerber, den falschen Schein seiner ihn ins Verhör nehmenden Gesprächspartner mit seinem falschen Schein getürkter Antworten im Sinne der sozialen Erwünschtheit zu parieren. Der Bewerber zeigt sich von allen Seiten, die man heute so draufhaben sollte.

Die Wahrheit ist die größte Ehr, doch ohne sie erreicht man mehr! Tricks laden ein, mit Tricks zu reagieren. Währe ein solches Szenario nicht so traurig, es böte viel Stoff für die Lachmuskeln.

Da ist schließlich die Methode der Nichtmethode. Man trifft sich, redet drauflos, hört wenig zu, tanzt die Aufführung der großen gegenseitigen Selbstdarstellung, begegnet sich im Rausch der Sympathie ab der ersten Sekunde oder weiß schon nach fünf Minuten, dass einem der andere nicht liegt. Das ist nicht die Suche nach Talenten, das ist die Aufsammlung von Sympathisanten.

»Personalauswahl ist in Deutschland eine Katastrophe«, meint Sprenger. Das sehe ich vor dem Hintergrund eines Vierteljahrhunderts Erfahrung in Potenzialfragen und Vertrauter mit der Szene weniger hysterisch. Denn es gibt ebenso exzellente Beispiele von größter Sorgfalt im Vorgehen. Man muss eben die Tatsachen in ihren Details kennen, bevor man von ihnen einen schiefes Bild zeichnen will. Allerdings sind mir die Qualitätsstandards, mit denen Personalauswahl in Deutschland betrieben wird, zu different. Und es gibt dies: Statt Menschen zu suchen, die das Unternehmen nach vorn bringen könnten, hält man Ausschau nach solchen, die in die – möglicherweise nicht einmal mehr zeitgemäßen – Standardprofile passen. Wie bei der Anprobe hinter geschlossenem Kabinenvorhang: Man ist auf ein bestimmtes Teil fixiert, ungeachtet, ob es einen wirklich aufwertet oder passgenau sitzt. Ich bin der Auffassung, dass Menschen in Auswahlverfahren *entdeckt* werden sollten, anstatt sie in Schemata pressen zu wollen. Entdeckt heißt: sie *einwerten*. Darunter verstehe ich die wohlwollende Absicht, das Beste in den Menschen zu suchen. Das steht im Gegensatz zur kompetenzkriminologischen Suche nach dem Unvermögen.

Die Reduktion auf das rein Fachliche, verbunden mit bestimmten – natürlich rein fachspezifischen – Erfahrungen, ist ein beklagenswertes Dilemma im Recruitment ebenso wie bei der Beförderungsauswahl. Dieses Vorgehen bringt

Unternehmen in die geistige Monogamie. Da bildet sich Jahre später ein Schwarm von Goldfischen und im besten Fall sogar Hechten heraus, der behauptet: Fliegen ist nicht möglich. In anderen Firmen behaupten die Spechte wie die Adler, dass man Wasser nur in geringen Dosen ertragen kann. Was ist, wenn einer von den Vögeln durch Firmenwechsel zu den Fischen kommt? Er säuft gnadenlos ab.

> Das erstrebenswerte Paradies unendlicher Chancen wird schneller erreicht, wenn man sich möglichst viele Sorten von Pflanzen und Arten von Lebewesen in einer gemeinsamen Kultur vorstellen kann.

Die Frage ist nicht nur: wen suchen? Die Frage lautet auch: wie auswählen? Meine Antwort auf die erste Frage: jemanden mit Potenzialen, wenn man ihm Zeit geben kann, in die Aufgabe hineinzuwachen. Jemanden mit Kompetenzen, wenn er kurz nach der Einarbeitung Frau oder Herr der Lage sein soll. Meine Antwort auf die zweite Frage fällt etwas umfangreicher aus.

Kompetenz, das ist das Ergebnis aus der Verknüpfung von Potenzialen und Skills. Bezogen auf Führung weist Kompetenz die *Managementfähigkeit* und/oder *Leadershipfähigkeit* aus. Diese gilt es zu überprüfen. Dazu eignet sich der *MLCC (Management/Leadership Competence Check)*. Dieses Verfahren beleuchtet einerseits die Potenziale und andererseits die zu den Potenzialen passenden Skills. Diese Überprüfung der Steuerungs- und Leitungsfähigkeit geschieht mit deutlicher Ausrichtung auf die Stärken, die hinsichtlich ihrer Nutzbarkeit zu werten sind. Dazu ist eine klare Ausformulierung des *Rollenprofils* ratsam.

Jedes Unternehmen kann zunächst einmal in vier Leistungsdimensionen aufgeteilt werden:

1. **Zukunft**
   Visionen, Ziele und Strategien

2. **Gegenwart**
   Operationale Abläufe, Realisierung von zielfördernden und strategiegerechten Prozessen

3. **Externe Beziehungen**
   Kunden, Lieferanten und Kooperationspartner

4. **Interne Beziehungen**
   Organe, Führungskräfte, Mitarbeiter, Organisationseinheiten

Dieser Logik folgend, stellt sich nun die – unternehmensindividuelle – Frage nach den *Competenceclustern*, die unterhalb der vier Dimensionen repräsentiert sein müssen.

A. **Businessmanagement**
   Typische Manageraufgaben, zum Beispiel Ergebnisse erzielen, den Markt im Auge haben, sich gegenüber Mitbewerbern behaupten können, Ziel- und Leistungsorientierung, Misserfolge bewältigen können

B. **Relationship**
   Typische Leadershipaufgaben, zum Beispiel Beziehungen aufbauen können, Kundenorientierung, Mitarbeiter fordern und fördern, Sensibilität im Kommunikationsverhalten, Konsens bilden können, Wirkung und Einflussnahme

C. **Integrationship**
   Typische Leadershipaufgaben, zum Beispiel Commitments schaffen, Netzwerke herstellen und Kooperationen schaffen, Teamwork begünstigen, Organisationsverständnis schaffen, Umgang mit Rollen und Kulturen, Lösung von Konflikten

D. **Changemanagement**
   Typische Managementaufgaben, zum Beispiel Vorgänge und Prozesse analysieren können, strategisches Denken und Handeln, Initiativen ergreifen, Innovationen fördern, Verbesserungen schaffen, sich auf neue Herausforderungen und Bedingungen einstellen können

Aus den beschriebenen Management- oder Leadershipaufgaben leiten sich die einzelnen *Rollenprofile* ab, die exakt abgestimmt auf das Unternehmen ausformuliert sein oder werden sollten.

Beispiel

> *Rollenprofil*
> Analytisches Denken = systematisches Erfassen, Strukturieren einer Situation oder eines Problems mit ihren/seinen Bestandteilen und Auswirkungen
>
> *Rollenausprägung »weniger gut«*
> Erkennt vielschichtige Zusammenhänge: analysiert Zusammenhänge zwischen vielschichtigen Teilproblemen und -situationen, erkennt verschiedene mögliche Ursachen oder verschiedene Aktionsfolgen, antizipiert Hindernisse und kann realitätsadäquat darauf reagieren
>
> *Rollenausprägung »angemessen«*
> Führt schwierige Planungen und Analysen durch: zerlegt systematisch ein Problem oder eine Situation, ist in der Lage, unter Anwendung unterschiedlicher Techniken ein schwieriges Problem oder einen Prozess in die wesentlichen Teile aufzusplitten, um daraus einen Lösungsansatz abzuleiten
>
> *Rollenausprägung »gut«*
> Führt sehr komplexe Planungen und Analysen durch: zerlegt systematisch unter Anwendung verschiedenartiger Analysetechniken ein vielschichtiges Problem oder einen Prozess in die wesentlichen Teile, um mehrere Lösungen zu erzielen, nach ihrer Bedeutung zu gewichten und daraus die richtigen Schritte abzuleiten

Voraussetzung für ein zielpräzises *MLCC* sind die im Einzelnen ausformulierten *Rollenprofile*, die wiederum in *Rollenausprägungen* untergliedert werden. Der Einfachheit halber beschränkt sich das vorstehende Beispiel auf drei Ausprägungen. Eine vierte könnte an dem einen Ende der Skala darin bestehen, dass der Bewerter die Kompetenz mit »nicht ausreichend« bewerten kann. Eine fünfte könnte sich am anderen Ende der Skala mit der Wertung »überdurchschnittlich« ergeben.

Fünf oder drei Wertungen bieten die Mitte an. Das hat Vor- und Nachteile. Die Gefahr einer ausweichenden Mitte besteht darin, dass sich der Bewerter immer dann dort findet, wenn er sich nicht eindeutig für »gut« oder »weniger gut« entscheiden kann. Andererseits liest sich eine solche Einwertung für den Kandidaten recht verträglich. Meine persönliche Vorliebe gilt der Eindeutigkeit und damit der Konzentration auf vier Skalenwerte. Das schließt die Mitte aus, der Bewerter muss sich festlegen, ob der Kandidat eher zur Eignung oder zur Nichteignung in den einzelnen Punkten tendiert. Bei der Wahl der Viererskala ist es dann eine Frage der sozialverträglichen Verkaufbarkeit des Ergebnisses, ob man die Skala in die eine oder andere Richtung erweitert. Ist der vierte Skalenwert mit »überdurchschnittlich« beschrieben, hilft die leichte Tendenz zur sprachlichen Beschönigung dem Kandidaten im Feedbackgespräch oder beim Lesen seines Gutachtens. Bezieht sich dagegen der vierte Skalenwert auf die Wertung »nicht ausreichend«, so kann diese Ehrlichkeit leicht die Akzeptanz des Ergebnisses erschweren. Ich habe diesbezüglich die Erfahrung gemacht, dass begünstigende Formulierungen die Akzeptanz des Ergebnissen besonders dann erhöhen, wenn die Maßnahme verordnet wurde. Mit dem freiwilligem Wunsch nach einem MLCC ist zumeist auch die Offenheit für relativ viel Wahrheit verbunden, auch wenn sie weniger schmeichelhaft ausfällt.

Das MLCC besteht aus zwei großen Blöcken: a) der Potenzialfeststellung und b) der *Rollenkompetenzanalyse*. Ein Augenmerk ist darauf zu legen, dass die einzelnen festgestellten Potenziale auch tatsächlich mit den zur Kompetenz erforderlichen Skills verknüpft sind. Denn zusammenhanglose Ergebnisse ergeben keine Schlussfolgerung auf die Kompetenzen. Sonst reduziert sich das Verfahren entweder auf eine Potenzialanalyse – dann hätte man sich den Zeitaufwand und die Kosten für den zweiten Teil besser sparen können – oder es werden Skills ermittelt, denen das Fundament der Potenziale fehlt. Genau das soll vermieden werden.

Es befinden sich durch Verfahrensoberflächlichkeit oder gar den Verzichts auf eine bestimmte Qualität von Auswahl ohnehin zu viele Stelleninhaber in Führungspositionen, die handeln, ohne zu verstehen. Ein praktisches Beispiel dafür bieten solche Führungskräfte, die irgendwelche Redetechniken in Mitarbeitergesprächen anwenden (auswendig gelernte Fertigkeiten), ohne wirklich auf den Mitarbeiter einzugehen. Hier lässt sich das Abspulen von Standardfragen beobachten, das Einnehmen einer bestimmten Gestik (leblos wie ein Standbild), das Jonglieren mit der Stimme ... Es wird geredet, aber nicht kommuniziert. Von echtem Interesse am Mitarbeiter keine Spur. Die so genannte »gesunde Führungsbeziehung« wird zur Stilblüte. Oder umgekehrt: Der Chef sitzt mit gespitzten Ohren und auf das Gesicht des Mitarbeiters ausgerichteten Augen da (was man in mir suspekten Seminaren lernen kann) und hört – scheinbar – zu. Verstanden hat er nichts. Begriffen noch viel weniger.

> Der Versuch, von Menschen mehr zu verlangen, als sie geben können, wir meistens noch teurer, als wenn man zu wenig verlangt.

Um zu verhindern, dass der Eindruck dadurch verfärbt wird, dass die Skills die Potenziale überlagern (eine der Hauptgefahren in jedem AC), sieht das Verfahren in seinem Aufbau eine bestimmte Schrittfolge vor. Zu jedem ermittelten Potenzial (vgl. Potenzialanalyse) durchläuft der Kandidat eine passgenaue Praxisüberprüfung. Die Praxisüberprüfung kann simulativ oder real erfolgen. Bei der simulativen Überprüfung sind ähnlich dem Assessmentcenter wirklichkeitsnahe *Szenen* beziehungsweise *Lösungsaufgaben* zu gestalten. Die Wahl, ob Szene oder Situation, orientiert sich an der Zuordnung der Kompetenz. Kompetenzen aus dem Bereich Management (zum Beispiel analytisches Denkvermögen) sind eher schwer szenisch einzurichten. Die zu kreierende *Lösungsaufgabe* besteht dann zum Beispiel darin, dass der Kandidat ein komplexes Problem zu lösen und die Lösung zu begründen hat. Für nahezu alle Leadershipskills lassen sich Szenen finden, mit denen der Kandidat den rein praktischen Nachweis der Fähigkeit zu einem zuvor geschilderten Potenzial nachweist.

Ein MLCC ist ein aufwendiges Verfahren, das im Besonderen wegen der Präzision seines Gesamtdesigns praxistaugliche Ergebnisse liefert. Die Messgenauigkeit des Verfahrens begründet sich durch die individuelle Abstimmung auf die jeweilige Situation. Der ganz entscheidende Unterschied zum AC liegt darin, dass die im ersten Teil per Einzelinterview ermittelten Potenziale in situativ adäquate Szenen oder Lösungsaufgaben umgesetzt werden, die der Kandidat im zweiten Teil gestalten oder bewältigen muss. Von der Konzentration auf neutrale Experten als Gutachter einmal abgesehen, denen mit Blick auf ihren eigenen Ruf an einer höchstmöglichen Ergebnisgenauigkeit gelegen ist, wird das Verfahren durch die Verbindung der beiden Teile »theoretische Erhebung« und »praktische Überprüfung« abgesichert.

In dem Zusammenhang stellt sich für das Unternehmen weniger die Frage der zeitlichen und finanziellen Investition als die nach dem Aufwand-Nutzen-Verhältnis. Der falsche Bewerber auf eine wichtige Position gesetzt, kostet nicht nur sechs Monate nutzloses Gehalt. Es kostet auch sechs Monate vertane Zeit. Es kostet das Image derer, die Schlüsselpositionen aus dem Bauch heraus besetzen. Es kostet schlussendlich die Gehälter derer im Betrieb, die sich darüber empören, wie eine so wichtige Position so falsch besetzt werden kann.

Man kann nicht vorsichtig genug sein im Sammeln von Fehlentscheidungen, denn sie sind wie Flecken: Man kommt leichter dran, als man sie los wird.

Die Vorteile liegen aber nicht minder auf der Seite des Kandidaten, ganz gleich ob Bewerber oder firmeninterner Karrierekandidat. Sein Risiko zu scheitern mindert sich deutlich, und zwar mit dem Grad seiner Offenheit gegenüber dem Verfahren und der bewertenden Person. Wenn sich nicht ausreichende Voraussetzungen für das Rollenprofil herausstellen, so bietet das Ergebnis einen detailgenauen Fahrplan für eine gezielte Weiterentwicklung oder das Erkennen momentaner Grenzen.

Kompetenzentwicklung und Rollenverständnis

An Vorständen und Führungskräften, die theoretisch perfekt über den Unterschied der verschiedenen zur Führung benötigten Kompetenzen referieren können, herrscht heute kein Mangel mehr. Die klassischen und heute auf breiter Fläche diskutierten Kompetenzen hatte ich ja bereits ins Gespräch gebracht. Die meisten Trainer beschäftigen die Teilnehmer in Führungsseminaren rein theoretisch mit diesen Kompetenzbereichen: *Fachkompetenz* (fachliches Wissen zu haben und anforderungsgerecht umsetzen zu können beziehungsweise situationsadäquat und engagiert einzubringen), *Methodenkompetenz* (die Fähigkeit, Instrumente handhaben und zielgerichtet nutzen zu können, also nicht nur Wege zu kennen, sondern vor allem zu wissen, mit welchen Mitteln sie leichter zu begehen sind), *Sozialkompetenz* (die Begabung, Gedanken, Gefühle und Einstellungen anderer wahrzunehmen und sich situations- und personenzentriert mit anderen verständigen zu können, die richtigen Wege zur Verständigung kennen und benutzen) und *Persönlichkeitskompetenz* (ein realistisches Selbstbild zu haben und dadurch befähigt zu sein, nach eigenen Werten und Überzeugungen zu handeln und soziale Verantwortung zu übernehmen, das heißt sich seiner selbst sicher sein). Und? Nützt es was?

Wenn ich die Rolle eines auf der Strecke bleibenden Mitarbeiters einnehme, der enttäuscht nach Rückkehr seines

Chefs aus einem Führungsseminar erkennen muss, dass bis auf das Schwingen anderer Sprüche nichts Neues kommt, dann zeichnet sich folgendes Bild ab: Das Seminar hat zwar viel gekostet und war dennoch umsonst. Das liegt zum einen an Seminarleitern, die selbst nicht sind, was sie vermitteln. Das liegt zum anderen an der heute weit grassierenden Seminarhektik, die dazu führt, dass innerhalb weniger Stunden in kompaktester Form das ganze Leben zu bearbeiten versucht wird. Letzteres erinnert mich an das Beispiel des chinesischen Studenten an der Sorbonne. Er begann sein Referat vor dem Auditorium des ehrwürdigen akademischen Publikums mit den Worten: »Bevor ich zum Thema des heutigen Tages komme, lassen Sie mich Ihnen in aller Kürze die Entwicklungsgeschichte meiner chinesischen Heimat schildern ...« Er blickte erstaunt auf, als die Leute herzlich lachten.

Bei »in aller Kürze« kann auch nur Kurzware herauskommen, die zudem von manchen Managementtrainern gern mit einer heißen Nadel zusammengeschustert wird. Man muss sich dazu nur die teils zusammenhanglos aufgelisteten Programmpunkte vieler Seminarausschreibungen ansehen. Die schleichende Inflationierung der Oberflächlichkeit hat einen blühenden Markt. Es gilt nicht mehr »Weniger ist mehr«, sondern: »Mehr von wenig wird zwar nicht viel, dafür aber vielfach vermarktbar.« Und das ist alles andere als zum Lachen. Der angelsächsische Spruch »To cut a long story short« lässt sich eben nicht auf alle Lebenssituationen anwenden. Für die Anbieter und Teilnehmer von Management- und Führungsseminaren halten die Angelsachsen einen anderen Merksatz bereit: »Time will tell.« Was über den Zaun gebrochen wird, ist das, womit selbst die Magensäure nicht fertig wird.

> Manche Dinge sind derart ernst, dass man sie nicht einmal mit Humor ertragen kann.

Wenn ich die Rolle eines Seminarteilnehmers solch dargebotener Kurzware einnehme, dann falle ich je nach Erwartung, Persönlichkeitsbildung und eigenen Werten in das eine oder andere Extrem:

Entweder nehme ich das Angebot zur Bereicherung meines Managementwortschatzes dankbar entgegen und bin froh, mich im »Training« (besser gesagt in der Entertainmentshow) nicht exponieren zu müssen. Ich genieße den Schutz, den mir die monologische Darbietung als Verbalkorsett bei gleichzeitiger Legitimation der Kenntnis der neuesten Managementtechniken bietet und mich davor bewahrt, mich mit mir und meinen Mitarbeitern ernsthaft auseinander setzen zu müssen. Ich bin beruhigt, mitreden und mich (wieder in der Realität angekommen) auf meine Position zurückziehen zu können, die mir die Sicherheit der Macht bietet, in der ich unbekümmert Erfolge auf mein Konto und Misserfolge auf das meiner Mitarbeiter verbuchen kann.

Oder ich beklage die Praxisfremde, Methodenüberfrachtung und Abschüsse von Streumunition an Worthülsen solcher Veranstaltungen und beschließe, zukünftig derartigen pseudoakademischen Butterfahrten fern zu bleiben und die Lücken in meiner Kompetenz auf meine Art und Weise zu schließen. Dazu kann gehören, dass ich mir einen qualifizierten *Berater* oder *Coach* nehme (was ganz nebenbei gesagt ein himmelweiter Unterschied ist), der sich für meine anstatt für seine Themen interessiert und erlebt hat oder vorlebt, was er mir rät oder wobei er mich begleitet. Dazu kann aber ebenso gehören, dass ich meinen Mitarbeitern die Rolle des Beraters in Führungsfragen erlaube und mich traue, mir über die Spiegelung meiner Mitarbeiter ein Bild von meiner Wirkung zu machen. Dazu kann auch gehören, dass ich mir Veranstaltungen aussuche, die meiner zielgenauen Kompetenzerweiterung förderlich sind.

Was in der heutigen Seminar-, Trainings- und/oder Coachingszene vollkommen unterbelichtet bleibt ist, der sinnvolle Zuschnitt der Angebote auf den tatsächlichen Bedarf des einzelnen Teilenehmers. Da werden landauf, landab Massen an Veranstaltungen mit mehr oder weniger zielführenden Themen angeboten. Da ist das Gießkannenprinzip der letzten Jahre durch flächendenkende Befeuchtung abgelöst worden. Nie zuvor waren mehr Manager in Seminarräumen anzutreffen als in der letzten Zeit. Und nie zuvor waren mehr Menschen mit dem Führungsstil ihres Chefs unzufrieden als heute. Es ist wie in der Medizin. Man hat den Eindruck, dass mit der Zunahme der Ärzte auch die Krankheiten zugenommen haben. Auf der anderen Seite werden zu hohe Budgets für Weiterbildung beklagt und zum Teil gnadenlos zusammengepfercht.

> Die Frage, ob ein Weiterbildungsbudget zu groß oder zu klein ist, stellt sich nicht. Die Frage, ob ein Weiterbildungsbudget effektiv und effizient genutzt wird, wird zu selten gestellt.

Formen der Abhilfe sind seit langem bekannt, werden aber nicht konsequent gelebt. Streng genommen dürfte es nicht ein einziges Seminar oder Training geben, dessen Teilnehmer sich ohne konkrete Kenntnis ihrer Potenziale und präzise Einwertung ihrer Kompetenzen auf die Maßnahme einlassen. Weiterbildungsarbeit im Bereich Management und Führung sollte sich ausschließlich auf zwei Dimensionen konzentrieren: a) Kompetenzlücken zu schließen beziehungsweise Kompetenzen zu verfeinern oder zu erweitern und b) das Rollenverständnis zu klären und gegebenenfalls neu auszurichten. Die Arbeit der Weiterbildung sollte außerdem so individuell gestaltet werden, wie Menschen individuell sind. In meiner siebenjährigen Psychotherapeutenausbildung habe ich von jedem meiner Ausbilder mahnend das niemals zu verletzende Gesetz zu hören bekommen: Keine Therapie ohne Diagnose, keine Diagnose ohne Exploration! Warum soll das in der Weiterbildung anders sein? Die Firmen könnten eine Menge Geld sparen, die Teilnehmer viel Zeit gewinnen und die Anbieter würden endlich gezwungen, ihre Arbeit mit einem messbaren Kundennutzen zu verbinden. Stattdessen wird am Ende eines Seminars auch heute noch die überflüssige Frage nach der Zufriedenheit gestellt. Zufrieden, womit? Mit dem Ablauf, der originellen Art des Trainers, dem Hotel? Ist das wirklich das Wichtigste? In aller Regel bleibt die wichtigste aller Fragen auf der Strecke: Was hat es bewirkt? Diese Frage gehört nicht ans Ende des Seminars. Diese Frage stellt sich nach vier oder acht Wochen. Und dann wäre da noch die Klärung zu leisten, wer Empfänger der Frage sein soll. Der Teilnehmer, seine Mitarbeiter, sein Chef?

Vielleicht drängt der Psychologe und Betriebwirt in mir zu einer Weiterbildung für Führungskräfte, die in einem gesunden Kosten-Nutzen-Verhältnis steht und gleichzeitig den Kunden einen vorzeigbaren Vorteil verschafft, den direkten (weiterbildungswillige Führungskräfte) und indirekten (davon profitierende Mitarbeiter). Es gibt heute noch zu viele Unternehmen, in denen eines der beiden Extreme die Weiterbildungskultur bestimmt: Entweder wird kaum in die fortschreibende Qualifizierung der Führungskräfte investiert – ganz nach dem Motto, die Ertragskraft einer Kuh zeigt sich beim Melken, nicht beim Füttern –, oder es werden zusammenhanglose und führungskulturneutrale Veranstaltungen geschaffen oder extern belegt, um das Gewissen der Notwendigkeit zur permanenten Höherqualifizierung auf ein sanftes Ruhekissen zu betten.

> Eine Führungskraft, die meint, ohne die Zufriedenheit ihrer Mitarbeiter leben zu können, muss damit leben, von den Mitarbeitern nicht zufrieden gestellt zu werden.

Ein Bildungswesen für Führungskräfte, das den Führenden und den Geführten gleichermaßen Nutzen bringt, geht von einer gezielten Kompetenzerweiterung der Führungsverantwortlichen in direkter Verbindung mit umsetzbarem *Rollenlernen* aus. Dieses System muss nicht erfunden werden, es existiert bereits. Jeder Profischauspieler spielt die von ihm erwartete beziehungsweise die ihm aufgetragene Rolle perfekt, wenn diese Rolle

- zu seinen Werten passt,
- ihm persönlich liegt,
- ihn begeistert und ausfüllt.

Ein Charakterdarsteller (in der Führung sollte es ein Darsteller mit Charakter sein) geht eine vollkommene Harmonie mit seiner Rolle ein. Er wird – für eine befristete Zeit – zu dem, was ihm die Rolle abverlangt. Diese Form von Identität mit der Rolle macht ihn glaubwürdig, attraktiv und überzeugend. Das ist das, was das Publikum – zu Recht – erwartet. Der Schauspieler spielt seine Rolle am besten, wenn er Träger der Rolle ist. So denkt der »Dieb« wie ein Krimineller, ohne kriminell zu sein, der »Liebhaber« wie ein Liebender, ohne zu lieben. Das ist es, was ich Führungskräften empfehle und was es ihnen ermöglicht, wirklich gut zu sein: Wenn der Vorhang aufgeht, Sie die Bretter »Ihres« Erfolgs betreten, vor Ihrem »Publikum«, den Mitarbeitern, stehen, überlegen, ob Sie in einem bestimmten Moment als »Chef«, »Berater«, »Coach« oder einfach nur »Schulter zum Anlehnen« gebraucht werden …, dann müssen Sie funktionieren. Perfekt und natürlich. Wie ein Charakterdarsteller, die übernommene Rolle voll und ganz ausfüllend.

Wenn die Bürotür geschlossen und Sie allein mit sich sind, dürfen Sie sein, wie Sie wollen, weil Sie in diesem Moment nicht »Führende(r)« sein müssen. Wenn Sie der Firma zum Feierabend den Rücken kehren, dürfen Sie Ihre Führungsrollen zurücklassen. Sie müssen sogar, um aufnahmefähig für neue Rollen zu sein. Zu Hause werden andere Rollen von ihnen erwartet. Wenn Sie aber für Ihre Firma Themen durchsetzen sollen und sich dabei dem scharfen Auge des Mitarbeiters auszusetzen haben, dann muss das, was von Ihnen kommt, mindestens drei Ansprüchen gerecht werden:

– dem Anspruch Ihrer Chefs (Aufsichtsräte, Gesellschafter, Öffentlichkeit),
– dem Anspruch Ihrer Mitarbeiter,
– Ihrem eigenen Anspruch,

und zwar genau in dieser Reihenfolge! Das heißt volle Konzentration auf die abverlangten Rollen. Das ist deswegen möglich, weil Sie in ein und demselben Augenblick immer nur einige wenige Rollen zu spielen haben, niemals das ganze Ihnen zur Verfügung stehende Repertoire.

Mit Weiterbildung in Leadership und Management verbinde ich folgende Qualitätsvorstellungen:

1. Maßnahmen, ob Seminar, Training, Coaching, Workshop, müssen individualisiert auf den einzelnen Teilenehmer abgestimmt sein, das heißt auf seine *Potenziale* und den *Anspruch an Kompetenzentwicklung*.
2. Um das zu leisten, muss den Maßnahmen eine präzise Bedarfsbestimmung vorgeschaltet werden, zum Beispiel *Potenzialanalyse*, *MLCC* oder zumindest eine exakte Festlegung der Lernziele.
3. In den Maßnahmen sollte ausschließlich an der gezielten Kompetenzentwicklung, dem Rollenverständnis (innerhalb von Leadership und Management, das sauber zu trennen ist) und der Erweiterung des Rollenrepertoires gearbeitet werden.
4. Führungskräften sollten gezielte Hilfen gegeben werden, die von Ihnen zu übernehmenden Rollen nach den Kriterien *Rollenanforderungen* und *Rollenerwartungen* auch tatsächlich einnehmen, das heißt sich mit ihnen identifizieren zu können.
5. Jede Maßnahme sollte anschließend auf ihre *Wirkung* (nicht dem Ablauf) hin überprüft werden, das heißt, der Führende, seine Mitarbeiter und sein Chef sollten durch die Maßnahme eine positive Wirkung verspüren.

Führung ist nicht nur eine Frage von Leistung. Führung ist auch eine Frage von Wohlfühlen. Allerdings gehört beides eng miteinander verknüpft. Denn wenn das eine im Wert absinkt, reißt es das andere mit nach unten. Wir brauchen auch ein neues *Rollenverständnis* bei denen, die als Fachleute solche Maßnahmen gestalten. Möglicherweise brauchen wir ebenso eine gezielte *Kompetenzentwicklung* der Kompetenzentwickler. Schließlich brauchen wir das Vertrauen der Auftraggeber in die Wertschöpfung und den Nutzen zielpräziser Weiterbildungsinvestitionen. Denn was mit der Unterlassung von Qualität in der Führung von Menschen angerichtet wird, kommt die Unternehmen weitaus teurer zu stehen als ein paar Euro mehr oder weniger an Bildungsbudget, wenn es denn richtig eingesetzt wird.

Die sanfte Macht der starken Rolle

Wer behauptet, dass die Führung von Menschen eine einfache Sache ist, hat nie wirklich geführt. Führung erfordert den ständigen Spagat zwischen zwei Polen: der Schaffung von unternehmerischer Höchstleistung bei gleichzeitiger Berücksichtigung menschlicher Befindlichkeiten. Dieser Spagat macht eigentlich gelenkig, er kann einen aber auch zerreißen oder einem den Boden unter den Füßen wegziehen. Führung ist das bewusste Übernehmen ganz bestimmter Rollen. Wer das nicht aus tiefster Seele will, wer nicht bereit ist, Herzblut dafür einzubringen, wer sich nicht mit Leidenschaft für das, was andere bewegt, interessieren kann, wird immer seine Schwierigkeiten mit der Übernahme von Führungsrollen haben. Solche Schwierigkeiten mit der eigenen Führungsrolle werden von den Mitarbeitern schneller wahrgenommen, als es einem in dieser Situation lieb sein kann und bewusst wird.

Es gibt ganz unterschiedliche Rollen, die Sie spielen können. Sie können zum Beispiel »der Ansager« sein. Das mögen heutzutage die meisten der Mitarbeiter zwar nicht, aber es ist zumindest eine eindeutige Rolle. Sie sagen, was zu tun ist, und übernehmen hoffentlich auch die gesamte Verantwortung dafür – die Mitarbeiter folgen Ihnen. Wenn Ihnen die Mitarbeiter mit ihrer Hilflosigkeit entgegenkommen, funktioniert diese Art der Führung ganz gut. Sie können auch »der Kollege« sein. Auch das mögen die meisten Mitarbeiter nicht, weil sich ihr Chef aus der eindeutigen Verantwortung der Führung stielt. Die Mitarbeiter unter einem solchen Chef entscheiden sich intuitiv für eine von zwei Möglichkeiten: Entweder sie erkennen die Gunst der Stunde und führen sich selbst. In diesem Fall müssen Sie aufpassen, dass Sie Ihren Mitarbeitern nicht im Wege stehen und die Rolle des Leistungsminimators spielen. Oder sie verwahrlosen, was auf die Dauer einen ähnlichen Frust auslöst, wie er von einem dominanten Chef (einem »Ansager«) ausgeht. In beiden Fällen genießen Sie jedoch den Vorteil, dass man über Sie spricht. Das Schlimmste, was Ihnen als Chef passieren kann, ist, wenn die Mitarbeiter über Sie sagen: »Mein Chef spielt keine Rolle.« Wenn Sie für Ihre Mitarbeiter keine Rolle spielen, dann sind Sie im Reich der Führungsbeziehungen den sozialen Tod gestorben, obwohl Sie biologisch leben. Thomas Gordon schrieb 1977: »Wer führt, ist deshalb noch kein Führer.« Ein weiser Satz. Trotzdem, ich möchte ihn umdrehen: Wer ein Führer ist, führt nicht unbedingt.

> Wer vom richtigen Weg abkommt, läuft Gefahr, im Sumpf zu versacken, im Sand zu verstauben oder im Schatten zu erfrieren.

Welche Rolle(n) Sie für Ihre Mitarbeiter, welche Rolle(n) Sie im Rahmen Ihrer Funktion einnehmen wollen, das ist – Potenziale und Kompetenz unterstellt – eine Frage Ihres Bewusstseins für Ihre *Rollenverantwortung*. Den Mitarbeitern wurde versprochen, dass sie geführt werden. Das kann nicht heißen, sie an die kurze Leine zu nehmen und mit einem Schlingenhalsband zu erwürgen. Das kann aber auch nicht heißen, jenseits von Aufmerksamkeit, Impulsgabe und Anleitung den Dingen ihren Lauf zu lassen. Wenn Sie Glück haben, dann haben sich Ihre Mitarbeiter an einen bestimmten Automatismus gewöhnt. Sie wissen, was von ihnen erwartet wird, und Sie müssen nur noch zaghafte Impulse setzen, schwierige Probleme lösen oder ernsthafte Konflikte klären. Dasselbe Glück kann schnell in Pech umschlagen, dann nämlich, wenn Sie plötzlich von Ihren Mitarbeitern eine Veränderung ihres Rhythmus verlangen. Die so eingeschliffenen Mitarbeiter verhalten sich wie Verkehrsteilnehmer, denen man die Verkehrsschilder von einem auf den anderen Tag umbaut und die eine damit verbundene Veränderung der Vorfahrtsregelung frühestens mit dem ersten Crash bemerken.

> Das Individuum ist die Keimzelle allen Fortschritts, der dann wiederum durch Verfahren, Systeme, Prinzipien und falsche Führung gebremst wird.

Gordon beschreibt die Landung eines Jumbojets auf dem Flughafen von Los Angeles: »Der Kapitän sagt laut und nachdrücklich: ›Landeklappen öffnen.‹ Ohne zu zögern zieht der Kopilot den entsprechenden Hebel. Ein paar Sekunden später fragt der Kapitän: ›Fluggeschwindigkeit?‹ Der Kopilot verkündet: ›Fluggeschwindigkeit 220.‹ Hat der Kapitän von seiner Autorität der erzwingenden Macht Gebrauch gemacht?«, lädt Gordon seine Leser zum Mitdenken ein und antwortet: »Keineswegs. Trotzdem hat sich der Kopilot gefügt (er hat gehorcht).« Gordon folgert weiter, dass der Kapitän auch keine Ratschläge erteilte, Fakten lieferte oder seine Erfahrung ins Spiel brachte, was im Wortlaut Gordons der *Autorität* durch Wissen, Erfahrung, Fachkenntnis beziehungsweise Ausbildung entspräche.

Die von Gordon beschriebene *Machtautorität* entspricht in unserem Verständnis der klassischen *Vorgesetztenrolle.* Aus dieser Rolle heraus ist der Chef ganz Chef, der Anweisungen, Sanktionen und Begünstigungen aus seiner Machtposition heraus bestimmt. Die von Gordon definierte *Wissensautorität* entspricht der *Beraterrolle.* In dieser Rolle versorgt der Chef den Mitarbeiter mit so viel Information, die dieser benötigt, um wiederum seinen Rollen gerecht werden zu können. In Gordons Beispiel agiert der Kapitän weder in der klassischen Vorgesetztenrolle (»der Boss«)

noch führt er über die Beraterrolle (»der Ratgebende«). Er macht von einer dritten Rolle Gebrauch: der *Coachrolle*. Er begleitete seinen Kopiloten sprachlich dabei, im richtigen Moment das Notwendige zu tun. Ideal wäre es, wenn die Coachrolle von begrenzter Dauer wäre und dazu führen würde, dass der Mitarbeiter mit der Zeit ohne Begleitung auskommt.

Die Frage ist, wie gut Sie die drei *Grundrollen* der Führung beherrschen und im richtigen Moment anwenden können. Als am 11. September 2001 mit der schrecklichen Verwüstung in New York umzugehen war, waren *typische Chefrollen* gefragt. Das heißt: Orientierung geben, was zu tun ist, Wege aufzeigen, die weiterführen, Stellung beziehen und damit verdeutlichen, alles im Griff zu haben. Weder vom amerikanischen Präsidenten noch vom Bürgermeister der Stadt New York und schon gar nicht von den Einsatzleitern der Hilfstrupps wurde eine Berater- oder Coachrolle erwartet. Wenn Sie zum Beispiel Chefarzt sind in einer Klinik mit erstklassigen Ärzten um sich herum, dann ist die typische Chefrolle ganz und gar fehlt am Platze. Es sei denn, Sie haben minderwertiges Ärztepersonal eingekauft oder selbst ausgebildet. In diesem Fall müssten Sie den Chef spielen, weil ohne Sie nichts geht. Sie sollten sich allerdings in der knappen, noch verfügbaren Zeit dringend Gedanken über Ihre eigenen Fehler machen. Denn irgendetwas kann da nicht stimmen, wenn Sie als hervorragender leitender Arzt untaugliche Ärzte um sich haben.

> Es kann gar nicht sein, dass Chefs wirklich besser sind als ihre Mitarbeiter. Denn wäre es so, dann stellt sich unmittelbar die Frage, was diese Chefs unterlassen haben, um ihre Mitarbeiter auf die Höhe ihres Niveaus zu heben, oder warum sie sich nicht solche gesucht haben, die zu ihnen passen.

Wenn Sie also der Chefarzt unter Ärzten sind, dann sind Sie ein Fachmann unter Fachleuten. Es ist ein Irrtum anzunehmen, dass Sie »der« Fachmann unter Fachleuten sein müssen. Von Ihnen wird in dieser Situation eine besonders sensible Hand der Führung erwartet. Denn Sie müssen aufpassen, dass Sie Ihre Mitarbeiter nicht dadurch entmündigen, dass Sie permanent die Rolle des Konkurrenten spielen. Die Abtrennung der fachlichen Zuständigkeit (eine reine Managementaufgabe) von der Führungsverantwortung (die eigentliche Leadershipaufgabe) ist eine heikle Angelegenheit, weil es zu ständigen Überschneidungen kommen kann. Sie sind verantwortlich dafür, dass Sie bestmöglich führen. Damit dürften Sie auch hinreichend beschäftigt sein, wenn Sie Ihrem eigenen Anspruch – die Dinge besonders gut zu machen – gerecht werden wollen. Sie sind nicht für die Handlungen Ihrer Mitarbeiter verantwortlich! Führen heißt, andere zu perfektionieren. Haben Sie die Größe dazu? Wenn ja, dann übernehmen Sie den förderungswürdigen oder -bedürftigen Mitarbeitern gegenüber die Rolle des Coaches. Für die perfekten Mitarbeiter können Sie ein permanenter Berater sein. Allerdings müssen Sie dabei aufpassen, dass Sie Ihren Rat auf solche Fragen beschränken, die gestellt worden sind. In der Summe Ihrer Zuständigkeit sind Sie der Chef, aber in der jeweils erfolgsführenden Rolle.

> Es ist zum eigenen Vorteil, wenn die Mitarbeiter wachsen. Denn mit kleinen Leuten kann man keine wirklich großen Dinge anstellen.

Den führenden Arzt habe ich deswegen als Beispiel genommen, weil unter Medizinern das Thema Führung auffallend oft ein Schattendasein führt. Ob Rivalitätsgedanken, Machtgehabe, falsches Rollenverständnis oder ganz einfach Unkenntnis auf dem Gebiet der Führung der Grund dafür ist, dass im Bereich der Medizin ein großer Nachholbedarf an Führungsqualität besteht, weiß ich nicht. Jedenfalls gibt es – wohin mein Ohr reicht – eine scheinbar unüberwindbare Kluft zwischen der Rollenerwartung seitens der Geführten und dem Rollenverständnis (wenn man es überhaupt so nennen darf) der Chefs. Das glauben Sie nicht? Dann unterhalten Sie sich einmal mit Ärzten, die unter der laienhaften Machthaberschaft ihrer Chefs zu leiden haben. Von »Führungspersönlichkeiten« kann allenfalls im Zusammenhang mit dem verzerrten Selbstbild gesprochen werden. Im Fremdbild sieht dasselbe Thema anders aus. Nun will ich die Chefs in den Behörden nicht schonen und die der Betriebe der freien Wirtschaft nicht beschönigen. Aber der weiße Kittel scheint noch mehr Bedeutung zu haben, als Patienten (in Wirklichkeit sind es Kunden) zu beeindrucken und so auf Abstand zu halten. Scheinbar soll er auch vor zu viel Nähe in der Führungsbeziehung zu Mitarbeitern schützen.

Dass es auch positive Beispiele von verantwortungsvoller, sensibler, menschengerechter und leistungsfördernder Führung im medizinischen Umfeld gibt, sei nicht nur am Rande erwähnt. In einem Punkt unterscheiden sich leitende Mediziner sowieso keinen Deut von allen übrigen Führern: Ausgerechnet die führungsqualifizierten Chefs sind selbstkritisch und unentwegt bemüht, ihre Rolle als Leader zu vervollkommnen. Je unqualifizierter der Umgang mit den Mitarbeitern, umso selbstherrlicher das Bild von der eigenen Bedeutung für die Mitarbeiter. Dass solche ins Land der Fabeln, Märchen und Selbstlügen abgedrifteten Amtsinhaber für die wachen Mitarbeiter längst keine Rolle mehr spielen, ist für die Verursacher schwer zu begreifen. Wie sollten sie auch? Wenn solche Chefs mit einer gehörigen Portion an Realitätsverlust schon Fragen stellen – was selten genug vorkommt –, dann sind es auf Effekthascherei getrimmte Suggestivfragen. Und jenseits ihrer manipulativen Fragen haben sie sowieso kein Ohr für die Bedürfnisse ihrer Mitarbeiter.

Wie man durch »straffe Führung« schlaffe Ergebnisse schafft

Es ist immer wieder dasselbe Dilemma: Führung wird mit Kindererziehung verwechselt. Das Konzept »Brave Kinder sind gute Kinder und bekommen mehr Aufmerksamkeit als böse Kinder« führt schon in der Erziehung ins fatale Absurdum. Wer funktioniert, wird geliebt. Wer geliebt wird, funktioniert. Ein auswegloses Pingpong, das Eltern an den Rand des Wahnsinns und die Kinder an den Rand ihrer seelischen Existenz treibt. Eltern bekommen mit Härte niemals, was sie mit Verständnis nicht erreichen können. Im Gegenteil. Das Kind reagiert mit Trotz, Widerspenstigkeit und Einfaltsreichtum, um seinen Eltern zu beweisen, was mit ihm nicht zu machen ist. Dass sich die Kinder damit gleichzeitig selbst schaden, können sie schon deswegen nicht erkennen, weil sie mit Vergeltungs- und Verweigerungsgedanken als Reaktion auf das ihnen entgegengebrachte Unverständnis beschäftigt sind. Damit ist ihnen der Blick für die unmittelbaren eigenen Nachteile ihres Handelns versperrt. Bei Kindern spielt obendrein das Lebensalter eine Rolle. Weisheit ist kein Thema der Kindheit und Jugend.

In meiner Arbeit als Therapeut habe ich oft genug die Spätfolgen einer missglückten Erziehung in Form von »gescheiterten« Existenzen erlebt. Nicht viel anders geht es in manchen Firmen zu. Dort fehlt ebenfalls die Weisheit. Es wird versucht zu erziehen, mit welchen Mitteln auch immer.

Die Oberhäupter sind mit dem Verhalten ihrer Untertanen unzufrieden und reagieren prompt mit mehr *Straffheit in der Führung.* Als Bestrafung versteht sich. Falsch! Und nochmals falsch! Sollten die Oberhäupter unter straffer Führung allerdings enge Führung verstehen, so ist das ebenfalls falsch. Richtig wäre *aufmerksame Führung.* In den meisten Fällen jedoch basiert die Vorstellung von straffer Führung auf der Grundlage von strafferem Management. Ein Rollenwirrwarr also, das zu nichts führt. Nur dazu, dass sich die Betroffenen hinter dem Rücken der Verursacher empören und das Gegenteil von dem tun, was gefordert ist.

Der Vorstandschef einer Bank, die jedermann kennt, kündigt im Rahmen einer Restrukturierung einige tausend Entlassungen an und unter anderem eine »straffe Führung«. Die Entlassungen, im Einzelschicksal ausgesprochen bedauerlich, sind zur Rettung des Unternehmens vielleicht unumgänglich und somit nachvollziehbar. Die »straffe Führung« ist ein geflügeltes Wort, hinter dem im Zweifelsfall alles Mögliche steht – wenig Hierarchieebenen, effizientes Controlling, kürzeste Entscheidungswege, schnelle Abläufe, Kostensenkung, Notfallstrategie, Businessorientierung auf der ganzen Linie –, nur nicht »Führung«. Denn das alles ist nicht »Führung«, sondern »Management«. Tatsächlich »straffe Führung« würde bedeuten: Eines jeden Mitarbeiters Handlungsspielräume werden eingeengt (damit natürlich zwangsläufig auch dessen Verantwortung), Mitarbeiter werden zum ausführenden Organ von Anweisungen, des Mitarbeiters Mitdenken wird ausgehebelt; jeder Führer marschiert voraus (und die Mitarbeiter im engen Entenmarsch hinterher), jeder Führer überwacht alles, was seine Mitarbeiter tun (wie will er das zeitlich schaffen?); Gehorsam wird verlangt (und zwar blinder), die Befehlsgewalt ersetzt die Führungsbeziehung (die in einer solchen Situation unbedingt ausgebaut werden müsste, damit alle mitziehen); die Persönlichkeit aller Beteiligten (bis auf ein paar wenige ganz oben) wird kastriert, technokratisch kartonierte Formeln lösen sinnmachende Prozesse ab (für die Menschen aus Überzeugung ihr Bestes geben); Führung über Ziele wird durch Führung mittels Aufgaben ersetzt, nichts und niemand kann sich entfalten, weil alles und jedermann zusammengefaltet wird. Wollen Sie damit das Unternehmen retten, Herr Vorstand? Das können Sie im Ernst nicht glauben! Das ist dasselbe, als wenn Sie eine Gewinnwarnung in der Erwartung herausgeben, dass daraufhin der Aktienkurs steigt. Der Zufall ist für jede Überraschung gut. Jedoch leider nicht planbar.

> Hinter der Schaffung enger Strukturen steht in der Regel die Sorge, dass sich Einzelne an die Freiheit des eigenen Handelns zu sehr gewöhnen und davon abhängig werden könnten.

Was ich glaube? Hier liegt ein simples Missverständnis vor. »Führung« wird gesagt, »Management« ist gemeint. Das fatale Dilemma: Die Mitarbeiter hören »Führung«, weil »Führung« gesagt wird. Das löst Phantasien aus, zum Beispiel diese: Das mit den Entlassungen verbundene Prozedere ist zwar für die Betroffenen grausam, aber in der Gesamtbetrachtung gerecht. Denn die Entlassenen verlieren ihre Arbeit und gewinnen dafür ihre Freiheit. Die Bleibenden behalten ihre Arbeit und bezahlen dafür mit dem Verlust ihrer Freiheit. Die einen werden abgetrennt, die anderen entmündigt. Ich hatte zwar an einer früheren Stelle dieses Buches davon gesprochen, dass Führer nicht für die Motivation ihrer Mitarbeiter zuständig sind. Mit solcherart Ankündigungen – ganz zu schweigen von einer darauf folgenden Vollstreckung – wird das glatte Gegenteil erreicht, schnell und flächendeckend wie ein Lauffeuer: Frustration, Verunsicherung, Angst.

Wollen Sie, sehr geehrter Herr Vorstandsvorsitzender, mit einer frustrierten Mannschaft die Zukunft meistern? Wollen Sie mit verunsicherten Mitarbeitern in der Öffentlichkeit auftreten? Oder holen Sie sich für den Kontakt mit Kunden Leiharbeiter ins Haus? Wie wollen Sie mit Angst übersäte Mitarbeiter und Führungskräfte hinter Ihre Strategie stellen? Übernehmen Sie persönlich die noch Jahre danach wirkenden Folgeschäden, zum Beispiel die Abwanderung der Besten und den Vertrauensverlust der Gebliebenen? Sind Sie auch bereit, für die dadurch entgangenen Gewinne persönlich einzustehen? Das wiederum glaube ich nicht. Also, das mit der »straffen Führung« kann so nicht gemeint sein.

Wenn ich mich in Ihre Rolle hineinversetze, kann ich Sie vom Grundansatz her verstehen. Das Unternehmen ist in eine schwierige wirtschaftliche Lage geraten, Sie müssen handeln. Die Öffentlichkeit und vor allem die Anteilseigner erwarten, dass von Ihnen eine spürbare Kursrichtung ausgeht. Man stellt Sie in die Rolle des Change- oder – besser gesagt – Krisenmanagers, der die Kohlen aus dem Feuer holen soll. Aber ... Man erwartet von Ihnen, dass Sie beim Einsammeln der glühenden Kohlen kein Benzin verschütten. Das aber genau tun Sie, wenn Sie von »straffer Führung« reden. Kommunikation ist niemals das, was der Sender gemeint hat, Kommunikation ist vor allem das, was beim Empfänger ankommt. Wenn Ihnen die außerirdische Gabe verliehen wäre, in die Köpfe und Seelen der Mitarbeiter und Führungskräfte, als Empfänger und Decodierer solcher Botschaften, Einblick zu nehmen, dann würde Ihnen der kalte Schauer über den Rücken laufen. Denn dann würden Sie erfahren, was Ihnen keiner der Betroffenen sagt (egal, mit welcher Methode Sie fragen): dass Sie im Grunde genommen niemanden wirklich auf Ihrer Seite haben, bis auf ein paar wenige die Ihnen ebenso treu wie gedankenlos ergeben sind.

Ich unterstelle Ihnen eine ehrliche Absicht, dass Sie den Erfolg für das Unternehmen wollen, dass Sie von den angekündigten Veränderungen überzeugt sind. Aber dann muss ich von einem rhetorischen Missgriff in der Wahl der Worte ausgehen. Sonst würden sich drastische Widersprüche auftun. Was Sie meinen, ist »straffes Management«, das Sie unbedingt mit »sensibler Führung« verknüpfen müssen. Sonst wird aus der Sache nichts. Verändern Sie die Strukturen und gewinnen Sie dafür die Menschen! Alles andere ist ein Strohfeuer für einen Augenblick, aber keine Erwärmung, mit der Sie durch den bevorstehenden Winter kommen. Es hört sich bei Ihrer Wortwahl so an, als würden Sie die Menschen verändern wollen, um damit die Strukturen zu beeinflussen.

> Menschen verändern sich ausschließlich unter zwei Bedingungen: 1. wenn sie es wollen, 2. wenn sie die Veränderung als attraktiver einschätzen als die Nichtveränderung.

Thomas Gordon hat 1977 eines der besten Bücher über Leadership geschrieben, das ich je kennen gelernt habe (»Leader Effectiveness Training«, in der leider nicht ganz glücklich gewählten deutschen Übersetzung »Managerkonferenz«). In diesem Buch stellt er eine einfache, aber hochwirksame Methode zur Lösung von Konflikten vor. Als jemand, der sich seit 20 Jahren mit empirischer Konfliktforschung beschäftigt, *Konfliktlösungsstrategien* lehrt und selbst entwickelt hat, habe ich auf dem Gebiet bisher nichts Einleuchtenderes, Wirksameres erfahren. Ein Vierteljahrhundert nach Gordons Veröffentlichung gilt für mich immer noch sein Satz: »Die meisten Führer verstehen es nicht, Konflikte zu lösen.« Ich kann nur ergänzen: »Im Gegenteil. Die meisten Führer verstehen es mit Bravour, Konflikte zu schaffen. Manche von ihnen sind der Konflikt schlechthin.«

Gordon beschreibt detailliert die Entstehung und Auswirkungen von zwei ungeeigneten Methoden zur Konfliktbereinigung:

Methode 1: *Ich gewinne, du verlierst*
Methode 2: *Du gewinnst, ich verliere*

Die ausführliche Beschreibung will ich mir hier ersparen. Das ist ein anderes Thema. Nur so viel zum Verständnis:

Methode 1

Scheitert, weil der Mitarbeiter als Verlierer gegen die Omnipotenz seines Chefs blanken Groll entwickelt und sich dafür rächt. Die Rache kommt zu einem Zeitpunkt, zu dem der Verursacher nicht mehr damit rechnet. Im Augenblick der Durchsetzung des Gewinnerstandpunkts mit purer Macht hat der Verlierer zunächst mit seiner Ohnmacht zu kämpfen. Wenn er sich davon erholt hat, schlägt er solange mit offensichtlichen oder – viel schlimmer – verdeckten Attacken zurück, bis er sein Konto der Unterlegenheit nach seinem subjektiven Verständnis ausgeglichen hat. Für seine Racheakte muss man den Verlierer aus der Sicht der psychologischen Bewertung sogar als subjektiv schuldunfähig erklären, weil kein Mensch mit gesundem Menschenverstand auf die Dauer ertragen kann, von einem anderen Menschen klein gemacht zu werden. Der zunächst von Gewinner auf Kosten des Verlierers durchgesetzte Wille entspricht einer ichhaften Bedürfnisbefriedigung in Reinkultur, die von anderen verstanden und mit einer ebensolchen beantwortet wird. Gordon führt als Beispiel »einseitige, autoritäre, führerbezogene Entscheidungsfindung« an, die als pure Dominanz erlebt wird.

Methode 2

Ist das krasse Gegenteil von Methode 1. Der Führer wird – wie wir es heute auf den Punkt bringen – zum Weichei. Obwohl er von einem Thema überzeugt ist oder eine eigene Meinung hat, überlässt er dem Mitarbeiter die Wahl der Entscheidung. Das mag mit der Angst, die gute Beziehung zu gefährden, dem Prägemuster, man muss in Konflikten nachgeben, oder der Hilflosigkeit, in solchen Auseinandersetzungen den eigenen Standpunkt zu vertreten, zusammenhängen. Jedenfalls wird der Mitarbeiter zum Gewinner und der Chef zum Verlierer. Es gehört eine große Portion an Gemütsflachheit dazu, wenn man als Chef damit auf die Dauer gut leben kann. Der Groll ist nun beim Chef. Keinem psychisch gesunden Menschen macht es Spaß, in Konflikten die Rolle des Verlierers mit Würde zu tragen.

Kontroversen lassen sich mit einem einigermaßen vernünftigen Maß an Beständigkeit weder mit Methode 1 noch mit Methode 2 lösen. Bei Methode 1 sind »die Kosten der Macht«, wie es Gordon nennt, ein verdammt unattraktiver Posten in der Bilanz der Zusammenarbeit. Macht schränkt die nach oben gerichtete Kommunikation ein. Macht führt zu Speichelleckerei und Liebdienerschaft. Macht schafft schädliche Konkurrenz, Rivalität und Antagonismus unter den Gebeutelten. Macht schafft Unterwürfigkeit und Konformismus. Macht schürt Auflehnung und Trotz. Macht macht stark in der Suche nach Verbündeten, mit denen Leidenskoalitionen gebildet werden. Macht führt zu Rückzug und Flucht der Erdrückten. Macht kostet Zeit. Macht kostet Durchsetzung im notwenigen Ernstfall. Macht kostet Entfremdung. Macht kostet Stress. Macht kostet Einfluss.

Aus welcher Kasse wollen Sie die Kosten der Macht bezahlen, Herr Vorstand? Die Portokasse reicht dazu nicht aus. Ihr persönliches Vermögen in der Regel auch nicht.

Um das Rollenwirrwarr, das durch die unglückliche Formulierung der straffen Führung entstanden ist, aufzulösen, muss eine Szene der »Jeder-gewinnt-Methode« (nach Gordon) eingerichtet werden. Bei dieser Art der Auseinandersetzung gibt es Gewinner auf jeder Seite der Beteiligung. Wie soll das erreicht werden, zumal wenn mit einer Straffung der Organisation oder einem herben Eingriff in verkrustete Strukturen Federn gelassen werden müssen? Die Frage ist berechtigt und – es gibt eine Antwort.

> Konflikte werden dadurch verstärkt, dass man versucht, sie zu einfachen Sachproblemen herunterzuspielen. Das muss man sich so vorstellen, als würde man einen Zahnarzt die Ursache für eine Magenverstimmung finden lassen wollen, weil man aus dem Mund schlecht riecht.

Auch wenn ich vom Neudeutschen und gern zitierten Modebegriff der *Ich-AG* nichts halte, weil die hinterlegte Analogie am Thema vorbeigeht (eine AG ist eine Kapitalgesellschaft, die sich ihr Geld durch den Verkauf von Anteilscheinen besorgt; so gesehen ist die Ich-AG ein Verkauf der Seele auf Aktien), die unternehmerischen Denkweisen auf das Ich der handelnden Personen zu beziehen, ist im Grundsatz richtig, weil es den Kern der Sache trifft.

Konflikte sind der Tanz der unterschiedlichen Bedürfnisse, die es zu koordinieren gilt. Konflikte entstehen nicht, *weil* wir Bedürfnisse haben, sondern durch die Art, *wie* wir unsere Bedürfnisse befriedigen. Es ist immer die *Art* oder der *Weg* der Bedürfnisbefriedigung, wodurch der Konflikt entsteht, und nicht das Bedürfnis selbst. Zum Beispiel ist Selbstverwirklichung ein Bedürfnis. Sich im Arbeitsleben selbst verwirklichen zu wollen ist eine Bedürfnisbefriedigung, die zu Spannungssituationen führen kann. Konflikte entstehen zwischen unterschiedlichen Trägern individueller Bedürfnisse, wenn der andere aufgrund seines eigenen Bedürfnisses nicht auf die Bedürfnisse des anderen Rücksicht nimmt. Bedürfnisse sind immer *gut*. Daher sind zwei Konfliktbeteiligte von ihrer Bedürfnislage her auch immer *gutwillig*. Die Verwirklichung des einen Bedürfnisses ist häufig der Grund, warum es zu Auseinandersetzungen kommt. Zwei verschiedene Ich-Anteile wollen nicht ein und dasselbe.

Mit der von Gordon beschriebenen Methode 3 (jeder gewinnt) kann eine Situation geschaffen werden, in der alle Beteiligten auf ihre Kosten kommen. So kann es vorkommen, dass jemand zum Beispiel in der Sache Verlierer ist. Dann ist unbedingt darauf zu achten, dass er als Ausgleich emotional gewinnt. Dasselbe kann man sich auch umgekehrt vorstellen. Beim anfangs zitierten Beispiel muss der Vorstandschef von vornherein darauf achten, dass alle sachlichen Verlierer zumindest emotionale Gewinner sind. Darauf sind die Kernbotschaften auszurichten. Mit solchen Kernbotschaften ist herauszustellen, dass sich zwar die Bedingungen ändern werden, keinesfalls jedoch die Art des

Umgang miteinander. Das ist das Mindeste. Ich würde in der Rolle des Vorstandsvorsitzenden einen Schritt weiter gehen, indem ich deutlich mache, dass in der zurückliegenden Zeit von den handelnden Akteuren eine »vernünftige Arbeit geleistet wurde« (das ist die nüchternste aller denkbaren Darstellungen, die zumindest nicht verletzt), oder – wenn ich es mit meiner Aufrichtigkeit vertreten kann – sagen, dass »alle Beteiligten ihr Bestes gegeben haben«, wir aber jetzt auf neue Herausforderungen mit neuen Antworten reagieren müssen ... Danach käme das Wichtigste. Ich würde erklären, was wir im Bereich *Management* ändern werden (Strategien, Strukturen, Controlling usw. straffen; Selektion, Kostensenkung usw. herbeiführen, weil ...) und wie wir mit dem Thema *Leadership* umgehen wollen. Die erste Ankündigung werden die Menschen nicht unbedingt mit Begeisterung hinnehmen, aber schließlich einsehen und akzeptieren. Beim zweiten Thema wird jeder die Ohren spitzen, weil er hierüber den Ausgleich erwartet für das, was er auf der anderen Seite aufgeben muss. An dieser Stelle wollen die Menschen hören, welcher *psychologische Lohn* ihnen für die abverlangten Anstrengungen gewährt wird, ob die Führenden gerade in diesen schwierigen Zeiten etwas von Führung verstehen und wie sie den Einzelnen da abholen wollen, wo er steht oder kauert, um ihn dahin zu begleiten, wo es auch für ihn von Vorteil ist. Hier sind die Themen Führungskultur, Führungsbeziehung, Werte, Einfühlungsvermögen, Coachen, eine mutmachende Story bieten, Vorangehen und Mitreißen gefragt. By the way, alles, was Sie ankündigen und vorhaben, regt nur zum Mitmachen beziehungsweise Nachahmen an, wenn Sie selbst ein Beispiel setzen.

Nun darf man nicht so euphorisch sein und erwarten, dass eine solche Verkündung zu einer hundertprozentigen Zustimmung führt. Veränderungen sind nachhaltig aber nur möglich, wenn eine deutliche Mehrheit dabei ist. Hier kommt es auf jedes Prozent mehr an Zustimmung und Identifikation an. Auch diejenigen, die zu gehen haben, die

»Abzubauenden«, müssen sich irgendwie in einem Win-win-Konzept wieder finden, sonst werden sie zu Nagetieren, die an einer unsichtbaren Stelle den Schlauch durchbeißen, aus dem der Druck für das Mehr an Antrieb kommen soll.

Nun kann es ja sein, dass Sie sich als Zuständiger einen solchen Auftritt nicht leisten können, weil Sie sich für Zahlen und Strukturen mehr interessieren als für Menschen und Gefühle. Es mag sein, dass Sie bei kritischer Selbsteinschätzung auf dem Boden der Realität ein erstklassiger Manager, jedoch ein zweitklassiger Leader sind. Auch dieses Problem ist lösbar. Durch Rollenteilung.

Das Wunder der Rollenteilung

Seit Taylor kennen wir das Prinzip der Arbeitsteilung, gelegentlich mit überzogenen Auswüchsen. In jeder Firmenstruktur finden sich verschiedene Funktionsteilungen wieder, teils linear, teils als Matrix, teils vorzugsweise als Projektorganisation. Was dagegen weniger Berücksichtigung findet, ist der Vorteil einer klaren, personenbezogenen *Rollenteilung* im Management. Unternehmen sind heute mehr denn je auf *One-upmanship* angewiesen. Im angelsächsischen Sprachraum ist damit die Kunst, anderen um eine Nasenlänge voraus zu sein, gemeint. Das lässt sich am ehestens durch Heranbildung oder die Rekrutierung von *Exzellenzen* erreichen. Niemand ist auf der ganzen Linie eine Exzellenz. Innerhalb des Managements lassen sich deutlich zwei grundverschiedene Menschentypen ausmachen. Das Thema hatte ich bereits angesprochen. Die einen sind typische *Manager* mit auffallender Talentierung im analytischen, strategischen, sachlichen Bereich, die anderen sind die geborenen *Leader*, denen die Pflege von Klima und Beziehungen, die Inspiration und Förderung von Menschen, die Gestaltung effektiver Zusammenarbeit und das Schaffen von Kulturen besonders liegt. Selten sind im Management die typischen Generalisten anzutreffen, denen beides gleichermaßen liegt. Wer soll also idealerweise Chef des Unternehmens, eines Ressorts, eines Bereichs oder einer Abteilung … werden, der Manager oder der Leader?

One-upmanship erreicht ein Unternehmen nachweislich nicht mit Strukturen, Ausstattung, Technik oder Methoden. One-upmanship schaffen ausschließlich handelnde Personen, die mit der ihnen eigenen *Kompetenz* an den auf diese Kompetenz zugeschnittenen Schaltstellen sitzen. Fangen wir ganz oben an. Ob bei der Auswahl eines neuen Konzernchefs eher der Leader oder eher der Manager zu bevorzugen ist, hängt von verschiedenen Faktoren ab. Da wäre zunächst einmal der Faktor »Vorgeschichte« zu sehen. VW ist jahrelang gut mit einem typischen Manager an der Spitze gefahren, der im Frühjahr 2002 von einem typischen Leader abgelöst wurde. Obwohl der Betriebsratsvorsitzende Klaus Volkert in aller Öffentlichkeit bekannte »Piëch hat uns gut getan«, votierten besonders die Arbeitnehmervertreter im Aufsichtsrat bei der Wahl des Nachfolgers gegen Piëchs Kandidatenvorschläge und für Bernd Pischetsrieder. Ihm eilt der Ruf voraus, dass er durch eine andere Form von Führung mehr Wärme in das Unternehmen bringen wird. Da ist weiterhin der Faktor »Unternehmenssituation« zu berücksichtigen. Ist ein Unternehmen hinsichtlich seiner Businessausrichtung schlecht aufgestellt, eignet sich eher der Manager. Ist das Unternehmen führungsmäßig nicht gut aufgestellt, gehört der Leader an die Spitze. Der wichtigste Faktor ist aber die »Teamzusammenstellung« in Vorstand oder Geschäftsführung. Wer nimmt außer dem Vorsitzenden sonst noch mit welcher Persönlichkeitsstärke auf das Unternehmen Einfluss? Wenn der Vorsitzende ein Manager ist, sollte das Delta Leadership unbedingt durch mindestens eine Person ausgefüllt werden, die mit hoher Potenz als Leader in das Unternehmen hineinwirkt.

Rollenteilung ganz oben heißt: Wer steht an der Spitze eines Unternehmens für was? Von wem geht Management, von wem Leadership aus? Wie stabil und ausgewogen sind die Säulen Management und Leadership, die das Unternehmen tragen? Ist die Rollenvielfalt der Handelnden (in der Summe) erkannt und aufeinander abgestimmt? Das ist das *additive Moment der Spitzenleistungen* in der Unternehmensführung. Davon geht Drive aus, für das ganze Unternehmen. Damit werden Spuren gezogen, die den nachgerückten Ebenen als Orientierung dienen. Damit wird ein Wertefundus geschaffen, mit dem man sich gern identifiziert.

Was ich häufig in der Firmenspitze antreffe, ist das *rivalisierende Moment des gegenseitigen Ausspielens.* Nach so mancher Vorstandsitzung steht das Handeln Einzelner dem Reden – oder Schweigen – diametral entgegen. Auch Schweigen ist Reden, weil es Zustimmung signalisiert. Die Vorteile der unterschiedlichen Talente, die positive Wirkung der additiv aufeinander aufbauenden Rollenmöglichkeiten sind nicht erkannt. Ich sage nicht, dass ein Vorstands- oder Geschäftsführungsgremium ein »harmonisches Team« sein muss. Das geht mir zu weit, zudem an der Realität und am Bedarf vorbei. Ein Vorstand ist keine Schafherde. Die Handelnden auf dieser Ebene sind keine leidenschaftlichen Teamplayer, sonst hätten sie den Weg durch den engen Kamin nach oben nicht geschafft. Topmanager sind Raubkatzen mit Sprung-, Kratz- und Beißfähigkeiten, die sich behaupten können – und vor allem müssen. Wenn sie allerdings vom Rollenverständnis her wirklich Raubkatzen sind, dann müssten sie auch wissen, dass sich eher Wölfe als Raubkatzen gegenseitig zerfleischen.

So manches Gremium hat ein hartes Stück Arbeit vor sich, wenn es darum geht, die Vorteile des Kollektivs auszuschöpfen, ohne dabei auf die wertvollen Eigenheiten der Individuen zu verzichten. Teamfähigkeit von den Mitarbeitern verlangen und Egoismus leben ist nicht nur widersprüchlich, sondern im hohen Maße widersinnig.

> Es reicht nicht aus, wenn eine gute Führungskraft unverwechselbar ist. Ihre Einzigartigkeit darf nicht in Eigensinnigkeit münden. Eigensinn reift im Alter zu Starrsinn. Wenn das der Grund für die Sehnsucht nach immer jüngeren Managern ist, so gibt es klügere Lösungen: konsequent gelebte Rollenteilung.

Auf allen Ebenen der Hierarchie und in allen Verzweigungen des Unternehmens stellt sich dieselbe Frage: Werden die Bereiche, Abteilungen und Gruppen professionell *gemanagt* und ebenso professionell *geführt*? Zwar ist Verantwortung eine Primzahl, die sich nicht ohne Brüche teilen lässt. Die Verantwortung lässt sich aber sehr wohl additiv aneinander reihen. Ich kann mir auch in Abteilungen eine Doppelspitze vorstellen, noch eher als die Unterbelichtung einer der beiden Hauptrollen Management und Leadership. Wenn Unternehmen nach einer Matrix organisiert sind, dann oft genug nicht optimal. Die Matrixorganisation als Modell ist eine hervorragende Sache. Sie bedingt aber, dass die mit ihr verbundenen Vorteile voll ausgeschöpft werden. Wenn Matrixpartner A ein typischer Manager, ein strategischer Experte in der Sache ist, dann müsste Matrixpartner B ein typischer Leader, ein Beziehungskünstler mit sensibler Hand im Umgang mit Menschen sein. Die Wirklichkeit sieht anders aus: Wurden noch vor wenigen Jahren Führungskräfte nach rein fachlichen Fähigkeiten oder wegen besonderer Verdienste für die Firma ins das Amt berufen, so sind die heute vielfach anzutreffenden Auswahl- beziehungsweise Entscheidungsgründe nicht weit davon entfernt. Eine »hohe Sensibilität für kommunikative Prozesse und die Fähigkeit zur Reflexion« im Rahmen einer »Qualität, die begeistert« und »Mitreißende« sucht (Stellenanzeige DaimlerChrysler), ist wenig gefragt. In der zitierten Stellenanzeige steht übrigens nichts von analytischer oder strategischer Kompetenz. Das ist auch gut so, denn das von einigen erwünschte Allestalent mag vieles können, aber nichts richtig.

> Als man entdeckte, dass ein ganzes Schwein nicht auf einen Teller passt, war der Weg zur Erfindung des Schnitzels nicht mehr weit.

Aber nicht nur wegen bestmöglicher Nutzung von Kompetenzressourcen ist die *Rollenteilung* ein Thema. Wie sieht es mit der Ambivalenz zwischen Erfahrung und Spontaneität aus? Knackig jungdynamische Manager gehören auf die Kommandobrücke! Idealalter 30 bis 35. Alle oberhalb von 50 sind reif für die Ausmusterung! So weit das weit verbreitete und teils real umgesetzte (Vor-)Urteil, das sich im Übrigen laut einer Studie aus dem Jahr 2001 in 800 Betrieben in Bayern von INIFES (Internationales Institut für Sozialökonomie) als gravierender Irrtums erweist. Danach halten 85 Prozent der Betriebe die über 50-Jährigen für nicht weniger leistungsfähig als deutlich Jüngere. Ich befürworte, dass junge Leute so früh wie möglich in die Verantwortung gezogen werden. Ich war selbst erst 21, als ich zum Gruppenleiter ernannt wurde. Ein Jahr später, mit 22, war ich Abteilungsleiter. Mit 23 war ich dann allerdings Student. Dem weit verbreiteten Meinungsbild, dass das biologische Alter in engem Zusammenhang mit der Leistungsfähigkeit und der Nutzbarkeit eines Menschen steht, vermag ich mich nicht anzuschließen. Nahezu täglich begegnen mir irgendwo geistig mobile 60er – und deutlich älter – ebenso wie geistig kristallisierte 30er.

Im Alter bekommen Kopf und Geist einen vom Leben gezeichneten Charakter. Während Blumen in diesem Stadium die Köpfe hängen lassen, sind es bei Menschen eher die Beine, die schlapp machen.

Als Konrad Adenauer im September 1949 sein Amt als erster Kanzler der neu geschaffenen Bundesrepublik Deutschland antrat, blickte er bereits auf 73 Lebensjahre zurück. Er galt in dem Alter – verständlicherweise – nur als Übergangskandidat. Vielleicht für eine Legislaturperiode. Als er 1963 nach 14-jähriger Amtszeit im Alter von 87 Jahren als Bundeskanzler zurücktrat, behielt er das Amt des Vorsitzenden der CDU noch weitere drei Jahre. Man mag zu Adenauer stehen, wie man will. In den ersten Jahren seines Wirkens hatte jedenfalls kaum jemand den Eindruck, dass

»der Alte« zu alt sei. Denn wie würde sich sonst seine mehrfache Wiederwahl erklären? Adenauer lebte übrigens in einer Zeit, als das Durchschnittsalter der Bevölkerung einiges unter dem heutigen lag und auffallend viele 60-Jährige deutliche Gesichtszüge eines Greisen annahmen. Adenauer, das Exklusivbeispiel der absoluten Ausnahme?

»Der alte Bellheim« zeigte als unterhaltsamer Fernsehfilm die Wiederentdeckung der Power im Rentenalter auf. »Bellheim« holte sich seinesgleichen, und die aus dem Ruhestand revitalisierten Alten zeigten den Jungen, was Erfolg ist und wie man ein heruntergewirtschaftetes Unternehmen auf Trab bringt. Für die New-Age-Denker bot dieser Film allerdings keine Inspiration für ihre Horizonterweiterung. Auch bei den Denkmobilen hat die Mobilität im Denken ihre Grenzen. So wurde die Handlung als realitätsfremde Komödie abgekanzelt. Mehr Aufmerksamkeit erregte Jahre später Rick Wagoner. Nicht im Film, sondern im wirklichen Leben. Rick Wagoner, der Chef des weltgrößten Automobilherstellers General Motors, holte im Sommer 2001 den 69-jährigen Bob A. Lutz als Entwicklungschef an Bord. Erinnern Sie sich an Bob Lutz, den ehemaligen Chrysler-Präsidenten und Medienstar? Er war einer der schillerndsten Automobilchefs der USA. Es kommt für die Denkmalpfleger des Vorurteils »Mit 30 top, mit 40 so lala, mit 50 ein Flop« noch schlimmer: Lutz löste mit 69 den 55-jährigen Tom Davis ab, der sich im hyperkomfortablen GM-Vorruhestandsbett erholen darf. Vielleicht für ein Comeback in 15 Jahren? Die Story erfährt wenige Monate später eine Steigerung. Im November 2001 hievt Rick Wagoner Bob Lutz in den Chefsessel GM Nordamerika. Erfahrung und Enthusiasmus anstatt Jugend und Dynamik.

> Der Mensch ist nicht so sehr, was er ist, als vielmehr das, was man aus ihm macht.

Der amerikanische Journalist und Economist Peter F. Drucker, Jahrgang 1909, schreibt heute noch Managementbücher und Fachartikel, die den Zeitgeist von übermorgen verströmen und die Welt auf ihn aufmerksam machen. Wolfgang Amadeus Mozart wird 1769 mit 13 erzbischöflicher Konzertmeister. Menschen kann man nicht in stereotype Schubladen stecken. Menschen kann man in ihrer Einzigartigkeit nur bewundern und ihre spezifische Qualifikation nutzen. Das sechsjährige Klaviertalent Wolfgang Amadeus mit hervorstechender Improvisationsgabe wurde in seinen ersten Kompositionen von seinem 37 Jahre älteren konservativen Vater Leopold unterstützt. Eine Rollenteilung zwischen Jung und Alt.

> Der junge Geist ist schnell, der reife gründlich. Die Optimierung liegt darin, junge und alte Köpfe zum Bündnis im Denken miteinander zu verpflichten.

Wenn Bob A. Lutz gut beraten ist, dann wird er sein Können und seine Erfahrung um junge Talente ergänzen, die er sich in unmittelbare Nähe holt, um mit ihnen Rollenteilung zu praktizieren. Wenn die zahlreichen Jungen in Toppositionen gut beraten wären, dann würden sie sich die Erfahrung einiger Alter zunutze machen, indem sie eng mit ihnen zusammenarbeiten. Firmen haben dann die größten Chancen im Wettlauf um das heiß begehrte One-upmanship, wenn sie es verstehen, sich *multipersonell* und *interkulturell* einzurichten.

Ein weiterer Grund zur Rollenteilung: International ausgerichtete Firmen sind wirklich international, wenn sie es verstehen, Kulturträger der Länder einzubinden, in denen sie produzieren oder in die sie hineinverkaufen wollen. Fremdsprache allein reicht hier bei weitem nicht aus. Vor einigen Jahren erhielt ich den Auftrag eines langjährigen Kunden, für Franzosen in Frankreich Verkaufstraining mit deutscher Qualität in französischer Sprache durchzuführen. Erstens bin ich kein Verkaufstrainer, zweitens mangelt es bei mir an ausreichenden Sprachkenntnissen für einen solchen Auftrag. Ein Franzose schloss sich nach den Vorstellungen des Kunden aus, weil mit dem Training gleichsam deutsche Werte vermittelt werden sollten. Also wählte ich für diese Aufgabe den besten Mann aus unserem Team: perfektes Französisch, einige Monate Aufenthalt im Land, professioneller Verkaufstrainer. Die Sache ging schief! Können Sie sich vorstellen, warum?

Sprachkenntnis ist nicht Kulturverständnis. Kulturverständnis ist die Fähigkeit, das Leben aus dem Blickwinkel einer anderen Kultur verstehen zu können.

Er überschätzte sich in seinem Kulturverständnis. Die Synchronisation zwischen seinem Verständnis vom Verkaufen und der Rollenerwartungen an einen Verkäufer in Frankreich misslang. Seine Teilnehmer verstanden ihn nicht, obwohl er deren Sprache »beherrschte«. Zweiter Versuch. Er machte vor Ort eine Feldanalyse, begleitete Seminarteilnehmer bei ihrer Arbeit, um sich somit besser auf Modul 2 vorbereiten zu können. Modul 2 fiel in der ursprünglich geplanten Version aus. Er gab nach zwei Tagen Felderfahrung auf, weil er verstanden hatte, dass man deutsche Kultur nicht einfach mal so exportieren kann. Wir nahmen eine Rollenteilung vor: Ein Kulturträger – eine französische Trainerin – und er führten das nächste Training gemeinsam durch. Dieses Tandem war von durchschlagendem Erfolg gekrönt.

Ich kenne einen weiteren, nicht zu unterschätzenden Grund für eine Rollenteilung: Frau und Mann. In unseren Seminaren stellen wir immer wieder den Unterschied zwischen einer reinen Männergruppe, einer reinen Frauengruppe oder einer gemischten Gruppe fest. In Führungsseminaren, in denen beide Geschlechter repräsentiert sind, laufen die Lernprozesse am effektivsten. Über die Rollenteilung zwischen Mann und Frau, über deren unterschiedliches Rollenverständnis, ist viel geschrieben worden. Ich verbreite auch keine neue Erkenntnis, wenn ich sage, Frauen führen anders als Männer. Weil das so ist, sehe ich eine Bereicherung für jede Firma darin, Frauen so weit wie möglich oben in Führungspositionen zu installieren. Für Firmen gilt analog, was ich über Seminargruppen sagte. Weder Frauen noch Männer für sich können in Managementteams so wirkungsvoll sein, als wenn man die Geschlechter vermischt. Es gibt Branchen mit einem deutlichen Frauenübergewicht – nicht nur in der Kosmetik. Es gibt solche, mit einem deutlichen Männerübergewicht. Allen voran das Bauwesen. Beiden Branchen haften die typischen Dilemmata der Einseitigkeit im Denken an.

Frauen sind notorische Selbstzweifler und weniger auf Macht als auf Beziehungen aus. Männer sind notorische Selbstverherrlicher und weniger auf Beziehungen als auf Macht aus. Was liegt da näher, als der Natur zu folgen und beide zusammenzubringen, um das Wesentliche zu gestalten?

Dass Männer in den Führungsetagen bei weitem überwiegen, will ich hier nicht weiter diskutieren. Für mich sind Frauen in der Politik auch keine Quotenfrage. Das ist blanker Unsinn. Frauen repräsentieren einen Teil des menschlichen Denkens und Fühlens. Die Männer den anderen Teil. Von daher gehören sie in alle Handlungen mit genau der Gewichtung eingebunden, mit der sie in der Gesellschaft vertreten sind. Ob Frauen in der wünschenswerten Anzahl für Topmanagementaufgaben zur Verfügung stehen – wenn man sie will –, ist eine spannende Frage. Vermutlich nicht, weil ihr grundsätzliches Rollenverständnis dagegenspricht. Eine Bereicherung wären sie allemal.

Ob Frauen/Männer, Alt/Jung, A-Denker/B-Denker, es läuft immer auf das eine hinaus. Wir kommen in den Firmen, in der Politik, in der Gesellschaft deutlich weiter mit bewusster, konsequenter und auf gegenseitiger Akzeptanz und Toleranz fußender Teilung von Rollen. Wenn jeder die Rolle(n) einnimmt, für die er die besten Voraussetzungen mitbringt, wenn außerdem jeder der Rollenträger von den anderen so viel hält wie von sich (oder umgekehrt), wenn es zudem Menschen gibt, deren Rolle es ist, die diversen Träger von Rollen in ihrer Qualität und ihrem Nutzwert additiv miteinander wirken zu lassen, dann kämen wir in vielen großen und kleinen Fragen dieser Welt deutlich weiter.

Die Magie der Führung

Als Student war ich sehr unentschlossen. BWL oder Psychologie? Ich fing mit Psychologie an, wechselte zur Betriebswirtschaft und wollte nach einigen Semestern wieder zurück zur Psychologie. Ich wusste einfach nicht, was besser für mich ist. Also suchte ich das Gespräch mit einem Psychologieprofessor, einem, dem ich zutraute, mir den richtigen Rat geben zu können. Er war mir als jemand mit besonderer Aufmerksamkeit für seine Studenten in Erinnerung. Ich erklärte ihm kurz mein Problem und glaubte nun »den *Rat* des Lebens« zu bekommen. Das Gespräch stellte sich sodann als »das *Gespräch* des Lebens« heraus, mit weitreichenden Folgen. Er begrüßte mich freundlich, fragte mich, wo ich sitzen wolle, ließ mich zuerst meinen Platz einnehmen und tat dann nichts weiter, als mich interessiert anzusehen. Nicht einmal das Übliche »Was kann ich für Sie tun?«, war von ihm zu hören. So hatte ich ausreichend Gelegenheit, ihm von meiner Ambivalenz zu berichten. Als ich nach ein paar Minuten inne hielt, sagte er: »Wenn ich Sie richtig verstanden habe…?« Er schien das Wesentliche verstanden zu haben, denn was er zusammenfasste war lückenlos. Er stellte mir weitere Fragen, die er klar, anregend und knapp formulierte. Zum Beispiel: »Welche Zukunft stellen Sie sich als Psychologe vor?«, »Was verlieren Sie, wenn Sie Betriebswirtschaft aufgeben?«, »Woher kennen Sie das Gefühl, sich nicht entscheiden zu können?« … Ich hatte den Eindruck, ihm mein halbes Leben erzählt zu haben. Deshalb war ich mit einem Blick auf die Uhr erstaunt, dass wir erst seit einer Dreiviertelstunde zusammensaßen. Ich fühlte mich wie an einem seidenen Faden sanft durch meine Themen, Gedanken und Gefühle geführt. Er saß mit ermunternden Augen und animierender Miene da, tat wenig und doch sehr viel. Nach eineinviertel Stunden hatte er keine Fragen und ich keine Themen mehr. Auch jetzt blieb jegliche Form von Ratschlag aus. »Mich würde abschließend noch interessieren, was Sie jetzt tun werden«, sagte er. Nach einer kurzen Denkpause konnte ich ihm antworten: »Psychologie wieder aufnehmen. Betriebswirtschaft zu Ende bringen.« Er schmunzelte zufrieden und sagte: »Ich bin nicht überrascht, dass Sie die richtige Entscheidung getroffen haben.« Wie sehr er mit seiner Magie der Führung Einfluss auf mein Leben genommen hat, konnte er leider nicht weiterverfolgen. Er verstarb Monate nach unserem Gespräch im Alter von 48 Jahren an einer heimtückischen Krankheit.

Einige Jahre später, während meiner Promotionszeit, war ich Dozent für Rhetorik an der Akademie für Führungskräfte der Wirtschaft und gleichzeitig Assistent des Akademieleiters. An dieser Akademie wurde die »kooperative Führung im Mitarbeiterverhältnis« gelehrt. Mein Chef hatte darüber viele Bücher geschrieben und verstand es mit Bravur, die Bosse der deutschen Wirtschaft eindringlich in seinen Seminarvorträgen zu mahnen, dass jede andere Form der Führung wirkungslos sei. Er bot seinem Publikum unterhaltsame, amüsante und einprägsame Geschichten, kannte jeden Winkelzug der dialektischen Überzeugungskunst und brachte seine Hörerschaft oft in eine peinliche Defensive. Der große Träger aller Weisheiten um Unternehmensführung schaffte es, gestandene Wirtschaftskapitäne im Alter zwischen 40 und 60 Jahren einzuschüchtern. Einwände gegen seine dogmatische Vorstellung von Führung pflegte der ursprüngliche Professor der Rechte so zu parieren: »Wenn Se Professor wär'n, würd' ich sagen: dolle Theorie. So sag ich: Quatsch.«

An einem Abend wurde ich zu ihm ins Büro »bestellt«.

Nach einem unverbindlichen »Wie geht's?« bekam ich (ohne die Frage auch nur annähernd verdauen zu können) die Order: »Nächsten Montag übernehmen Sie das Middlemanagementseminar.« Meine stotternde Antwort: »... Mm, ich übernehme was?« Zur Klarstellung: Dieses Seminar hatte ich bisher nicht durchgeführt, ich fühlte mich für das Thema nicht kompetent genug, es war jetzt Freitag, also gerade mal zwei Tage vorher. Meine Einwände, auch die, dass ich mit meinem unprofessionellen Auftritt dem Ruf der Akademie schaden könnte, wurden abgeschmettert. Also musste ich deutlicher werden. Ich verweigerte mich schlicht und ergreifend. Mit barscher Stimme tönte es im Chefbüro des Bad Harzburger Akademieleiters: »Ich ordne an, dass Sie das Seminar durchführen. Sie und kein anderer. Basta!« – Ich glaubte mich auf einem Ball Paradox, hatte doch eben der in Deutschland recht bekannte Führungspapst und Vater der »kooperativen Führung im Mitarbeiterverhältnis« gesprochen. Kein inspirierendes Wort in Richtung »Ich habe eine große Herausforderung für Sie«. Keine Frage: »Trauen Sie sich so etwas zu?« Nichts von einem offenen Dialogklima. Ich wurde nicht gesehen (wer ich bin und was ich kann). Ich wurde nicht gehört (meine Bedrängnis, meine Überforderung). Ich wurde nicht verstanden (was ich mit meinen Einwänden sagen wollte). Ich wurde nicht ermuntert (statt Order eine große Herausforderung und einmalige Chance zu sehen). Ich wurde nicht geführt (hinein in eine Erweiterung meines Selbstzutrauens).

> Autorität erwirbt jemand durch die Attraktivität, die von ihm ausgeht. Autoritär wirkt er durch seine Attacken.

Offen gesagt, ich weiß bis heute nicht, was dieser Führungsguru unter Führung verstand, geschweige denn »kooperativer« und dazu auch noch »im Mitarbeiterverhältnis«. Ebenso hatte er ein sonderbares Verständnis von einem »Mitarbeitergespräch«, obwohl es in seinen Fachbüchern über Führung ganze Kapitel besetzte und ihm für einen separaten Titel geeignet erschien. Im realen Leben hat der Autor des Buches »Scharnhorsts Vermächtnis« dann aber wohl »Gespräch« mit »Befehl« verwechselt. – Ich bin natürlich nicht zum Seminar angetreten. So viel Courage hatte ich damals schon. Mein Mut ist aber vorwiegend vor dem Hintergrund zu verstehen, dass ich von ihm nicht abhängig war. Wäre es anders gewesen, hätte ich mich vermutlich mit heimlichem Groll unterworfen. Das Band der existenziellen Abhängigkeit schnürt bei Menschen nicht nur die Seele zu. Vor allem unterbindet es den Zufluss von Vernunft im Gehirn und dessen Verbindung mit dem eigenen Willen. Als er mich am darauf folgenden Dienstag in einem »Kritikgespräch« zusammenzufalten versuchte, schaltete ich auf stur. Kein Wort, keine Regung von mir, nur Abwarten. Bis dann endlich meine große Stunde – genau genommen Minute – kam. Er fragte mich: Was denken Sie sich eigentlich?« Das war zwar als Vorwurf gemeint, immerhin aber grammatikalisch eine saubere Frage, die eine Antwort legitimierte. Ich überlegte. Er wiederholte ungeduldig seine Frage. Ich taste vorsichtig ab: »Wollen Sie wirklich wissen, was ich denke?« Er (zornig): »Sonst hätte ich nicht gefragt.« Die Einladung zum Feedback war gegeben, wenn auch unter äußerst mysteriösen Umständen. Meine darauf folgenden Rückmeldungen waren äußerst wagemutig, aber leider vollkommen nutzlos. »Ich denke«, sagte ich ihm, »dass ich eine große Diskrepanz zwischen dem erlebe, was Sie im Seminar erzählen, und dem, was mir als Mitarbeiter widerfährt.« Ich hatte nicht erwartet, dass er auf mich einging. Das Gegenteil, das dann eintrat, auch nicht. Er konterte jede meiner Rückmeldungen mit einem neuen verbalakrobatischen Gegenschlag. So konnte ich mich um die Erkenntnis bereichern, dass der Inhaltsstoff der Seminare ausnahmslos für die Kunden bestimmt sei. »Bei uns herrschen andere Gesetze. Oder kennen Sie einen Chefkoch, der selbst isst, was er für seine Gäste zelebriert?«

Der Soldat wird erzogen, der Beamte geformt, der Angestellte angewiesen; soll einer von ihnen zum Unternehmer mutieren, so muss er die Nabelschnur durchbeißen und schreien lernen. Wie sollen die Zähne wachsen, wenn nur Brei gefüttert wird? Wie sollen sich Stimmbänder entfalten, wenn Flüstern den Ton angibt.

Zwei Beispiele, jedes für sich am Rand der Extreme, die Führung ausmachen. Führung kann zu einem Zauber werden, der das Feuer der Persönlichkeit zum Lodern bringt. Führung kann einen Menschen auf einer weichen Schiene zum Ergebnis schieben, die in ihm steckenden Ressourcen voll entfalten, ihn anregen, sein Bestes zu geben, ihn in seinen Stärken stabilisieren und seine Schwächen kaschieren. Führung bringt einen Menschen dahin, wo er alleine nicht ankommen würde. Die Magie der bereichernden Inspiration schafft Höchstleistungen, bei denen sich der Leistungsträger obendrein gut fühlt. – Führung kann zu einem Inferno werden, dessen Flammen den Starken in die Flucht treiben und den Schwachen verheizen. Führung kann zu einer persönlichkeitsvernichtenden Waffe werden. Sie kann Menschen erniedrigen, bedrängen, verunsichern, einschüchtern. Sie kann die Motivation, die in einem Menschen steckt, bis zum Nullwert reduzieren. Sie kann Leistungswillen und Leistungsfähigkeit vernichten. Sie kann Schwächen hervorbringen, die es ohne den bedrängenden Einfluss des Führers nicht geben würde.

Die Frequenz zum Mitarbeiter

Menschenführung setzt ein Bild von dem Menschen voraus, der zu führen ist. Was sind seine Bedürfnisse? Wie sieht er sich selbst? Was bewegt ihn? Wie wollen Sie einen Menschen führen, von dem Sie so gut wie nichts wissen? Wie wollen Sie etwas von einem anderen Menschen wissen, wenn Sie sich nicht in ihn hineinversetzen? Wie wollen Sie sich in ihn hineinversetzen, wenn Sie sich für ihn nicht interessieren? Wie wollen Sie sich für ihn interessieren, wenn Sie ihn nicht hören und sehen? Führen heißt, den anderen da abholen, wo er steht, um ihn dort hinzubringen, wo er hin will oder soll. Wie wollen Sie Ihren Mitarbeiter abholen, wenn Sie nicht wissen, wo? Führung ist nicht eine Frage der *Ich-Stärke*. Führung ist eine Frage der *Du-Sensibilität.*

Ohne vorher eine *Frequenz* zum Mitarbeiter aufgebaut zu haben werden Sie ihn nicht finden können. Vielleicht sagen Sie: Das ist doch selbstverständlich. Gut, dann können Sie eventuell nachfolgend den ein oder anderen Tipp erfahren, der Ihnen und Ihrem Mitarbeiter hilft, den Umgang mit der Selbstverständlichkeit weiter zu optimieren. Bedenken Sie, dass eine deutliche Mehrheit von Mitarbeitern froh wäre, wenn sie von dieser so genannten Selbstverständlichkeit zumindest zum Teil profitieren würde, zum Beispiel dadurch, dass man ihnen wenigstens zuhört und sie sieht. Können Sie ausschließen, dass Sie in gar keinem Falle gemeint sind? – Vielleicht sagen Sie: Schön und gut, aber ich bin Manager, kein Seelsorger. Ich sage Ihnen: Kein Problem, wenn Sie Ihren Mitarbeitern reinen Wein einschenken und offen bekennen, dass Sie sich für sie nicht zuständig fühlen. Denn schließlich sind Sie »Manager«, das muss nichts mit Führung zu tun haben. In dieser Situation können Sie aber im Umkehrschluss auch nicht verlangen, dass man für sie (mit-)arbeitet, was Mitarbeiter im Allgemeinen so tun. Möglicherweise schützen Sie sich hinter dem weit verbreiteten Argument »Ich habe keine Zeit«. In dem Fall antwortete ich Ihnen auf zwei Ebenen: Erstens, es ist nicht die Frage, wie viel Zeit wir haben, sondern wie wir die uns zur Verfügung stehende Zeit effektiv nutzen. Zweitens: Würden Sie Ihre Mitarbeiter intensiver einbinden, hätten Sie vermutlich mehr Zeit. Um sie einzubinden, müssten Sie sie aber zunächst einmal entdecken. Um sie zu entdecken, müssten Sie zuerst einmal (Zeit, Aufmerksamkeit, Konzentration) investieren. Das ganze Business basiert zunächst auf Investment. Ohne Investment kein Ertrag. Also, was ist daran so ungewöhnlich?

> Zeit ist wie Geld. Es ist nicht die Frage, wie viel wir davon haben, sondern wie wir es zukunftsträchtig anlegen. Die Investition von heute ist der Gewinn von morgen.

Thomas Gordon hat in den 80er-Jahren des vergangenen Jahrhunderts *aktives Zuhören* populär gemacht. Davor ist das Phänomen des Zuhörens beziehungsweise der *Sprachverständigung* von vielen Wissenschaftlern untersucht worden, unter anderem von dem Sprachpsychologen Karl Bühler und dem Sprachphysiologen Friedrich Kainz. Sprachverständigung ist dann gegeben, wenn der Empfänger das versteht, was der Sender gemeint hat. Gordon: »Die ganze Kunst des aktiven Zuhörens besteht darin, dass der Empfänger dem Sender die Ergebnisse seiner Dekodierung (Anm.: das, was er verstanden hat) häufig und fortlaufend rückmeldet.« Wenn Gordon sagt: »Aktives Zuhören ist ganz gewiss nicht schwierig«, so hat er hinsichtlich des Begreifens der von ihm vorgestellten Methode sicherlich Recht. Die Kunst des Zuhörens (aktiv oder passiv) besteht allerdings aus weit mehr als dem Verstehen einer Methode. Zuhören wird vor allem durch die Bereitschaft ermöglicht, die Beschäftigung mit dem *Ich* für einen Moment hinter die Beschäftigung mit dem *Du* zu stellen.

Um einen Menschen wahrzunehmen, reicht *Zuhören* allein nicht aus. Zuhören muss durch *Hinsehen* ergänzt werden. Hinsehen ist mehr, als nur Blickkontakt aufnehmen. Hinsehen ist das *innere Einstellen der Blickrichtung* auf den anderen. Hinsehen setzt – wie Zuhören – die Bereitschaft voraus, sich für die Augenblicke dieser Aktivität für den anderen mehr zu interessieren als für sich selbst. In den Auswertungsphasen unserer Persönlichkeitstrainings können wir mit den Teilnehmern gemeinsam die unterschiedlichen Schwierigkeitsgrade der optischen Wahrnehmung verdeutlichen. Wie leicht oder schwer es jemandem fällt, bei einer anderen Person so genau hinzusehen, dass er diese Person anschließend präzise beschreiben kann, hängt mit zwei Faktoren zusammen: a) dem Grad der fokussierten Konzentration auf den anderen, b) dem Willen, sich für den anderen überhaupt zu interessieren. Es fällt der wahrnehmenden Person leicht, wenn sie sich voll und ganz auf den anderen einlässt. Es fällt ihr schwer, wenn sie abgelenkt ist, die Konzentration also gestört wird durch »fremde« Wahrnehmungsreize (Gegenstände, andere Personen, ablenkende Themen im Kopf, allen voran die Verwicklung mit sich selbst ...). Es verdichtet sich eine *Reizüberlastung*, die das Einstellen auf den anderen zur Unmöglichkeit werden lässt.

> Überall gleichzeitig sein zu wollen, heißt, nirgends wirklich zu sein.

Das dritte Stadium zum Aufbau der Frequenz zu einem anderen ist die *Empathie*, die von T. Lipps beschriebene Fähigkeit, in die emotionale Welt eines Individuums eindringen zu können. Dazu gehört ein »Sich-selbst-zurücknehmen-Können im Sinne der Unvoreingenommenheit gegenüber den von einem anderen Individuum ausgehenden Informationen«, wie es Grete Leutz beschreibt. Empathie setzt *Zuhören* und *Hinsehen* als Basis des Einfühlens voraus. Dieses imaginative Einfühlen ist ein Prozess des Hineinversetzens in den anderen und dessen Lebensumstände. Den Vorgang, fühlend in des anderen Rolle zu kommen, beschreibt der amerikanische Sozialpsychologe G. H. Mead als »taking the role of the other«. Mead meint mit dieser Rollenübernahme den Zustand, gefühlsmäßig und imaginativ des anderen Rolle einzunehmen. Moreno beschreibt mit dem – noch einen Schritt weiter gehenden – *Rollentausch* den Vorgang, nicht nur imaginativ, sondern tatsächlich die Rolle des handelnden Gegenüber einnehmen zu können. Das ist die am höchsten vollendete Stufe der Identifikation mit dem anderen, die darin besteht, des anderen Rolle zu spielen, das heißt zu werden wie der andere.

Morenos Vorstellungen von einem *vollständigen Rollentausch* gewinnen zunehmend in der Trainingsarbeit eine Relevanz, zum Beispiel in didaktisch gut angelegten Rollenspielen. Solche Rollenspiele wurden bereits um 1930 von Moreno in die Seminararbeit mit Führungskräften eingeführt, eine Methode, die sich vorwiegend in dem von ihm begründeten Psychodrama entwickelt hat. Aus der Erkenntnis »Jedes echte zweite Mal ist die Befreiung vom ersten« leitet Moreno seinen Ansatz ab, bestehende Probleme aus dem realen Leben in Form der Augenblickskunst so lange zu »spielen«, bis der Hauptdarsteller (der Protagonist) zu neuen Erkenntnissen kommt. Diesen Erkenntnissen liegt entweder eine Katharsis (Heilung vom ursprünglichen Problem) oder eine Peripetie (Wandlung, zum Beispiel dadurch, dass ein altes Problem durch neue Einsicht seine Brisanz verliert) zugrunde. Verschiedene Rollenspieler übernehmen für den Protagonisten eine ganz bestimmte Funktion. Sie versetzten sich so präzise wie möglich in genau die Rolle(n), die der Protagonist braucht, um in seinem Thema voranzukommen (Kollege, Chef, Mitarbeiter, Nachbar, Mutter, Vater, Freund, Feind …).

Dieser innerhalb eines Sensibilitätstrainings durchaus sinnvolle *vollkommene Rollentausch* wird in der einfühlsamen Führungsarbeit durch den *imaginären Rollentausch* ersetzt. Das ist die Fähigkeit, sich in den Mitarbeiter *hineinzudenken*. Wenn Sie in der Lage sind, sich vorzustellen, was Ihr Mitarbeiter empfindet oder was er denkt, wenn er Ihnen gegenübersitzt, während Sie – vielleicht – verbal auf ihn eindreschen, dann würden Sie aller Wahrscheinlichkeit nach andere Sprachmuster verwenden, um Ihr Ziel zu erreichen. Sie wüssten, dass Sie mit einem dogmatischen oder diktatorischen Vorgehen nicht das erreichen, was Sie erreichen wollen. Schade um die Zeit, von der Sie doch so wenig haben. Denn je nach Persönlichkeit des Mitarbeiters sitzt er da, nimmt die (aufgesetzte) Rolle eines »aufmerksamen

Zuhörers« ein, der Sie ernsthaft und betroffen ansieht. Gleichzeit denkt er: »Idiot«. Erreicht haben Sie nichts. Zumindest nichts Gutes. Wenn Sie Pech haben, geht er anschließend zu seinen Kollegen und sagt: »Vorsicht, der ist heute mal wieder nicht gut drauf« oder »Von Führung hat der keine Ahnung«.

Es kann aber auch ganz anders sein: Sie üben zaghafte Kritik, so weich verpackt, dass der Mitarbeiter weder versteht, wen Sie meinen, noch, was Sie überhaupt sagen wollen. Auch diesmal verfehlen Sie Ihr Ziel. Durch babylonische Sprachverwirrung. Vielleicht haben Sie einen Mitarbeiter vor sich, der eine klare Ansage braucht. Das heißt nicht, dass Sie sich wie im vorgenannten Beispiel aufführen. Das heißt nur, Sie müssen es ihm so sagen, dass ankommt, was Sie sagen wollen.

Der *imaginäre Rollentausch* bietet Ihnen eine wesentliche Hilfe, wenn Sie sich auf jemand anderen einstellen wollen. Setzen Sie sich gedanklich auf seinen Stuhl, nehmen Sie gedanklich seine Rolle ein, versuchen Sie zu empfinden, wie er empfindet. *Leading* kommt von *Lead*. Interessant ist, welche Mehrfachbedeutungen mit dem angelsächsischen Begriff »Lead« verbunden sind: unter anderem »Vorsprung«, »wegführen«, »zurückführen«, »hineinführen«, »herausführen«, »herleiten«, »hinführen«, »leiten«, »heranführen«. So können wir sagen, ein Leader hat einen Vorsprung (durch die Rollenidentifikation) dadurch, dass er seltener überrascht wird, er kann sich selbst (an den Mitarbeiter) heranführen, um ihn (von einem unpassenden Thema oder Gedanken) wegzuführen, ihn (in bestimmten Situationen) zur Realität zurückzuführen, ihn in einen Vorgang hineinzuführen oder (aus einer Denksackgasse) herauszuführen. Der Leader kann (aus einem imaginären Rollentausch gewonnene) Erkenntnisse über den Mitarbeiter herleiten, um ihn an neue Aufgaben heranzuführen oder ihn zu einem Thema hinzuführen. Das sind ungeahnte Möglichkeiten, mit denen sich Führung sehr schnell bezahlt macht.

In deutschen Unternehmen ist das Management zur Perfektion herangereift, während Leadershipqualitäten zum raren Gut verkümmern. Unter Geführten haben diese Sätze Konjunktur: »Ich fühle mich nicht gut geführt« – »Ich werde überhaupt nicht geführt« – »Leader? Wo sollen die sein? Ich kenne keinen« – »Die qualifizierten Führer, die ich kenne, kann ich an einer Hand abzählen«.

Wie sollen Führungskräfte führen, wenn der Umfang der nicht delegierbaren Aufgaben immer größer wird und sich gleichzeitig durch Verschlankung der Hierarchien die Anzahl der Direct Reports erhöht? Erst waren es fünf, dann werden es zehn und jetzt sind 30 geplant. Hier werden nicht Kosten gespart. Hier werden durch spartanische Zustände die Kosten hochgejubelt. Allerdings in raffiniert verdeckter Form, sodass nicht einmal das Controlling oder die Revision daran Anstoß nehmen kann. Diese legalisierte Form der Ergebnisminimierung ist von höchster Stelle gewollt oder sogar verordnet. Weil Leadership und Management in einen Topf geworfen werden. Damit werden die Bedeutung von Leadership und vor allem der von qualifizierter Führung ausgehende Multiplikationsfaktor nicht verstanden.

Wenn Sie jemand sind, der Einfluss auf die Zustände hat – ändern Sie die Zustände! Wenn die Zustände so bleiben, wie sie sind, wenn Sie persönlich also keinen Einfluss nehmen können, Ihnen so gut wie keine Zeit zum Führen bleibt … dann ist es umso wichtiger, sich in der verbleibenden Zeit intensivst mit den eigenen Mitarbeitern zu beschäftigen. Man sollte die Realitäten ändern oder sie nehmen, wie sie sind.

Methoden ersetzen nicht die innere Einstellung

Je mehr Sie sich auf Ihren Mitarbeiter einstellen, zum Beispiel mithilfe des imaginären Rollentauschs, desto kurzweiliger und effizienter kommen Sie in Mitarbeitergesprächen zum Ziel. Die knappe Ressource Zeit können Sie so höchstwirksam nutzen. Normalerweise läuft in solchen Gesprächen ein äußerst zeitraubendes Programm ab: Der Chef sagt, was er zu sagen hat. Er sendet eine Fülle von Informationen. Der Mitarbeiter ist im selben Moment bei einem anderen, ihn drängenden Thema und hört nicht zu. Vielleicht wollte er zunächst einen Gedanken oder eine Idee loswerden. Der Chef bemerkt die Kommunikationsstörung (ein vordringliches Thema) seines Mitarbeiters natürlich nicht und spricht weiter. Beide reden miteinander, ohne sich etwas zu sagen. Der Chef wundert sich später, dass der Mitarbeiter nicht umsetzt, was abgesprochen war. Wie sollte er auch, er hat es ja nicht einmal aufgenommen. Auch diese Form des missglückten Gesprächs kostet unnötig Zeit: Der Chef kommuniziert auf der Verstandesebene (»Das muss man rein sachlich sehen«), der Mitarbeiter empfängt auf der emotionalen Ebene (er erlebt Angriff, mangelnde Wertschätzung, fühlt sich infrage gestellt). Was er hört, kann er nicht einordnen, weil er sich auf einer anderen *Frequenz* befindet. In beiden Fällen kann der imaginäre Rollentausch die Kommunikationsentgleisungen verhindern. Er zwingt dazu, sich auf den anderen einzustellen. Die nötige Frequenz entsteht ganz nebenbei.

Der *imaginäre Rollentausch* ist nicht als Methode zu verstehen (wie aktives Zuhören oder Fragenstellen), er basiert einzig und allein auf einer inneren Einstellung. Interessiert Sie der Mitarbeiter? Wollen Sie etwas für ihn tun? Wollen Sie etwas bewirken? – Führung ist überhaupt vorwiegend eine Frage der inneren Einstellung. Wenn die innere Einstellung nicht stimmt, kann dieser Mangel von keiner noch so perfekten Methode übertüncht werden. Es liegt meistens nicht an der Violine, wenn schräge Töne herauskommen. Nicht das Instrument, sondern sein Benutzer spielt die Musik.

Welche grundsätzliche *innere Einstellung* mit Ihrem Führungshandeln verbunden ist, können Sie anhand einiger *Fragen* selbst überprüfen.

Persönlichkeit und Führung

- Warum will ich Führungskraft sein?
- Was sind meine äußeren und inneren Antreiber?
- Inwieweit beeinflusst meine Persönlichkeit mein Führungshandeln?
- Welche Aspekte machen meine Identität aus und wie werde ich diesen gerecht?
- Wo stehe ich in meiner Lebens- und Berufsplanung und wo will ich hin?
- Welche Bedeutung haben Status und Karriere für mich?
- Welche Perspektiven sehe ich hier für mich und wie gehe ich ihnen nach?
- Was bewegt mich dazu, Nähe zuzulassen oder auf Distanz zu gehen?
- Wie gehe ich mit Konflikten (als Betroffener/als Vermittelnder) um?
- Was sind meine zentralen Sorgen/Ängste/Wünsche?
- Was löst Sorgen/Angst in mir aus?
- Wie gehe ich mit meiner Angst um?
- Verbreite ich selbst Angst?
- Wie gehe ich mit eigenen/fremden Gefühlen um?
- Wie zeige ich Gefühle?
- Wann habe ich Mut und wie zeige ich ihn (zum Beispiel bei Entscheidungen, im Auftreten)?
- Welche positiven Vorbilder habe ich und was lerne ich von ihnen?
- Welche negativen Vorbilder habe ich und was sollte ich vermeiden?
- An welchen Aspekten meiner Persönlichkeit will ich arbeiten?
- Wer kann mich in meiner Persönlichkeitsentwicklung unterstützen?

Werte und Normen im Führungshandeln

- Welche Werte habe ich? (An was glaube ich, wovon bin ich überzeugt?)
- Welche Werte haben meine Mitarbeiter?
- Welche Werte hat/erfordert meine Firma?
- In welchem Werteeinklang lebe ich?
- Wie gehe ich mit Wertedissonanzen um?
- Mit welchen Werten kann ich Mitarbeitern ein Vorbild sein?
- Mit welchen Werten sind andere mir Vorbild?
- Welche Normen (Gesetze, Vorschriften, Vorordnungen) leiten mein Führungshandeln oder engen es ein?
- Welche Normen sind veränderbar, welche nicht?
- Welche Normen stützen mein Wertesystem beziehungsweise behindern die Umsetzung meiner Werte?
- Wo muss ich als Führungskraft Normwächter sein?
- Was passiert, wenn ich selbst gegen Normen verstoße?
- Welche Wirkungen haben Sanktionen und wann sind sie unerlässlich?
- Was bedeutet Macht für mich?
- Wo und wie übe ich Macht aus?
- Wie bewerte ich meinen Machteinsatz?
- Wo und wie wird über mich Macht ausgeübt und wie gehe ich damit um?
- Welche Rolle spielt Macht in der Firma?
- In welchem Zusammenhang stehen Macht und Verantwortung, Macht und Schuld?
- Welches Führungshandeln wird in der Firma belohnt (Führungskultur)?
- Was bedeutet für mich Loyalität?
- Wo sind Grenzen meiner Loyalität?
- Welche Loyalität verlange ich anderen ab?
- Welches Menschenbild habe ich?
- Wie drücke ich Wertschätzung aus?
- Was will ich verändern und wie werde ich es tun?

Rollendesign

- Was ist mein Rollenverständnis (zum Beispiel Vorbild, Instruktor, Coach, Mentor, Tutor, Reflektor, Förderer, Konfliktlöser, fordernder Chef …)?
- Welche Rollenerwartung haben meine Mitarbeiter an mich?
- Welche Wechselwirkungen gibt es zwischen Führen und Geführtwerden?
- Wann nehme ich welche Rolle ein und wie gehe ich damit um?
- Welche meiner Mitarbeiter brauchen mich wann in welcher Rolle?
- Welche Rollen verlangt mir die Firma ab?
- Welche Rollen erfordern bestimmte Situationen?
- Wie fülle ich die Rollenerwartungen meiner Mitarbeiter aus?
- Wie fülle ich die Rollenanforderungen meiner Firma/meines Chefs aus?
- Welche Rollen spiele ich, ohne Bezug auf konkrete Erwartungen und Anforderungen?
- Welche Konflikte können aus enttäuschten Rollenerwartungen resultieren?
- Wie gehe ich mit solchen Konflikten um?
- Wie kann ich Mitarbeiter unterstützen und sie stärken?
- Wie kann ich vertrauensvolle Beziehungen herstellen und leben?
- Was will ich tun, um mein Rollenspektrum zu erweitern?
- Wie verhalte ich mich authentisch?

Macht und Einfluss

- Was macht die Unternehmenskultur aus und wie erlebe ich sie in meinem Umfeld?
- Wie lebe ich die Unternehmenskultur?

- Wie präge ich sie?
- Wie setze ich mich für erforderliche Veränderungen ein?
- Welche Kultur lebe ich in meinem Verantwortungsbereich vor?
- Welche Leitlinien formuliere ich für mein eigenes Führungshandeln?
- Wie und mit welcher Hilfe kann ich sie umsetzen?

Kommunikationsverhalten

- Wie kann ich klar kommunizieren?
- Wie kommuniziere ich?
- Welche Botschaften gehen von mir aus?
- Wie überzeugend bin ich?
- Wie gewinne ich andere für mich und meine Ideen?
- Welche meiner Gedanken halte ich zurück?
- Womit verunsichere ich andere?
- Wie kann ich fair konfrontieren (Feedback geben und nehmen)?
- Welche Kommunikationsmittel setze ich wie ein?
- In welchem Maße bin ich dialogfähig?
- Wie nehme ich auf, was andere sagen?
- Wie kommuniziere ich über meine Augen und meinen Gesichtsausdruck?
- Welche Aspekte meines Kommunikationsverhaltens möchte ich verändern und wie?

Selbst- und Fremdwahrnehmung

- Wie erkenne ich Bedürfnisse, Potenziale, Kompetenzen und Reifegrade?
- Wie erkenne ich Strömungen in Gruppen und Systemen?
- Wie stelle ich mich auf andere ein?
- Wie nehme ich Verhalten wahr, wie beschreibe und interpretiere ich es?

- Welche Vorurteile/Stereotype behindern meine Wahrnehmung?
- Wie konzentriert bin ich auf andere, wenn ich mit ihnen zusammen bin?
- Wie bewerte und beurteile ich?
- Was weiß ich darüber, wie mich meine Mitarbeiter sehen?
- Wie objektiv bin ich im Abgleich von Fremd- und Selbstbild?
- Wie lade ich zu offenem Feedback ein?
- Wie gehe ich mit deren Kritik um?
- Wie kann ich meine Selbstwahrnehmung verbessern?
- Was kann und werde ich tun, mit welcher Unterstützung?

Führungsbeziehung

Das sind sehr viele Fragen, zugegeben. Aber es sind ebenso wichtige Fragen. Sie müssen nicht auf jede Frage eine Antwort haben. Es genügt schon, wenn Sie die Bedeutung der Fragen verstehen, das heißt, dass Ihnen die einzelne Frage etwas sagt. Wenn Ihnen das mit über 90 Prozent der Fragen so geht, dann haben Sie durch Ihre innere Einstellung die Kernvoraussetzung für Führungsfähigkeit: Wer sich in angemessener Weise mit sich selbst beschäftigt, kann sich auch mit andern beschäftigen. Wenn Sie weniger als 90 Prozent der Fragen verstehen, werden Ihre Mitarbeiter vermutlich nicht von Ihnen sagen, dass Sie »der« Leader sind. Wenn Sie nur mit weniger als 75 Prozent der Fragen etwas anfangen können, mögen Sie ein hervorragender Manager sein. Zum Leader fehlt Ihnen ein Merkmal: Nur wer einen guten Rapport zu sich selbst aufbaut, wer in der Lage ist zur kritischen Selbstreflexion, nur derjenige kann andere Menschen verstehen und eine Frequenz zu deren Gedanken, Gefühlen und Empfindungen aufbauen. Führung findet jenseits der Sachebene statt. Führung ist eine Frage des Aufbaus einer zwischenmenschlichen Frequenz, die andere empfangen und auf der sie zurücksenden.

Ich kann es nicht oft genug betonen, weil es eines der elementarsten Grundlagen der Führung ist. Mitarbeiter folgen Führern auf der Spur, geben alles, was sie geben können, kämpfen bis zur Verausgabung, geraten ins Schwärmen und vergessen (guten Umgang mit ihnen) nie. Das alles ist an eine Voraussetzung geknüpft: dass die Frequenz stimmt! Dafür zu sorgen kann nicht die Aufgabe der Mitarbeiter sein. Das ist ausschließlich Sache des Leaders! Sie haben schwierige Mitarbeiter? Solche, bei denen dieser Anspruch nicht so leicht umzusetzen ist? Solche, bei denen der Aufbau einer Frequenz ausgeschlossen ist? Sorry. Ich kenne diese so genannten »schwierigen« Mitarbeiter. Das sind genau dieselben, die sich von ihrem Chef nicht verstanden oder gewertschätzt fühlen und deshalb ihre Rolle als Verweigerungstaktiker besser spielen als jede andere. Sie handeln aus Trotz durch Frustration. Wenn Chefs länger als ein Jahr mit ihren Mitarbeitern zusammen sind, dann ist die Ursache nur in einem Ausnahmepunkt nicht auf den Chef zurückzuführen: wenn der Mitarbeiter psychisch krank oder – aus Sicht der psychischen Diagnostik – »verhaltensauffällig« ist.

Imaginärer Rollentausch: Vom Sehen zum Verstehen

Für Christof Biedermann bedeutet Führung, »dass Menschen mit verschiedenen individuellen Lebensgeschichten, mit unterschiedlichen, unter Umständen divergierenden Ansprüchen und einer nicht übereinstimmenden Vorstellung von der Wirklichkeit miteinander in Beziehung treten«. Der Mitarbeiter befindet sich unentwegt im Spannungsfeld zwischen »Autonomie« und »Abhängigkeit«. Biedermann: »In jeder Führungsbeziehung ist die Thematik von Unter- und Überordnung, von Macht und Ohnmacht, von Freiheit und Verantwortung inhärent angelegt. Diese Thematik trifft zentrale Schichten des menschlichen ›Ich‹ und ist verbunden mit unterschiedlichsten Gefühlen.« Führung ist eine »reflektierbare Realität« mit Folgen. Denn, so Biedermann weiter: »Führungsbeziehungen lösen Betroffenheit aus und müssen von den Beteiligten identitätspolitisch ständig verarbeitet werden. Das Problem des Suchens, Definierens und Durchhaltens der eigenen Identität stellt sich in Führungsbeziehungen in größerem Ausmaß als in anderen Lebensbereichen.«

Wenn Sie vermeiden wollen, dass Ihr Mitarbeiter permanent durch den Kampf zwischen Selbsterhalt und Aufgabe der eigenen Identität von der eigentlichen Leistung abgehalten wird, haben Sie keine andere Wahl, als sich in ihn hineinzudenken. Sie müssen verstehen, was in ihm vorgeht, wenn er sich im Spannungsaufbau zu Ihnen – seinem Chef – erlebt. Wenn ein Chef von »wir« spricht und dabei die Beziehung zwischen ihm und einem Mitarbeiter meint, dann ist das noch lange nicht dasselbe, als wenn derselbe Mitarbeiter von »wir« spricht. Während aus der Sicht des Chefs die Welt in Ordnung sein mag, steht der Mitarbeiter kurz vor der inneren Trennung von ihm beziehungsweise der Herauslösung aus der seine Identität gefährdenden Abhängigkeit.

> Identifikation ist die Fähigkeit, sich über das Ich hinaus auch noch andere Ichs vorstellen zu können.

Die zentrale Frage eines jeden Mitarbeiters lautet: Wer bin ich in den Augen meines Chefs? Damit verbunden ist die Sehnsucht nach *Wertschätzung*, was sprachlich seziert heißt: »Mein Chef soll meinen Wert (den ich für ihn habe) sehen, einschätzen und mich darüber informieren.« Das Ganze baut auf dem Grundgesetz der Subjektivität auf. Die Wertschätzung wird einerseits subjektiv erlebt. »Mein Chef sagt mir, wie er mich sieht.« Die Wertschätzung wird aber ebenso subjektiv abgegeben. »Ich sage meinem Mitarbeiter, wie ich ihn sehe.« Damit kommt die Spannung der Führungsbeziehung in eine gegenseitige *positive Schwingung*. Je höher das – ebenfalls subjektiv erlebte – Ansehen des Chefs, umso größer das Verlangen nach seiner Wertschätzung. Diese Wertschätzung muss nicht unbedingt auf Lob und Komplimenten aufbauen. Im Gegenteil: Sie kann darin bestehen, dass der Chef sagt, was ihm am Mitarbeiter nicht gefällt. In Abhängigkeit vom Grad des Selbstanspruchs wiegt die *negative Wertschätzung* (»Wenn Sie in meiner Gunst stehen wollen, dann müssen Sie … verändern«) gelegentlich sogar höher als die positive (»Sie sind okay«). Die *positive Wertschätzung* lässt den Mitarbeiter unter Umständen in der Unsicherheit, dass der Chef sich nicht ausreichend um ihn kümmert, dass er sich nicht die Zeit nimmt für Optimierungsarbeiten.

Selbstbewusste Mitarbeiter wollen herausgefordert werden. Sie langweilen sich mit Chefs, die immerzu nur das bestätigen, was sie über sich selbst schon wissen. Verunsicherte Mitarbeiter brauchen dagegen die helfende Hand durch positive Strokes, die ihnen Bestätigung für das bisher erbrachte und Aufwind für den nächsten Höhenschritt sind. Mitarbeiter sind schnell bereit, sich mit einem Chef zu identifizieren, der sich ihrer annimmt. Sie erkennen auf der Folie ihres Drangs nach Selbstverwirklichung die Chancen durch solche Chefs, die sie entweder aus einem Loch oder auf den höchsten Gipfel führen. Für solche Chefs gehen sie durchs Feuer. Erst kürzlich hatte ich in meinem Seminar »Zentrum Persönlichkeit« einen 30-jährigen Betriebsleiter, der sich für seinen Chef aufgab und bis an die Grenze der Scheidung seine Familie vernachlässigte. Er war diesem Chef weit mehr verbunden als seinem Vater, seiner Mutter und seiner Frau. Als Grund gab er an: »Mein Chef hat das aus mir gemacht, was ich heute bin. Da kann ich ihn nicht enttäuschen und weniger Einsatz zeigen.« Dieser junge Mann war zu Beginn des Seminars sogar völlig blockiert, mit seinem Chef offen über seine Not zu sprechen: »Das kann ich ihm nicht antun.« Einen Firmenwechsel schloss er mit denselben Argumenten aus. Um eventuell auftretenden Missverständnissen vorzubeugen: Der Chef war selbst Angestellter der Firma und in keiner Weise verwandt.

Welchen Wert ein Chef in den Augen seiner Mitarbeiter hat, hängt von drei Faktoren ab: »Stellung in der Firma«, »Führungsaufmerksamkeit« und »Erfolg seiner Aktionen«. Den ersten Punkt können Sie als Chef nicht unmittelbar beeinflussen. Sie sind nun mal Gruppenleiter, Bereichsleiter oder Vorstand. Das ist eine gegebene Situation. Je höher Sie in der Hierarchie stehen, umso leichter nimmt der Mitarbeiter von Ihnen die *Führung aus dem Amt* an. Den zweiten und dritten Faktor bestimmen allein Sie als Führungskraft. Das ist die *Führung aus der Person*. Interessant dabei ist der enge Zusammenhang zwischen *Führungsaufmerksamkeit* und dem *Aktionserfolg*.

> Mit einem Mitarbeiter machen Sie am leichtesten Punkte, wenn Sie ihn in den Mittelpunkt stellen. Wenn er erst einmal da steht, dann dürfte es keine Schwierigkeiten bereiten, ihn von jedem Ihrer Standpunkte aus jederzeit im Blick zu haben.

Je aufmerksamer sich Ihre Mitarbeiter von Ihnen geführt fühlen, desto interessierter sind sie an Ihrem persönlichen Erfolg, für den sie sich so gut es geht einsetzen. Manche Mitarbeiter – wie zum Beispiel der junge Betriebsleiter – geben dafür alles, was sie geben können. Die richtige Reihenfolge in der Verflechtung beider Faktoren (erst Führungsaufmerksamkeit, dann Aktionserfolg) wird von vielen Chefs glatt auf den Kopf gestellt und damit in fataler Weise fehleingeschätzt. Sie denken: »Wenn ich erst einmal mit meinen Aktionen erfolgreich bin, kann ich mir die Zeit und Aufmerksamkeit für meine Mitarbeiter nehmen.« Diese Einstellung ist ähnlich gefährlich wie das Reinigen einer Waffe mit auf den eigenen Körper gerichtetem Lauf. Der durch Erfolgshetze abgelenkte Chef verärgert und enttäuscht seine Mitarbeiter, die sich allein gelassen, übersehen oder im Weg stehend fühlen, eine besondere Form von Verwahrlosung. Verwahrloste reagieren ähnlich wie Unterdrückte. Sie arbeiten mit allen Mitteln und Kräften gegen das, was vom Chef kommt. In diesem Punkt entwickeln sie eine unternehmerische Agilität, die den Beobachter staunen lässt über die Reserven im Notlaufprogramm, die ein einzelner Mensch mobilisieren kann. Chefs, die ein derartiges Durcheinander anrichten, beklagen oft die mangelnde Energie und Leistungskraft ihrer Mitarbeiter. Dabei müssten sie diese nur erkennen, nichts weiter, und dann in die richtigen Bahnen lenken.

> Eine große Persönlichkeit spielt viele große Rollen, um den Erwartungen anderer gerecht zu werden. Eine gespielte Persönlichkeit kennt nur eine einzige Rolle, mit der sie andere klein zu machen versucht.

Der einzige Ausweg aus dieser Sackgasse führt über die – teils mühsamen – Stufen des Sehens und Verstehens. Das ist der *imaginäre Rollentausch*, die Fähigkeit und Bereitschaft, für einen Moment einfühlend des anderen Rolle einzunehmen. Nur aus dieser Position lässt sich Betroffenheit oder Zufriedenheit, Überforderung oder Leistungsleidenschaft, Frustration oder Motivation *verstehen.*

Ich will das an einem Mitschnitt aus einem Originalgespräch aufzeigen. Thema des Gesprächs zwischen einem Mitarbeiter und einem Projektleiter: Der Mitarbeiter wird nicht fertig mit seiner Arbeit, er zieht eher unwichtige Arbeiten vor.

Projektleiter

»Ich schieb da schon seit längerem ein Thema vor mir her. Es betrifft dich und es ist gerade jetzt wieder vorgekommen. Deshalb möchte ich es jetzt ansprechen, weil es mittlerweile den Projektfortschritt behindert und ich möchte, dass wir zusammen eine Lösung finden, dass das Problem aus der Welt geschafft wird, und dazu möchte ich eine Vereinbarung treffen. Du kennst die Situation: du bist der älteste und erfahrenste Entwicklungsingenieur in dem Projekt und das bedeutet zwei Dinge für mich: a) Ich habe einen Haufen junge, unerfahrene Ingenieure, die ich betreuen muss und die viel mehr Aufmerksamkeit und Betreuungsaufwand brauchen. Deshalb möchte ich bei dir keine Baustelle offen haben, dir vertrauen können und wissen: Da läuft's. Und b) hast du für die natürlich eine Vorbildfunktion, die schauen, wie macht denn der das. Also muss das bei dir einfach super laufen. Vom Fachlichen her, von der Qualität des Ergebnisses. Aber, was jetzt schon wieder aufgetreten ist, zum wiederholten Mal: Du hältst die vereinbarten Termine nicht ein. Kannst du das nachvollziehen, dass das ein Problem ist?«

(Der Projektleiter kommt nur zögerlich auf den Punkt. Der lange Monolog ist zeitraubend und verkörpert die Rolle eines unsicheren Chefs, der aber zugleich ein angreifender ist. Der Projektleiter hätte besser einleiten können: »Du hältst vereinbarte Termine nicht ein. Dabei möchte ich gerade dich als Vorbild für die jungen Ingenieure sehen. Fachlich und hinsichtlich deiner Arbeitsqualität bist du Vorbild. Aber bei den Terminen? Was ist das Problem für die mehrfachen Terminüberschreitungen?«)

Mitarbeiter

»Das ist Fakt, das ist klar. Aber das liegt ja an verschiedenen Dingen, für die ich nichts kann.«

(Der Mitarbeiter weist ab, versteckt sich hinter Schutzerklärungen. Warum wohl?)

Projektleiter

»Das ist klar.«

(Was ist – dem Projektleiter – »klar«? Noch ist gar nichts klar. Der Projektleiter müsste erkennen – *imaginärer*

Rollentausch –, dass sich der Mitarbeiter angegriffen fühlt. Angriff produziert Schutzverhalten, eine normale menschliche Reaktion. Besser: »Lass uns darüber reden, was du von dir aus tun kannst, um die Einhaltung von Terminen sicherzustellen.«)

Mitarbeiter

»Ich denke, meine Arbeit ist gut. (Projektleiter nickt.) Und ich will, dass es auch weiterhin so bleibt. Und wenn ich jetzt anfange zu hudeln, dann kann ich das einfach nicht verantworten. Ich möchte weiterhin gute Arbeit abliefern. Und wenn dann halt der Computer abstürzt, Excel nicht richtig funktioniert, du weißt ja, was das mit den Microsoft-Programmen für ein Problem ist, die sind ja alle unausgegoren. Da ruf ich dann Herrn Bauer an, und da geht keiner ans Telefon. Dann versuche ich halt mir selbst zu helfen, so gut ich kann. Ich will ja auch die Termine halten und das braucht dann eben mehr Zeit. Manchmal kommt man da auch nicht richtig weiter. Aber ich will qualitativ gute Arbeit abliefern und da habe ich ja gar keine Wahl, da muss ich es dann halt richtig machen und das braucht dann seine Zeit.«

(Der Mitarbeiter beschreibt recht konkret, was ihn hindert, Termine pünktlich einzuhalten. Durch *imaginären Rollentausch* – ich an seiner Stelle – wird dem Projektleiter deutlich, ob der Mitarbeiter Chancen hat, das Problem zu beseitigen, und welche er davon wie nutzt.)

Projektleiter

»Ich finde es schon mal echt super, dass wir dasselbe Ziel haben. Du möchtest eine gute Arbeit machen, ich möchte, dass du eine gute Arbeit machst.«

(Hier hat der Projektleiter verstanden, vorausgesetzt, es ist nicht eine von den in Führungsseminaren zu lernenden rhetorischen Floskeln.)

Mitarbeiter

»Ich glaube, ich habe auch bisher eine gute Arbeit gemacht.«

(Der Mitarbeiter scheint sich angegriffen oder in Frage gestellt zu fühlen. Er geht in die Rechtsfertigung. – Es ist für den Projektleiter wichtig, dass er die Rolle »der Rechtfertigende« versteht, die der Mitarbeiter einnimmt, obwohl er, der Projektleiter, eigentlich ein Kompliment aussprechen wollte. Kommunikation ist eben niemals, was gesendet wird, sondern immer nur, was ankommt.)

Projektleiter

»Ja, das habe ich ja vorher bestätigt. Jetzt können wir doch schauen, wie das noch besser wird, indem du ein Zeitziel erreichst.«

(Er hört zu. So konnte er heraushören, dass die positiv gemeinte Botschaft beim Mitarbeiter anders angekommen ist. Durch *imaginären Rollentausch* hätte der Projektleiter noch mehr erkennen können: Zum Beispiel, dass der Mitarbeiter sich nicht verstanden fühlt. Er ist immer noch in der Rolle, sich rechtfertigen zu müssen.)

Mitarbeiter

»Ich kann doch nichts dafür, wenn die Zeitziele falsch eingestellt sind.«

(Der Mitarbeiter ist weiterhin in der Selbstschutzrolle. Er ist stets auf der Hut vor Ansehensverlusten gegenüber dem Projektleiter, der bisher noch nicht klar formuliert hat, was er wirklich will.)

Projektleiter

»Die Zeitziele, das weißt du auch, machen nicht wir selbst, sondern unser Kunde. Jetzt können wir nur schauen, dass wir die verbleibende Zeit so effektiv nutzen, das sie ausreicht. Da hätte ich gern mit dir darüber gesprochen, was man da machen kann. Zum Beispiel von der Priorität der Arbeit. Bist du der Meinung, dass du immer die Prioritäten in der vereinbarten Weise abarbeitest?«

(Der Projektleiter ist nicht beim Mitarbeiter, sondern in seinem Programm. Andernfalls hätte er identifizieren können, dass Vorstöße in eine solche Richtung als weiterer Angriff verstanden und dementsprechend abgewiesen werden. Erkenntnis durch *imaginären Rollentausch*: Der Mitarbeiter braucht Hilfe, nicht Konfrontation!)

Mitarbeiter

»Ja, selbstverständlich. Da halte ich mich ganz genau daran.«

(Was sonst hätte dieser Mitarbeiter in dieser Situation antworten sollen?)

Projektleiter

»Wir hatten aber in unserer Vereinbarung beschlossen, dass zuerst die Temperatur gemessen wird und die Volumenströme zuletzt. Gestern hast du die Volumenströme als Erstes gemessen.«

(Neuer Angriff, neue Verteidigung. Das eingenommene Rollenkonzept beider ist simpel: »der Angreifer«, »der Rechtfertigende«. Das ist nicht zielführend. Es ist überhaupt nicht »führend«. Der Projektleiter trägt die Verantwortung für die Gesprächsführung. Nur er kann aus diesem Dilemma beziehungsweise Kommunikationspingpong den Ausweg bahnen. Das ist Leadership-Challenge.)

Mitarbeiter

»Du weißt ja, dass ich gestern dazugekommen bin, als du dich mit dem Franz unterhalten hast. Der hat gesagt, dass die Volumenströme das Wichtigste sind. Und dann dachte ich, ich denke mit und messe zuerst die Volumenströme. Wenn ihr euch darüber unterhaltet, denke ich, dass das schon fundiert ist.«

(Das Gespräch kommt nicht voran.)

Projektleiter

»Wenn wir aber eine Vereinbarung haben, dann wird die nur dann aufgehoben, wenn wir dieses konkret ansprechen und nicht wenn du ein Gespräch mithörst und du daraus schließt, dass sich die Prioritäten geändert haben.«

(Der Projektleiter ist bei sich, nicht beim Mitarbeiter. Das kostet Zeit, schafft Frust – der zusätzliche Zeit kostet –, macht dem Projektleiter Stress – weil er selbst spürt, dass er mit dem Mitarbeiter nicht vorankommt – und kostet *Zugkraft der Führung*. Der Mitarbeiter erlebt, wie der Projektleiter stoisch seine Themen durchzupauken versucht, die mit immer neuen Angriffen verbunden sind. Der Mitarbeiter richtet sich auf Abwehr ein und ist dabei lernfähig. Ihm fallen immer neue Argumente – oder Ausreden? – ein, um sich zu schützen. Während der Projektleiter bei sich ist, ist es der Mitarbeiter ganz und gar nicht. Das sollte er aber! Genau darum geht es. Der Mitarbeiter soll sich damit auseinander setzen, was er tun kann oder muss, um zukünftig Termine einzuhalten und Vorbild für Jungingenieure zu sein. Zu dieser Beschäftigung mit dem Ich muss ihn der Projektleiter führen.)

Mitarbeiter

»Ich habe halt geglaubt, der Franz weiß genauso gut wie du, was da jetzt wichtig ist.«

(Goethes Wort wird hier am praktischen Beispiel exemplarisch erlebbar: »Getretener Quark wird breit, nicht stark.« Oder: Die Stunde der kreativen Ausreden.)

Projektleiter

»Aber er hat mit dir keine Vereinbarung getroffen. Die haben wir beide getroffen und nur ich kann diese auch zurücknehmen. Es ist mir wichtig, dass wir das in Zukunft so machen. Okay?«

(Wenn Chefs die Führung entgleitet, werden sie autoritär.)

Mitarbeiter

»Ja, okay.«

(Wenn Mitarbeiter lustlos werden, machen sie Zugeständnisse, um für den Moment Frieden zu haben.)

Projektleiter

»Gut, dann bleiben wir dabei, wenn du die Abarbeitung änderst, nur nach Rücksprache mit mir. Können wir das so machen?«

(Was hat das noch mit dem ursprünglichen Thema zu tun?)

Mitarbeiter

»Ich werde weiterhin die Prioritäten klar einhalten.«

(Das Prinzip des Mitarbeiters: Einen bissigen Hund sollte man mit einer Wurst ablenken.)

Projektleiter

»Weiterhin nicht, du wirst sie in Zukunft einhalten. Das ist ein Unterschied!«

(Der Projektleiter hat seinen Sieg, auf Kosten des Ergebnisses. Ändern wird sich nichts, das lässt sich auch ohne Blick in die Kugel, Karten oder Handlinien vorhersagen.)

»Du hast noch ein anderes Thema angesprochen, und zwar, dass die Arbeit mit Excel problematisch ist, dass du dafür sehr viel Zeit brauchst.«

(Der Projektleiter hat auf der Verstandesebene die anfänglichen Themen behalten. Das spricht für seine Gesprächsaufmerksamkeit. Ihm ist der Kommunikationsprozess jedoch völlig entglitten.)

Mitarbeiter

»Es ist halt ein schlechtes Programm, du weißt doch selbst, wie oft das Programm abstürzt.«
(Jetzt wird eine neue Platte aufgelegt, der Song bleibt derselbe: Angriff, Verteidigung.)

Projektleiter

»Deine Ergebnisse sind sehr gut vorbereitet. Ich denke, man muss einen Unterschied machen zwischen einer Präsentation vor Kunden und einer Entscheidungsgrundlage für interne technische Zwecke. Die braucht nicht so massiv vorbereitet sein und nicht farblich aufbereitet mit einem Diagramm, für das du fünf Stunden gebraucht hast. Da reicht ein einfaches Diagramm, wo die Fakten klar dargestellt sind.«

(Das Thema »Zeit« kommt, wenn auch als dilettantische Aufgabenverordnung, zurück. Das Gespräch war ursprünglich anders angelegt: Einsicht des Mitarbeiters in ein anderes Verhalten, das dem Betrieb, mit Zeiteffizienz und Termineinhaltung, und dem Mitarbeiter, mit seiner vorbildhaften Rolle gegenüber Jüngeren, Vorteile verschafft.)

Mitarbeiter

»Gestern war Herr Renner bei mir mit einem acht Monate alten Diagramm. Da wusste keiner mehr, was gemessen worden ist, weil es nicht ordentlich eingetragen wurde. Was soll ich denn weglassen?«

(Jetzt spielt der Mitarbeiter mit seinem Projektleiter das Ratespiel: Wer kennt den besten Rat in ausweglosen Situationen?)

Projektleiter

»Das, was nicht notwendig ist.«

(Der Projektleiter als Sachbearbeiter. Oder: Der scheiternde Versuch der Führung aus der Froschperspektive.)

Mitarbeiter

»Bei mir weiß man noch nach zwölf Monaten, was ich gemessen habe. Da hat noch keiner nachgefragt. Ich finde, ich mach das schon richtig. Wenn ich jetzt anfangen soll zu schlampern, dann musst du mir schon genauer sagen, wo ich schlampern soll.«

(Kopierarbeit in Sachen Angriff. Oder: Wie man als Mitarbeiter lernt, Vorwürfe zu adressieren.)

Projektleiter

»Ich mach dir mal einen Vorschlag: Du brauchst das nächste Mal keine fünf Stunden mehr für ein Diagramm. Mach mal eins von einer Stunde, eine Minimallösung, mit der du noch leben kannst, und dann zeigst du mir das mal.«

(Ein »Vorschlag« ist ein Schlag wie mit einem Vorschlaghammer. Wenn er trifft, dann schwächt er.)

Mitarbeiter

»Phh … eine Stunde? Damit kann ich nicht leben. Sonst würde ich ja schon nach einer Stunde kommen. Ich bemühe mich, so schnell wie möglich zu sein, das ist ja klar, und ich mache es gut und ich will es ja weiterhin gut machen. Wenn ich Vorbild für die Jungen bin, will ich nicht anfangen zu schlampern.«

(Wie schlage ich meinen Projektleiter mit seinen eigenen Argumenten?)

Projektleiter

»Auch Vorbild in der Termineinhaltung. Das bleibt nach wie vor stehen, du bringst nur die Hälfte zum »Sehr gut«. Die andere Hälfte ist eben noch nicht in Ordnung. Und ich möchte, dass du dahin kommst. Ein Vorschlag ist, Diagramme wirklich zu unterscheiden, und ich möchte das jetzt auch nicht vertiefen. Das ist jetzt eine Aufgabe für dich. Ich möchte, dass du in unserem nächsten Gespräch einfach mal ein Beispiel mitbringst: Wie kann ich mit einfachen Mitteln, die deutlich weniger Zeit brauchen, die Ergebnisse genau so darstellen? Du bekommst eine hohe Zeit dafür, da kann man sich eine Menge überlegen, und das erwarte ich von dir.«

(Wenn es Politikern die Sprache verschlägt, dann stehen sie auf und halten eine Rede. Wenn Chefs in dieselbe Situation kommen, dann bäumen sie sich auf und reden den Mitarbeiter zu Boden.)

Mitarbeiter

»Das wäre ja so, als wenn du von mir erwartest, dass ich mit dem Auto von München nach Hamburg plötzlich nur noch drei Stunden benötige, wo ich sonst sechs fahre. Das ist ja widersinnig.«

(Der Mitarbeiter hat Courage. Andere Mitarbeiter knicken ein. Das Ergebnis ist aber dasselbe: keines.)

Projektleiter

»Nein, das ist nicht widersinnig. Keiner schafft es in drei Stunden von München nach Hamburg. Aber in einer Stunde kann man schon ein Diagramm machen. Das ist kein korrekter Vergleich.«

(Trotz wird mit Trotz beantwortet. Dabei würde der *imaginäre Rollentausch* schon viel früher erkennen lassen, dass den Mitarbeiter in Wirklichkeit etwas anderes bewegt: Er will, weiß aber nicht wie.)

Mitarbeiter

»Ich habe dir aber gesagt, was dann dabei herauskommt. Es fehlen alle wichtigen Angaben, keiner weiß nach einem halben Jahr, was gemessen wurde, und die Hälfte der Arbeit war umsonst.«

(Die hohe Kunst von Mitarbeitern, sich aus der Verantwortung zu stehlen, wenn man ...)

Projektleiter

»Jetzt machen wir es einfach mal so. Probier es mal.«

(... dazu den geeigneten Chef hat.)

Mitarbeiter

»Wenn du das so willst. Wir werden dann schon sehen.«

(Außer Spesen nix gewesen. – Selbst jetzt, am Ende des Schlagabtauschs, könnte sich der Projektleiter in den Mitarbeiter hineinversetzen. Was würde er erkennen, wenn er es denn sehen will? Dass nicht er, sondern der Mitarbeiter das Spiel gewonnen hat. Das Spiel heißt: Meine Forderung – deine Forderung; mein Standpunkt – dein Standpunkt; ich friere mich ein – du frierst dich ein; du forderst, was ich nicht will – ich mache nicht, was du willst.)

Bei imaginärem Rollentausch stellen sich andere Fragen, zum Beispiel: »In welcher Situation bin ich als Mitarbeiter?«, »Was bewegt mich in dieser Situation?«, »Was ist mein Bedürfnis?«, »Was ist mein Selbstbild?«, »Was mein Selbstverständnis?«, »Wie kann mir der Projektleiter helfen?«, »Was brauche ich von ihm an Unterstützung, Tipps, Coaching ..., um erfolgreich zu sein?«, »Welchen Reifegrad an Selbstständigkeit habe ich, wie komme ich mir dieser Aufgabe oder diesem Ziel zurecht?«

Wir würden in Firmen täglich viel Zeit und Geld sparen, wenn alle Chefs sich in allen Gesprächen auf alle ihre Mitarbeiter einstellen würden. Die Realität sieht anders aus. Jeder ist sich selbst der Nächste. Jeder will jeweils auf den anderen einreden. Das ist etwas vollkommen anderes, als auf jemand anderen *einzugehen*. Jeder kämpft und seine Argumente. Wer kämpft eigentlich um Verstehen und Verstandenwerden? Dass dieser Kampf der verbalen Schlagabtausche zwischen Gleichgestellten gang und gäbe ist, lässt sich ja noch irgendwie nachvollziehen. Aber zwischen Chefs und Mitarbeitern? Wo bleibt da die (Gesprächs-)Führung? Unsere Kommunikation ist voll von solchen Störungen. Jeder möchte unbedingt und jetzt loswerden, was er zu sagen hat.

Ruth C. Cohn, die Begründerin der TZI (Themenzentrierte Interaktion), hat einmal gesagt: »Störungen haben Vorrang. Die fragen nicht nach Erlaubnis.« Störungen in der Kommunikation wollen beseitigt werden. Das zu tun ist Aufgabe des Führenden. Wenn er es denn will! Wenn er es aber nicht will, kann er auch nicht führen.

Vielen Chefs wird nachgesagt, dass sie in Mitarbeitergesprächen

- abgelenkt sind, sich von außen stören lassen, selbst Störungen verursachen durch Spielen mit Gegenständen oder gleichzeitiges Sichten von Dokumenten;
- etwas ansprechen, das der Mitarbeiter bereits gesagt hat, oder sich anschließend nicht an besprochene Inhalte erinnern können;
- Fragen stellen, die nicht zum Thema passen oder keine wirkliche Frage sind, indem sie die eigene Meinung monologisieren;
- keine Zielrichtung des Gesprächs erkennen lassen und selbst dafür sorgen, dass Zeit vergeudet wird durch Wiederholungen, dass sie Nebenthemen strapazieren oder in Small Talk verfallen;
- sich nicht wirklich dafür interessieren, was der Mitarbeiter denkt und empfindet.

Ein Gespräch mit dem Mitarbeiter, das wirklich etwas bewirkt, kennzeichnet sich durch

- *Aufmerksamkeit* (alle Konzentration richtet sich auf den Mitarbeiter),
- *strukturiertes Zuhören* (aufnehmen, was der Mitarbeiter sagt und meint),
- *passende Fragen* (um die Tiefe des Gesprächs zu lenken),
- *Kompaktheit* (das Wesentliche besprechen und den Zeitfaktor im Auge haben).

Das alles ist bekannt. Es steht in einschlägigen Fachbüchern, wird in Seminaren gelehrt, ist im Internet nachzulesen und wird vor allem von den Führungskräften selbst betont. Dennoch: Es wird nicht gelebt.

Einen Ausweg sehe ich im inneren Zwang zum *imaginären Rollentausch*. Wenn Sie sich in Gesprächen mit einem Mitarbeiter dessen derzeitige Rolle vorstellen, aus der er gerade im Moment agiert oder reagiert, dann können Sie gar nicht anders, als sich voll und ganz auf ihn einzustellen. So wird *Aufmerksamkeit* zu etwas Selbstverständlichem, *strukturiertes Zuhören* zum Schlüsselfaktor für Rollenidentifikation, *passende Fragen* werden zum Mittel der effektiven Gesprächsgestaltung und *Kompaktheit* ist ein Nebeneffekt, der sich beinahe von selbst einstellt.

Führung ist die Statik der Leistungsentfaltung

Es gibt Autoren, die darüber philosophieren, ob man Führen lernen kann oder nicht. Die Frage eignet sich allenfalls für einen akademischen Tanzabend, besonders wenn der geladene Fachreferent ausbleibt. Ebenso gut könnte man die Frage stellen, ob man Sehen lernen kann. Man kann. Allerdings wird in Sehschulen das Auge trainiert, nicht der Umgang mit Brille oder Kontaktlinsen. In einer Sehschule geht es um die Schärfung der Sehfähigkeit ohne Hilfsmittel. In den einschlägigen Führungsschulen läuft das anders. Dort scheinen die Techniken und Instrumente im Vordergrund zu stehen. Damit wird kein Blick geschärft. Techniken bieten sich eher als Ausgleich für eine Behinderung an, aber nicht zur Konditionierung des eigentlichen Vermögens (Sehen hier, Führen dort). Und so sehen die Ergebnisse der als Führungstraining verkauften Managementschulungen auch aus: Die Absolventen wissen alles über Planung, Controlling, Zielvereinbarungsprozedere, Beurteilungsverfahren, Zeitmanagement und was sonst so gerade in ist. Wir könnten auch sagen, die Sehschule ist damit erfolgreich beendet, dass die Teilnehmer Brillen putzen, Kontaktlinsen in Lösungen legen und unterscheiden können, für welche Lichtverhältnisse welche Glastönung am besten geeignet ist.

Leadership heißt: klare Botschaften senden, hohe Wertschätzung zeigen, fordern bis an die Grenzen, fördern jenseits der Grenzen.
Managen ist: analysieren, Verknüpfungen herstellen, Strategien aus Erkenntnissen ableiten.

Die Managementschulen sind in Deutschland auf einem guten Weg, soweit sie Managementinstrumente ankündigen und den Umgang mit solchen Instrumenten lehren. Die Führungsschulen haben sich noch nicht auf den Weg gemacht oder irren auf Abwegen herum. Denn am anderen Ende der unüberschaubar überfüllten Angebotspalette für Hilfe suchende Führungskräfte stehen die Psychotrips. Da verheizen pfiffige Anbieter Psychotherapieverfahren in Führungstrainings, die sie teilweise selbst nicht begriffen haben. Da werden Adler, Freud, Jung und andere bemüht, um die Teilnehmer in die Tiefe ihres Ichs eintauchen zu lassen, wo doch eigentlich der so genannte Trainer in die Tiefen seines nebulösen Ichs steigen sollte. NLP wird zur Führungstechnik verbogen, ernst zu nehmende Therapieverfahren werden zur Präsentationsreife für Führung umgeschminkt, skurrile Outdoorwagnisse mit Menschenführung in Betrieben zu koppeln versucht, Handzettel für Mitarbeitertypologisierungen verteilt, psychologisierte Aufstellungen als Heilmittel zur Lösung von Problemen in Organisationen und Teams angepriesen.

Führungstraining als Heilbehandlung? Der Trainer und Coach mit Kassenzulassung? Als Psychotherapeut mit einer siebenjährigen Vollausbildung kann ich da nur den Kopf schütteln. Auf die Idee, meine Seminarteilnehmer wie Patienten zu behandeln, bin ich nie gekommen. Haben solche Anbieter die Adressaten verwechselt? Haben sie den Fundus der von ihnen angewendeten Verfahren nicht richtig verstanden? Versuchen diese Trainer, den Teilnehmern ihre eigenen Schwierigkeiten einzureden, damit sie zukünftig nicht mehr so allein sind mit ihren Problemen? Oder ist es nur eine Masche, mit immer raffinierteren Ködern jeden

Fisch in die Pfanne zu hauen? Aber es gibt für alles ein Publikum, ob man's nun glauben mag oder nicht.

Als Psychologe kenne ich auch keine »psychologische Führung«, weil ich als Betriebwirtschaftler auch keine »betriebswirtschaftliche Führung« kenne. Wenn doch, dann müsste es auch eine »technische Führung« geben, die von Ingenieuren ausgeht. Die Spitze des Blödsinns wäre dann die »juristische Führung«, für die sich die Juristen ihren Schulungsmarkt erobern. Marianne Vollmer beschreibt in »Training in Leadership«: »Führung heißt, einen Menschen auf einen Weg zu bringen, den er ohne den Einfluss der Führungskraft nicht beschritten hätte.« Demzufolge gibt es nur eine *menschliche* und eine *unmenschliche* Führung im Bemühen, jemanden auf den Weg zu bringen oder auf dem richtigen zu halten.

Führung beginnt mit der Wertschätzung des Individuums

Als Führender haben Sie immer zu unterscheiden, ob ein Mitarbeiter

- perfekt (er will und kann in höchstem Maße),
- brauchbar (er ist gut, aber nicht perfekt),
- ungeeignet (er kann und/oder will nicht)

ist.

Als Führender müssen Sie sich entscheiden, wie Sie dem

- Perfekten,
- Brauchbaren,
- Ungeeigneten

begegnen wollen. Sie können – und müssen – immer Einfluss nehmen, wenn Sie die Stimmgabel nicht aus der Hand geben wollen. Was wollen/können Sie dem Perfekten bieten, damit er perfekt bleibt? Wie wollen/können Sie auf den Brauchbaren Einfluss nehmen, damit er perfekt wird? Was wollen/können Sie mit dem Ungeeigneten tun?

Den Perfekten zu führen ist nicht unbedingt das Einfachste. Manche Führungskräfte lassen solche Mitarbeiter in Ruhe. Andere arbeiten daran, einen solchen Mitarbeiter klein zu machen oder zu halten. Führung ist das nicht. Die hohe Kunst der Führung besteht darin, neidlos mit ihm seine Erfolge feiern zu können, ihn in das Rampenlicht zu stellen und einen Teil der Gage abzuschöpfen. Dabei muss man auch manchmal in Kauf nehmen, dass ein solcher Mitarbeiter an einem vorbeimarschiert, vielleicht sogar eines Tages der Chef wird. Aber wirkliche Stars kann man der Öffentlichkeit nicht dadurch vorenthalten, dass man sie in ein Kellerloch sperrt. Sie machen auch von hieraus durch ihren reinen Klang der Stimme auf sich aufmerksam. Früher oder später. Da ist es besser, sich zum Kreis derer zählen zu können, die einen Star entdeckt oder gemacht haben.

> Komplimente muss man nicht verkaufen, sie werden einem aus der Hand gerissen. Kritik wird man sogar als Geschenk kaum los. Deshalb kann man gar nicht sorgsam genug sein in der Wahl der Worte.

Die Führung des Brauchbaren ist das Einfachste, soweit Führung überhaupt einfach ist. An ihm können Sie sich verwirklichen. Ihn können Sie loben. Ihn können Sie kritisieren. Beides sollte in gleicher Weise wertschätzend, konstruktiv, für die Entwicklung des Mitarbeiters verwendbar und aufbauend sein. Beides darf sehr persönlich sein, weil es so besser angenommen wird. Wenn Sie dabei voll und ganz den Mitarbeiter im Blickfeld haben, so können Sie ihm sagen, wie sehr er ihnen dadurch Sicherheit gibt, dass Sie sich auf ihn verlassen können (besser noch viel konkreter!). Ebenso dürfen Sie ihm sagen, wie sehr Sie beunruhigt sind, wenn er Aufgaben nicht so erledigt, wie es abgesprochen war. Dahinter steht immer das Ziel, die Stärken des Mitarbeiters auszubauen und ihm zu helfen, seine Schwächen zu handhaben, das heißt zu minimieren oder umzulenken. Jede Form von Schleiflackrhetorik ist dabei unangebracht. Offen, aber einfühlsam, direkt, aber annehmbar, klar, aber nachvollziehbar … so sollten Sie Ihrem Mitarbeiter begegnen.

Bei Ungeeigneten stellt sich die nicht immer leicht zu durchschauende Unterscheidung: Will er nicht oder kann er nicht? Aus der Erkenntnis dieser Differenzierung müssen Sie Ihre Schlussfolgerungen ziehen und dementsprechend handeln.

Wenn Sie dem jeweiligen Mitarbeiter gegenüber in angemessenen Rollen auftreten, werden Sie viel bewirken und so viel Einfluss nehmen, dass Sie nach einer Zeit der Zusammenarbeit mit Stolz sagen dürfen: »Was aus ihm geworden ist, ist auch durch meinen Beitrag aus ihm geworden.« Denselben Satz müssen Sie sich aber genauso sagen, wenn der Mitarbeiter unter Ihrer Führung nicht besser oder sogar schlechter geworden ist, weil Sie ihn nicht ausreichend gefordert haben.

Wer nichts tut, ist für das verantwortlich, was er unterlassen hat.

Achten Sie bei allen Gesprächen mit Ihren Mitarbeitern, ganz besonders bei Lob und Kritik, darauf, dass Sie zielgenaue Botschaften verwenden. *Ich-Botschaften* sind Beschreibungen dessen, was jemand denkt oder empfindet beziehungsweise wie er etwas sieht. Mit dieser Form der Sendung erreichen Sie den Mitarbeiter am besten, weil er genau versteht, wer es ihm sagt (»Ich sehe …«, »Mir gefällt …«). *Du-Botschaften* sind Appelle, die äußern, was eine bestimmte Person von einer anderen erwartet (»Bitte erledigen Sie das bis …«). Ich- und Du-Botschaften sind klar und eindeutig, weil unverwechselbar. *Wir-Botschaften* legen dagegen nicht immer offen, wer unter »wir« zu verstehen ist. Der andere und ich? Andere Personen und ich? Ich, der sich hinter einem »Wir« versteckt? Der andere, der zwar einzeln gemeint ist, aber in die sanfte Hülle des Wir gesteckt werden soll (Chef: »Wir werden daran arbeiten«, meint in Wirklichkeit: »Ich möchte, dass Sie daran arbeiten.«). Von *Man-Botschaften* ganz zu schweigen. Sie gehören in den Papierkorb der Führungsarbeit. Bei »Man sollte mal das Fenster schließen« nicken alle Anwesenden, ohne dass einer aufsteht und es tut.

> »Ich« und »du« sind eindeutige Adressen, »wir« gibt nur noch die ungefähre Gegend an, »man« dokumentiert die Obdachlosigkeit in der deutschen Sprache.

Noch einmal zurück zu der Frage, ob »man« Führung lernen kann. Als Führungskraft führen Sie immer, sobald Sie von Ihren Mitarbeitern wahrgenommen werden. Das können Sie ebenso wenig verhindern wie das Sehen, wenn Sie die Augen aufmachen. Das gesunde Auge sieht. Die Frage ist nur, was und wie scharf.

Unschärfen der Führung kommen dadurch zustande, dass Daten mit Menschen verwechselt werden. Ein Mitarbeiter, der seine Ziele erreicht hat, muss deswegen nicht unbedingt gut geleistet haben. Umgekehrt kann ein Mitarbeiter in der Zielerreichung danebenliegen, obwohl er seines Bestes gegeben und damit wirklich gute Arbeit vollbracht hat.

Wenn Ziele und Aufgaben nicht vereinbar sind

Als Chef haben Sie zwei Möglichkeiten der Einflussnahme auf die Leistung des Mitarbeiters: Sie führen ihn entweder per *Ziel* oder per *Aufgabe*. Welche der beiden Alternativen die geeignetere ist, hängt vom Reifegrad des Mitarbeiters ab. Ein *Ziel* legt fest, was der Mitarbeiter *erreichen* soll. Eine *Aufgabe* beschreibt, was er *tun* soll. Mitarbeiter mit hohem Reifegrad wissen, was sie zu tun haben, wenn ihnen das Ziel bekannt ist. Ihnen Aufgaben vorgeben zu wollen, hieße, Bäume in den Wald zu tragen. Mitarbeiter mit einem eher geringen Reifegrad brauchen eine andere Art der Orientierung. Sie müssen wissen, was sie wie tun sollen, damit sie sich nicht in Unsicherheit oder Überforderung verlieren. Ziel und Aufgabe miteinander vermischen zu wollen, führt zur völligen Verunsicherung beim Mitarbeiter. Der Mitarbeiter stellt sich unweigerlich die Frage, für was er die Verantwortung übernehmen soll: für die Erreichung eines bestimmten Ziels oder für die Durchführung einer vorgeschriebenen Aufgabe?

Es gibt Autoren, die in der falschen Kutte »der profilierteste Führungsexperte« auftreten. Falsch deshalb, weil dieser doch recht hochtrabenden Aussage zunächst einmal eine Benchmark hinterlegt sein müsste. Solche Autoren versuchen in jüngster Zeit, ihren Lesern die Bedeutungslosigkeit von Zielen einzubläuen. Um sich zu profilieren. Das versteht sich von selbst. Damit stelle ich infrage, ob sie überhaupt zu den »profilierten« der so genannten Experten gehören. Denn wenn jemand Führung mit Vergleichen aus der Hobbykiste zu beschreiben versucht, zum Beispiel »Ich jogge, weil es mir Spaß macht und nicht, weil ich ein Ziel erreichen will«, so ist das nichts weiter als das Zugeständnis, den Unterschied zwischen Business und Privat World noch nicht begriffen zu haben. Beim Joggen kann man im Kreis laufen und sich dabei fit halten. Im Business ist man schnell aus dem Rennen, wenn man sich im Kreis dreht. Das ist der kleine Unterschied, für den man, von Illusionen geblendet, sehr schnell den klaren Blick verlieren kann.

Möglicherweise sehe ich es zu eng, wenn ich mich über einen solchen Firlefanz empöre. Vielleicht habe ich einfach nicht erkannt, dass heutzutage sogar die Empfehlung zum Rückschritt als innovativ gilt, wenn man es nur spannend genug darzustellen versteht. Von meiner eindeutigen Meinung und Erfahrung lasse ich mich auch durch derart wortreiche Verwirrspielchen nicht abbringen: »Wir sind geschäftlich erfolgreich, wenn wir eben nicht das tun, was uns im Privatleben die Gesundheit erhält: relaxen, genießen und in den Tag hineinleben.«

Wenn man *Ziele* als die Vorwegbeschreibung eines anzustrebenden Ergebnisses versteht, eines Punktes, den man erreichen will, dann wüsste ich nicht, was als Ersatz herhalten sollte, um den Menschen die Richtung aufzuzeigen, in die sie sich auf den Weg machen sollen. Der Verzicht auf Horizonte *(Ziele)*, gründliche *Planung*, aufmerksame *Steuerung* und einfühlsame *Kontrolle* mag Bewegung schaffen, aber keinen Fortschritt.

> Führung ohne Methoden, Verbindlichkeiten und Konsequenzen ist wie Strampeln auf dem Fahrrad ohne Kette.

Wer wirklich einmal ein Unternehmen geführt hat, der weiß, dass zielloses Vorgehen hier noch leichtsinniger ist, als sich zu einer gewagten Bergtour ohne Wetterbericht, Routenplan und Zielpunkt auf den Weg zu machen. Wenn der Geist des Zufalls mit unterwegs ist, passiert einem nichts. Das ist wohl richtig. Trotzdem handelt hochgradig leichtsinnig, wer einfach nur mal so losläuft. Nicht, dass ich im Urlaub etwas gegen die These »Der Weg ist das Ziel« hätte. Im Zusammenhang mit Führung zeigen mir derartig humanistische Utopien allerdings auf, dass blanke Naivität am Werke ist. Damit lässt sich die deutsche Managementwelt amüsant unterhalten, vielleicht auch verändern, nicht aber auf die im internationalen Wettbewerb herausfordernde Erfolgsrennbahn bringen.

Ziele wachsen nicht aus dem Gefühl des Mangels, weil etwas noch nicht so ist, wie es sein sollte. *Ziele* entstehen aus der Sehnsucht nach einer Orientierung, die verdeutlicht, wohin man überhaupt will. Ziele sind im Gegensatz zu *Auf-*

gaben die Beschreibung des Fixpunkts, zu dem man sich bewegen will. Gegenüber Aufgaben bieten sie einen großen Grad an Freiheit in der Wahl des Weges. *Aufgaben* legen fest, was man tun soll. Das halte ich bei qualifizierten Mitarbeitern für relativ entmündigend. Führen per Ziel? Ja! Das ist die eine Alternative. Führen per Aufgabe? Bedingt. Das ist die zweite Alternative, die sich ersatzweise anbietet, wenn dem Mitarbeiter die Voraussetzungen fehlen, in Zielgrößen denken zu können. Wer hoch qualifizierte Mitarbeiter – dazu sollten alle AT-Angestellten, die Manager und die Führungskräfte gehören – per Aufgabe zu führen versucht, verführt sie dazu aufzugeben. Ihnen bleibt keine Chance, ihre Talente zur Entfaltung zu bringen.

Ach ja, beinahe hätte ich es schon wieder vergessen. Die zielverachtenden Autoren und Berater bieten eine dritte Variante der Führung an. Sie empfehlen, die Mitarbeiter nach dem Gustus ihres Spaßfaktors arbeiten zu lassen und nicht mit Zielvereinbarungen zu quälen. Auf der Suche nach einer stichhaltigen Begründung für diese »Erhöhe den Spaß des Mitarbeiters und zahle ordentlich dafür«-Strategie lese ich in irgendeinem der von mir gemeinten Bücher, dass die Sportmedizin erkannt habe, dass ein Jogger signifikant gesünder lebt, wenn er Spaß am Joggen hat, und sein Ziel des Spaßes verfehle, wenn er freudlos joggt. Das alles bezweifle ich in einem gelungenen Privatleben keineswegs. Diese Weisheit jedoch auf das Arbeitsleben übertragen zu wollen, halte ich für ebenso waghalsig wie das Überqueren der Weltmeere in einer Segeljolle ohne Navigation. Der Spaß ist nämlich in dem Moment zu Ende, wenn es ernst wird. Manche der Wolkenkuckucksheimberater glauben immer noch an das Märchen von der Selbstbestimmung eines Unternehmens in der harten Auseinandersetzung der Weltwirtschaft. Als wäre Wettbewerb ausschließlich eine Angelegenheit rückständiger Marketingpuristen.

Ziele abschaffen zu wollen ist eine ähnliche Irrealität wie die Forderung nach der Verbannung des Autos. Die Frage ist nicht: Auto ja oder nein? Die Frage kann nur heißen:

Auto wie? So gesehen hat die in den 1970er-Jahren erstmals aufkommende Forderung nach der Zukunftsvernichtung des individuellen Straßenverkehrs aus der Sicht von heute durchaus ihren Sinn. Die Autos sind um Klassen besser und – aktiv wie passiv – sicherer geworden. Wenn die »Mitarbeiter ich hab dich lieb«-Träumer eines Tages aufwachen, dann könnten ihre Warnungen in der Tat einen optimierten Umgang mit Zielen ausgelöst haben. Darauf sollten Sie nicht warten und schon heute die Weichen stellen. Denn der Umgang mit Zielen muss in der Tat in den meisten Firmen deutlich verbessert werden.

Führen mit Zielen, aber wie? *Zielvorgaben? Zielvereinbarungen?* Wenn Sie Ziele diktieren wollen, dann sagen Sie dem Mitarbeiter klipp und klar, dass er zuhören und gegebenenfalls Fragen stellen soll, wenn Sie Ihre Verkündigung zelebrieren. Das schützt Sie und ihn vor Missverständnissen. Allerdings sollten Sie überlegen, ob es nicht noch eindeutiger ist, wenn Sie den Mitarbeiter eng per Aufgaben und Vorschriften führen. Denn die Verantwortung für das, was er tut, übernimmt er so oder so nicht. Sie trauen ihm nichts zu, also führen Sie ihn an der engen Leine, wie einen Hund. Er wird scheinbar folgsam bei Fuß gehen und beißwütig andere anknurren, was eigentlich Ihnen gilt. Ich halte nichts von Zielvorgaben, das dürfte deutlich geworden sein. Wovon ich allerdings auch nichts halte, ist der weit verbreitete Irrtum, Mitarbeiter könnten bottom up ihre Ziele bestimmen.

> Zielvorgaben sind in autoritären Systemen ehrlicher als Zielvereinbarungen, auch wenn sie ebenso wenig nützen.

Ob wir es wahrhaben wollen oder nicht, auch der Vorstand kann nicht einfach Ziele frei erfinden. Ihm sind Zwänge oktroyiert, da führt kein noch so schöner Gedanke von einer freiheitlichen Welt dran vorbei. Über ihm gibt es den Aufsichtsrat, der sehen will, was in Zukunft kommen soll, weil der wiederum den Kapitaleignern sagen will, dass sie beruhigt schlafen können. Nicht einmal Inhaber sind heute dazu in der Lage, sich ihre Ziele so zu machen, wie sie es gern hätten. Die Banken wollen schließlich bei zunehmender Risikoabsicherung genau wissen, in welche Richtung sich das geliehene Geld verformt: Vermehrung oder Vernichtung.

Die alle beschäftigende Frage, die ich immer stärker aus Unternehmen höre, ist die: »Wie können Ziele glaubwürdig vereinbart werden, wenn über die Treppe von oben das Wasser fließt, das weiter unten alle zu schlucken haben, bevor sie aufsteigen wollen?« Wenn Sie die Unternehmensspitze sind, dann sollten Sie sich Jahr für Jahr genau überlegen, welche Zielgrößen *realistisch* erreichbar scheinen. Denn wenn Sie am Jahresende mit den Ergebnissen weit danebenliegen, haben Sie ein Erklärungsproblem. Zumindest wenn ich bei Ihnen im Aufsichtsrat säße. Also wird das Erhören der Wünsche des Kapitaleigners allein nicht ausreichen, wenn es darum geht, *quantitative* Ziele zu finden. Sie werden nicht daran vorbeikommen, sich von der Meinung der Experten im Unternehmen ein Bild zu machen. Wenn Sie auf solche Experten nicht zurückgreifen könnten, sind Sie ohnehin im falschen Unternehmen. Denn welcher Experte soll für die Zielerreichung die Verantwortung übernehmen, wenn es keinen gibt, der beim Zielfindungsprozess mitwirken könnte?

Es kommt darauf an, unter den Mitarbeitern die Spreu vom Weizen zu trennen. Das ist nicht nur eine Frage der fachlichen Eignung und damit sachlichen Voraussetzung zur Zielvernunft. Das ist vor allem eine Frage der verantwortungsvollen *Rollenübernahme* unter Führungskräften und Mitarbeitern. Wer von denen ist bereit, verantwortungsvoll an der Findung und Formulierung solcher Ziele mitzuwirken, die am Ende des Zielzeitraums so exakt wie möglich erreicht werden? Wer ist bereit, sich imaginär mit der Rolle des Unternehmers zu identifizieren? Ziele machen nur dann Sinn, wenn sie in Größen formuliert sind, die nicht mal eben so um 30 Prozent über- oder unterschritten werden. Eine derartige Abweichung sagt vor allem etwas über die Ungenauigkeit, Willkür oder Ratlosigkeit der handelnden Personen zu dem Zeitpunkt aus, als die Ziele festgesetzt wurden.

> Zielvereinbarungen erreichen nur dann ihren Zweck, wenn die Ziele vereinbar sind mit dem, was der Mitarbeiter sich vorstellen kann oder an was er glaubt.

Qualifizierte Mitarbeiter wehren sich nicht gegen Ziele an sich. Im Gegenteil: Ziele geben ihnen Freiheit im Handeln und öffnen einen Gestaltungsraum für ihr Wirken. Wogegen sie sich vor allem wehren, ist die nicht nachvollziehbare Willkür, mit denen die Zahlen scheinbar mit der bloßen Hand aus dem Wind gefangen werden, um sie zu Zielgrößen zu kneten, deren bizarre Formen normale Menschen bedrohen. Es geht nicht darum, objektive Ziele zu finden. Ich weiß auch gar nicht, wie das gehen soll, wo doch das menschliche Gehirn aufgrund seiner neurologisch-physiologischen Struktur nur zur Subjektivität fähig ist. Es geht darum, unter Einschaltung aller Klugheiten, die in der Firma repräsentiert sind, solche Zielgrößen festzulegen, die alle beteiligten Parteien zunächst einmal beruhigen und diejenigen, die sich für die Zielerreichung einsetzen sollen, anspornen.

Das Thema *Zielvereinbarung* bekommt gleich eine andere Qualität, wenn man darauf hinarbeitet, dass die Ziele für alle vereinbar sind, die davon abhängig sind. Der Aufsichtsrat muss sich ebenso sicher darauf verlassen können, dass die geplanten Größen erreicht werden, wie der einzelne Mitarbeiter, dass die mit ihm vereinbarten Ziele erreichbar sind. Was nützt es wem, wenn man einem Menschen, der aus eigener Kraft unter voller Anstrengung – sagen wir aus dem Stand – 70 Zentimeter hoch springen kann, das Band aber auf 80 Zentimeter Höhe hängt? Glauben Sie, er wird sich dadurch mehr anstrengen? Das mag glauben, wer will. Ich weiß, dass dieser Mitarbeiter sich gar nicht erst anstrengen wird. Warum sollte er auch? Der Frust ist im jedem Falle programmiert. Die 80 schafft er nie. Warum soll er sich also ins Zeug legen und sein Bestes geben? Ganz clevere Mitarbeiter laufen drunter her. Hauptsache durchkommen! Wenn dem Mitarbeiter aber das Band auf 71 gehängt wird, dann bin ich sicher: Er schafft auch 71. Für den noch fehlenden Zentimeter wird er alles aus sich herausholen, was irgendwie geht. Denn jetzt ist er motiviert, sich selbst zu beweisen, dass er mehr kann.

> Quantitative Ziele sollte man so eng an dem Machbaren ausrichten, dass die festgelegten Größen glaubhaft wirken. Persönliche Ziele sollte man besser durch Herausforderungen ersetzen.

Ein hoher Manager hat mir über zwei seiner ehemaligen Chefs anvertraut: »Er hat sich nie zufrieden gegeben mit dem, was ich ihm an Leistung anbot. Er hat es immer irgendwie geschafft, das letzte Quäntchen aus mir herauszuholen. Nicht ich bin dahin gekommen, wo ich heute bin, sondern er hat mich in die richtige Richtung gestoßen. Das war nicht immer nur von Freundlichkeit geprägt, aber äußerst wirksam für meine Entwicklung. Heute bin ich ihm dafür zutiefst dankbar.« Gemeint war der eine von beiden, für den er später tätig war. Das Urteil über den anderen, für den er davor arbeitete: »Er war stets nett, verbindlich und umgänglich. Es war angenehm und bequem in seiner Umgebung. Was mir fehlte, war die Wertschätzung durch Herausforderung bis an meine Grenzen. Er ließ mich immerzu im Unklaren, was er eigentlich von mir will. Heute weiß ich, dass ich die folgende Erkenntnis durch viel verlorene Zeit bezahlt habe: Eine solche Art von oberflächlicher Freundlichkeit möchte ich meinen Mitarbeitern nicht zumuten.«

Natürlich können wir die Zukunft nicht vorhersehen. Wir können uns aber imaginär mit ihr identifizieren. Der Mensch war zu allen Zeiten ein Besessener der Zukunft. Durch stetes Treiben nach vorn sind die Erfindungen und Entwicklungen dieser Welt entstanden. Es ist meines Erachtens die Aufgabe der Chefs, den Mitarbeitern solche Ziele zuzumuten, an denen sie wachsen können. Nicht verzweifeln. Das gilt mehr noch für quantitative als für *qualitative Ziele*. Wenn sich aus der persönlichen Beurteilung eines Mitarbeiters für den vergangenen Zeitraum Defizite ergeben, dann haben Sie als Chef drei Möglichkeiten: 1. den Mitarbeiter so zu lassen, wie er ist; 2. den Mitarbeiter rauszuschmeißen; 3. mit dem Mitarbeiter *persönliche Herausforderungen* zu vereinbaren. Die erste Möglichkeit ist die praktizierte Verweigerung von Führung. Die zweite der geistige Offenbarungseid eines hilflosen Chefs, weil Ihnen nichts Besseres eingefallen ist und Sie oder Ihre Firma entweder bei der Einstellung dieses Mitarbeiters nicht aufgepasst oder ihn im Laufe der Zeit in diesen Zustand gebracht haben.

Mit der Wahl der dritten Möglichkeit können Sie beweisen, ob Sie dem Anspruch von Führung, dem *Leadership-Challenge*, gewachsen sind. Führung stellt immer eine bestimmte Form widersprüchlichen Handelns dar. Der Widerspruch besteht in diesem Fall darin, sich eigentlich die Führungsarbeit mit einem idealen Mitarbeiter versüßen zu wollen, während die Wirklichkeit einen nicht perfekten anbietet. Diese Wirklichkeit verlangt Ihnen ab, dass Sie sich gemeinsam mit dem Mitarbeiter Gedanken darüber machen, welchen Grad von Qualifikation er erreichen muss, um so zu sein, wie Sie ihn brauchen. Über nicht ideale Mitarbeiter können Sie froh sein, weil Sie in Ihrer Rolle als Chef gebraucht werden. Wenn Sie nur perfekte Mitarbeiter in Ihrem Umfeld haben, müssen Sie den Kreis ihrer Direct Reports erhöhen, um nicht überflüssig zu wirken.

Stimmen Sie *qualitative Ziele*, die dem persönlichen Fortschritt des Mitarbeiters dienen, als *echte Ziele* ab. Formulierungen wie »Der Mitarbeiter wird an einem Rhetoriktraining teilnehmen« beschreiben eine Maßnahme, aber kein Ziel. Das Ziel kommt dadurch zum Ausdruck, dass in der Zielvereinbarung beschrieben steht, was der Mitarbeiter am Ende des Zielzeitraums besser kann, zum Beispiel »sicher und lebendig vor einer größeren Zuhörerschaft einen Fachvortrag halten«. Ein solches Ziel ist möglicherweise auch auf einem anderen Wege, als der, in ein Seminar zu gehen, erreichbar. Umgekehrt garantiert die Teilnahme an einem Rhetorikseminar noch längst nicht, dass der Mitarbeiter danach tatsächlich frei und locker reden kann. Ich kenne es auch genau umgekehrt, dass nach einem weniger guten Seminar das Problem gewachsen ist, anstatt zu verschwinden.

Obwohl wir in deutschen Firmen seit mehr als einem Vierteljahrhundert mit Zielen arbeiten, lese ich nur wenige Zielvereinbarungen, die tatsächlich würdig sind, so genannt zu werden. In aller Regel wird in solchen Vereinbarungen dargestellt, was der Mitarbeiter *tun* soll. Damit sind Abläufe beschrieben. Ziele beschreiben, was der Mitarbeiter *erreichen* soll. Echte Zielvereinbarungen geben Orientierung, schaffen Freiheiten, legen die Verantwortung für das Handeln auf die Seite des Mitarbeiters und bekunden, dass der Chef seinem Mitarbeiter vertraut, dass er es schaffen wird, das vorformulierte Ergebnis aus eigenem Antrieb zu erreichen. Damit ist gleichzeitig eine klare Teilung der Rollen zwischen Chef und Mitarbeiter verbunden. Der Mitarbeiter ist der Akteur, der Chef der Wächter. Beide zusammen sind sie Nutznießer ihrer Rollen- und Verantwortungsteilung. Der Mitarbeiter hat die *Handlungsverantwortung*, der Chef die *Führungsverantwortung*, was zu einer Art gemeinsamer Ergebnisverantwortung führt.

Ziele sollten Vertrauen bekunden. Ziele sollten Freiheiten einräumen. Ziele sollten deutlich machen, dass der Mitarbeiter der Richtige ist, dem man die Übernahme von Verantwortung für ein in der Zukunft liegendes Ergebnis zutraut. Ganz unabhängig davon, ob es sich um ein quantitatives (Umsatz, Gewinn …) oder ein qualitatives (persönlicher Fortschritt, Entwicklung der mit Handlungen verbundenen Qualität …) handelt. Ziele unterscheiden sich alleine schon dadurch gravierend von *Aufgaben*, dass sie abstimmen, *was werden soll*. Den Prozess, *wie es gemacht werden soll*, entscheidet allein der mündige Mitarbeiter. Je mehr der Inhalt einer Zielvereinbarung den Vorstellungen des Mitarbeiters entgegenkommt, umso intensiver wird sich der Mitarbeiter dafür einsetzen, die Zielmarke zumindest zu erreichen oder eher noch zu überschreiten. Darin liegt der Segen von Führung, Zusammenarbeit und klarer Rollenteilung. Das Prinzip des Zufalls – auf der Basis von Vertrauen wird es schon werden – ist als Ersatz für zielgerichtetes Denken und Handeln ausgesprochen ungeeignet. Wenn in der Arbeitswelt der Umgang mit Zielen stimmt, dann können wir uns in der privaten Welt den Genuss der Prozesse erlauben. So wird privat der Weg zum Ziel. Und im Beruf schafft das Ziel Spielraum für mehrere Wege.

Die Rassekatze als Schlittenhund? Oder: Wenn die Person nicht zur Herausforderung passt

Es war einmal … ein Unternehmen mit annähernd 20.000 Mitarbeitern. Dieses Unternehmen wurde vom Markt zum Umdenken gezwungen. Das bisherige Management wurde der neuen Herausforderung nicht gerecht. So entschied sich der Aufsichtsrat, einen neuen Kapitän an Bord zu holen, der das Unternehmen aus der sich abzeichnenden Krise führen sollte. Die Manager aller Ebenen setzten ab jetzt ihre ganze Hoffnung auf den Neuen, warteten auf dessen rettenden Kurs und glaubten an eine gute Zukunft.

Der Neue kam und … er verwaltete das Unternehmen.

Zaghaft führte er die ein oder andere – im Grunde genommen unwichtige – Veränderung ein. Was dem Neuen ganz und gar nicht gelang, war die Führung des Vorstands, zu dessen Vorsitzendem er bestellt war. Mit buchhalterischer Akribie konzentrierte er sich stattdessen auf eine mehr oder minder akademische Form des Controllings. »Kosten senken« hieß seine von Jahr zu Jahr wiederholte Devise. Die klugen Manager der zweiten Ebenen verzagten mit der Zeit, mussten sie doch täglich mit ansehen, wie ihre Ideen und Anregungen verhallten und obendrein jedes Vorstandsmitglied ungelenkt sein eigenes Süppchen kochte.

Jahre später. Von strategischer Ausrichtung des inzwischen in die Kritik der Öffentlichkeit geratenen Unternehmens immer noch keine Spur. Die Unternehmensentwicklung nahm ein geradezu empörendes Ausmaß an. Vorstandsmitglieder mussten ihren Hut nehmen, weil sie aufgrund undurchschaubarer Machenschaften behördlicherseits dazu gezwungen wurden. Der Kapitän machte weiter wie bisher. Er traf entweder keine oder die falschen Entscheidungen.

So kam sehr bald der Tag, an dem ihn schließlich die Arbeitnehmervertreter im Aufsichtsrat loswerden wollten und seinen Rücktritt forderten. Er verwandte alle Energie darauf, das kaiserliche Gewand im Herschergestühl zu verteidigen, so als wäre er damit verklebt. Das verstand kein Mensch. Auf diesen Misstrauensantrag reagierte der inzwischen zum Problemverwalter avancierte Kapitän nicht etwa mit neuen Strategien oder einer der Schieflage des Unternehmens angemessenen Führung. Im Gegenteil. Er musste ab jetzt täglich eine Niederlage nach der anderen einstecken. So wurde er persönlich nicht nur in der Öffentlichkeit gescholten, nein, alle Führungskräfte und Mitarbeiter warteten sehnsüchtig darauf, dass der Tag des Wunders kommen möge, an dem der Nichtmanager über irgendeinen Vorfall stolpert, der ihn vom Thron stürzt. Hinter seinem Rücken wurden mehrere Szenarien für den Tag danach entwickelt.

Die lange herbeigesehnte Stunde kam spät, doch »better late then never«. Es war einmal ... eine Rassekatze, ein belesener, vom Wesen her feiner Mann, ein subjektiv unschuldiger Nichtmanager, der nichts von Management und Leadership verstand, sich aber in der Rolle des Vorstandsvorsitzenden gefiel und über fünf Jahre an einem Sessel klebte, der eigentlich für einen anderen bestimmt war: einen Krisenmanager. Bis er sich von diesem Sessel endlich erhob, hatte er einen Milliardenloch in das Unternehmen gerissen. Das Einzige, was ihm in all der Zeit gelungen war, ist, das Unternehmen aus der ursprünglichen Abzeichnung einer Krise in eine existenzbedrohende Überschuldung zu führen, die schlussendlich zur Zerschlagung des Konzerns führte. Man könnte auch sagen, er hat bei seinen Sprüngen von einer Hilflosigkeit in die andere eine brennende Kerze umgeschmissen, durch die schließlich das ganze Haus in Flammen aufging.

> Wenn eine scheinbar starke Persönlichkeit dazu neigt, nur schwach aufzunehmen, was um sie herum passiert, dann handelt es sich in Wirklichkeit um eine schwache Person, die sich stark abschotten muss, um ihre Schwächen verbergen zu können.

Ein Rassekater ließ sich vor einen Hundeschlitten spannen. Das kann nicht gut gehen. Er litt im Laufe der Zeit unter immer größerem Realitätsverlust mit der Folge, dass er den Zeitpunkt des dringend notwendigen Abtritts nicht einmal bemerkte. Eine solche Rollenfehlbesetzung an so entscheidender Stelle lähmt ein ganzes System. Anstatt in der Spur eines Vorbilds zu folgen, zieht die Spurensuche nach den neuesten Themen der Gerüchteküche ihre Kreise. Bis in den letzten Winkel der Firma wird die dringend erforderliche Leistung von Spekulationen überschattet. Was hält die Aufsichtsgremien davon ab zu handeln? Was die übrigen Vorstandsmitglieder? – Der Aufsichtsrat ist weit weg vom wirklichen Geschehen. Seine Rolle ist darauf begrenzt, die Ergebnisse durch Storys erklärt zu bekommen. Das war's dann auch. Bezogen auf die Zukunft helfen Planzahlen und Prophezeiungen, die Aufsicht mit der gut verkauften Absicht zu hypnotisieren, dass ab jetzt alles besser wird. Ich weiß, wovon ich rede. Ich hatte jahrelang mit Aufsichtgremien zu tun und kenne deren Vorliebe für Rhetorik und Präsentationstechnik.

Eine Geschichte mit einem Spitzenmanager verkauft sich – auch in seiner negativen Form – besser, als wenn von einem Bereichs- oder Abteilungsleiter die Rede ist. Fehlbesetzungen und Rollenüberforderungen wirken sich gleichwohl auf allen Etagen eines Unternehmens aus. Vielleicht etwas weniger dramatisch.

Die Wirtschaft braucht *(Krisen-)Manager*. Das sind Leitwölfe, die ein in Not geratenes Rudel mit hohem Tempo auf den richtigen Weg bringen. Analytik, Strategie und Mut sind gefragt, wenn der Untergang droht. Auf einem sinkenden Schiff herrschen andere Gesetze als bei einer Schönwetterfahrt. Die Leute wollen nicht verwöhnt, sondern vor dem Niedergang bewahrt werden. Demzufolge machen sie alles mit, was den eigenen Körper trocken hält.

Die Wirtschaft braucht *Leader*. Das sind Inspiratoren, die Heerscharen von Menschen dazu bewegen, Touren auf sich zu nehmen, auf die sie sich ohne die Orientierung des Führers nicht begeben würden. Diese Leader schaffen es, gleich einem Kapitän, den Leuten im Maschinenraum die schwere Arbeit des Einfeuerns mit Geschichten vom großen weiten Meer zu versüßen, an dessen Ende eine Insel wartet, die man von der Brücke aus erspähen kann. Die Leute arbeiten für sich, weil sie hoffen, dass mehr Feuer die Fahrt zur Hoffnung beschleunigt. Die Leute arbeiten für den Kapitän, wenn er sich ihnen zeigt, um ihren Einsatz zu würdigen. Die Leute arbeiten für jeden Offizier, der seine Sehnsucht mit ihnen zu teilen vermag. Die Leute arbeiten nicht für das Schiff, obwohl sie wissen, dass sie nur mit ihm ihr Ziel erreichen werden.

Was die Wirtschaft in Toppositionen nicht braucht, sind Oberbuchhalter, die Gewinne über Kostensenkungsprogramme einzufahren gedenken. Was sie auch nicht braucht, sind egozentrierte Sonnenvisionäre, die sich im Licht am Ende des Tunnels baden, während ihre Mannschaften über den nassen Boden robben. Führung heißt immer: im System leben, um am System zu arbeiten und nicht: am System leben, um gelegentlich in ihm zu baden.

Menschen in Unternehmen haben einen Anspruch auf Führungskräfte, die ihre Rollen ernst nehmen, vorleben was sie predigen, den Unterschied zwischen Selbst- und Fremdbild kennen und einen guten Vertrag mit der Realität haben. Das sind Leader, die den Erfolg mit Menschen gestalten, sie abholen, wo sie stehen, und sie dorthin führen, wo es auch für sie von Vorteil ist.

Das große Missverständnis »Team«

In allen Unternehmen grassiert mehr oder minder die Teameuphorie. »Teamarbeit führt nun mal zu besseren Ergebnissen«, lautet das weit verbreitete Vorurteil, dessen wissenschaftliche Fundierung noch aussteht. Im Vergleich zu einer streng hierarchischen Ordnung nach altem Muster, in der Führungskräfte anweisen und die angewiesene Arbeit des Einzelnen engmaschig kontrollieren, ist Teamarbeit allemal die bessere Alternative. Das wird niemand bezweifeln wollen. Aber sie ist nicht mehr als eine Übergangslösung, eine Vorstufe zum interdependenten Zusammenspiel verschiedener talentbezogener Rollenträger in immer wechselnden Kooperationen und Netzwerken.

Warum ich gegen das Team rede? Wir beklagen seit Jahren den zunehmenden Mangel an Führungspersönlichkeiten. Glauben Sie, dass solche Persönlichkeiten im Team heranzubilden sind? – Never! Glauben Sie, dass Teams der Schlüsselfaktor für eine Hochleistungsorganisation schlechthin sind? – Never! »Teamwork ist, wenn alle das machen, was er will«, sagt Gerhard Schröder über seinen Freund Ferdinand Piëch (Quelle: FAZ am Sonntag im Januar 2002).

Was wir aus der Tierwelt für die Gruppe lernen können

Stellen Sie sich vor, dass Tiere denken und reden könnten. Stellen Sie sich weiter einen Zoo vor, in dem es die Aufgabe der Tiere ist, durch Steigerung der Attraktivität ihrer eigenen Darbietung zu einer erhöhten Besucherfrequenz zu kommen. Angenommen, die Tiere sollten darüber gemeinsam entscheiden. Wie könnten sie diesem Ziel, sagen wir in Form von Teamarbeit, näher kommen? Nehmen wir an, es sind Tiere unterschiedlichster Arten und Gattungen. Wie müsste die Teamarbeit aussehen, wenn man alle mit einbeziehen will? Macht es Sinn, dass Raubkatzen mit Wölfen, Elefanten, Vögeln, Schlangen, Krokodilen, Haien, Affen und Bären zu Teambeschlüssen darüber kommen, wie die einzelne Gattung ihre Show verbessern könnte?

Der Wolf versteht nicht, was die Raubkatze zu bieten hat, weil er für sich ein vollkommen anderes Lebensmuster verwendet. Wölfe können gemeinsame Beschlüsse erreichen, weil ihr Teamprozess darin besteht, einem Leitwolf zu folgen. Was wie Gruppenentscheidung aussieht, ist in Wirklichkeit ein Einzelbeschluss des Leitwolfs mit zustimmendem Geheul der übrigen. Bei den Raubkatzen wird es schon schwieriger. Sie leben nicht in einer sich unterordnenden Sozialgemeinschaft. Ihr Miteinander ist nur da möglich, wo die Erhabenheit und Dominanz des Einzelnen nicht zu kurz kommt. Wieder andere Tiere mögen ihre Artgenossen nur, wenn es um Paarung geht, also unter bestimmten Voraussetzungen. Also stellt sich nicht nur die Frage »*Wer* kann *was* am besten?«, sondern vor allem: »*Wer* ist *mit wem wie* kommunikationsfähig?« Was unter den Tieren eindeutig geregelt ist, versuchen wir in der Zusammenstellung von Teams zu ignorieren. Menschen sind Individuen, die sich zumindest in zwei Spezies unterteilen lassen: die Einzelgänger, die Teamfähigen.

Obwohl Menschen eine den Tieren fremde Intelligenz besitzen, eine geistige Fähigkeit, die nur dem Menschen zu Eigen ist, gibt es in den Grundzügen des Verhaltens Gemeinsamkeiten zwischen Mensch und Tier. Wir wissen aus der Darwin'schen Evolutionsgeschichte, dass das menschliche Gehirn noch immer ein Reptilienhirn besitzt, einen kleinen Denkapparat, über den auch der Frosch verfügt. Über das Reptilienhirn bauen sich die Hirne mit Wirbeltier-, Säugetier- und Primatenniveau auf. Mit dem Reptilienhirn hat die Natur den Vorteil geschaffen, dass nicht jede Reaktion neu bewertet werden muss. Häufig wiederkehrende Aktionen beziehungsweise Reaktionen lassen sich reflexartig in Bruchteilen von Sekunden abspielen. Somit sind sie extrem schnell abrufbar. Ähnlich wie ein Frosch nach dem vorbeifliegenden Insekt schnappt, ist es dem Menschen möglich, auf der Basis von Intuition bestimmte Vorgänge quasi automatisch auszuüben. Es ist uns in Fleisch und Blut übergegangen. Ohne weiteres Nachdenken weiß zum Beispiel jeder erfahrene Radfahrer die Balance zu halten. Der einzelne Autofahrer wird mit jedem Kilometer im Laufe seines Lebens sicherer. Er kuppelt und schaltet nicht nur intuitiv richtig, mehr noch, er weiß zielsicher in eine schmale Parknische zu kommen, ohne komplizierte Dreisatzrechnungen oder der Zuhilfenahme eines Zollstocks. Der erfahrene Autofahrer hat auch ein Gespür für den teils zentimetergenauen Abstand zwischen links der Leitplanke und rechts dem Lkw in einer engen Autobahnbaustelle. Das alles ist dem Fahrschüler höchst suspekt, weil ihm die Erfahrung fehlt. Es handelt sich hierbei um ein perfektes Zusammenspiel aus Emotion, Gedanken und Intelligenz, Reflexen und Lernprozessen, das auf drei Ebenen gesteuert wird: die unterste: Zielfunktion/Abstraktion/Extrapolation/Bewertung; die mittlere: Bewertung/Gedächtnis/Verhaltensgenerator; die oberste: Bewegungsplan/Motorik/Sensorik/Erkenntnis, die wiederum in den Gedächtnisspeicher fließt. Mit diesem Komfort für die Arbeit des menschlichen Gehirns sind aber auch unmittelbare Nachteile verbunden. So schlittern wir mit unseren Denkrillen auch unmittelbar in Irrtümer. Die Macht der Gewohnheit (der Autofahrer, der ein neu aufgestelltes Stoppschild übersieht, weil es vorher nicht dort stand), der Zugriff auf stereotype Annahmen (»typisch BMW-Fahrer« oder welche Marke auch immer), der Gebrauch von Vorurteilen (was allgemein bewährt ist, muss gut sein) kann fatale Folgen haben.

Teamarbeit ist modern, aber nicht unbedingt kreativ, effizient und erfolgreich

Warum sehe ich einen engen Zusammenhang mit Teams? Ich frage mich schon seit langem, ob Teamarbeit tatsächlich immer kreativer, effizienter und erfolgreicher ist als Einzelarbeit. Das Thema »Team« scheint mir mehr eine gebräuchliche Modeerscheinung zu sein. Deshalb wohl wird es in aller Munde propagiert und favorisiert. Das Team ist zum Mythos moderner Unternehmensführung geworden. Aber dass Teams der Schlüsselfaktor zur Hochleistungsorganisation sind, ist von keiner Seite wissenschaftlich belegt worden. Was ist ein Team? Eine Schafherde mit einem Hütehund? Ein Wolfsrudel mit einem Anführer? Mehrere Raubkatzen, die zwanghaft zu einem Rudel vereint werden sollen? Die Schafherde ist für mich eine Gruppierung, in der jemand den Ton angibt, der nicht zur Gruppe gehört. Das Wolfsrudel ist eine Gruppe, die funktioniert, *weil* einer von ihnen sagt, wo es langgeht.

> So wie in der Therapie eine gesunde Gruppe psychisch Kranken helfen kann, treibt eine kranke Gruppe psychisch Gesunde in die Therapie.

Was wir in Unternehmen gemeinhin unter »Team« verstanden wissen wollen, ist bestenfalls ein humanistisches Hirngespinst und in Wahrheit der Versuch, edle Raubkatzen von zum Teil höchster Individualqualität zur Unterordnung zu zwingen. Denn ist es nicht so, dass wir Teamarbeit und Bestleistungen des Einzelnen in ein und demselben Atemzug nennen?

Es gibt plastische Beispiele aus der Unternehmenswelt, die zum vorsichtigen Umgang mit Teams mahnen. War Ferdinand Porsche ein Teamplayer? Ich glaube kaum. Gegenteiliges ist von ihm bekannt: Er gab nicht einmal Leuten gern die Hand. Er war lebende Ingenieurskunst. Das war seine Bestleistung. Das allerdings war so viel, dass man mehr auch nicht verlangen sollte. Die Autos aus seiner Schmiede hatten deswegen Charakter und Persönlichkeit, weil sein Erbauer selbst mit solchen Attributen ausgestattet war. Sein Talent im Sozialverhalten war schwach ausgeprägt, obwohl, er besaß ein geradezu liebenswertes, väterliches Lächeln und seine Ausstrahlung war von Güte geprägt. Porsche war unbestritten außergewöhnlich erfolgreich. Solche Menschen bringen, von Besessenheit getrieben, auf den Weg, was sie für richtig halten. Anstatt sich in Teams einzufügen, beschäftigen sie Teams für ihre Zwecke.

Wir beklagen, dass wir zu wenige vom Format eines Ferdinand Porsche haben. Und obwohl das so ist, gehen wir reihenweise in den Betrieben her und zwingen grandiose Einzelkämpfer in das Korsett des Teams. PE-Maßnahmen sind fast ausschließlich nur noch auf Teamentwicklung ausgerichtet. Den eigentlichen Widerspruch sehe ich darin, dass wir Raubkatzen wollen und Wölfe heranbilden. Die großen Philosophen wie Platon, Hegel, Kant, Augustinus, Heidegger, Popper waren ebenso Einzelkämpfer wie Einstein, Freud und andere Vorbilder für grandiose Bestleistungen. Auch die großen Schriftsteller von der Antike bis heute haben nicht als Teamplayer ihre Leistungen vollbracht. *Team* ist für mich ein zeitaktuelles Modewort wie vor ein paar Jahren *Motivation*, dann *Lean*. Ich folge nicht diesen übereifrigen Modetrends. Mir geht es darum, die Dinge zu tun, die sich aus der Sollstellung eines Unternehmens ableiten. Das ist möglicherweise etwas anderes als das, was die meisten zurzeit tun.

> Die Wirklichkeit der Teamarbeit sieht so aus: Der Schwache sucht den Schwächeren, um nicht so schwach zu wirken. Umgekehrt sucht der Starke aber nicht den Stärkeren, um stärker zu wirken.

Den Starken, den Besten, den High Potentials stellt sich die Überstrapazierung des Teamgedankens als Leistungsbremse entgegen. Für die Schwachen eignet sich das Team bestens als Unterschlupf zur Verdeckung der mittleren bis schlechten Leistung. Das ist für die Schwachen allemal ausgesprochen human. So gesehen gewinne ich dem Team sogar positive Seiten ab. Aber es ist höchst kontraproduktiv, Bestleister zu wollen, sie aber durch die nach unten ziehende Kraft der Mitschwimmer zu schwächen. Wir brauchen meiner Ansicht nach keine Abkehr vom Team, sondern ein neues Verständnis, wozu ein Team nützlich sein kann. Wenn wir Persönlichkeiten wollen, die bereit sind zur Verantwortungsübernahme und sich trauen, Entscheidungen zu treffen und dafür einzustehen, dann brauchen wir einen besonderes Typus von Mensch. Der gewollte High Potential hat in der Tat kaum Gelegenheit zu solch innerem Wachstum, wenn er wie die Möhre im Erbseneintopf untergemischt wird.

One-upmanship entsteht durch konstruktive Zusammenarbeit auf der Basis gesunder Rollenteilung

Das Kernproblem sehe ich darin, dass wir *Zusammenarbeit* mit *Teamverbundenheit* verwechseln. Zur Zusammenarbeit sage ich immer Ja, zur Teamverbundenheit nur mit Einschränkungen. Wir lassen ganze Heerscharen von Führungskräften und Mitarbeitern zu einem Innovationsteam oder Entscheidungsteam zusammenkommen. Ob sie zusammenpassen oder nicht. Das Ergebnis: außer Spesen nix gewesen! Denn die dabei herauskommenden Entscheidungen sind in aller Regel hyperpolitisch: so formuliert, dass niemand Anstoß daran nehmen kann. Qualität und Praxistauglichkeit der Entscheidungen bleiben auf der Strecke. Und die Verantwortung dafür? Die trägt das Team. Aber wer bitte ist das Team? Befragt man anschließend jeden Einzelnen, will es keiner gewesen sein. Jeder hat Bedenken. Jeder sagt, es fehlte an Möglichkeiten, die abweichende Meinung ausreichend kundzutun. Damit übernimmt niemand die Verantwortung für eine Entscheidung. Wollen wir das?

Teamarbeit zur einzigen Arbeitsform zu erklären ist der denkbar ungeeignetste Weg zur Effizienz. Dort aber, wo es darum geht, im international harten Kampf um Marktanteile ein Stück vom Kuchen abzubeißen oder von der einmal erklommenen Sprosse der Erfolgsleiter nicht abzurutschen, sind die effektivsten Methoden und Arbeitsformen gerade gut genug.

Wenn wir *One-upmanship* (den anderen um eine Nasenspitze voraus zu sein) wollen, dann müssen wir deutlich unterscheiden lernen zwischen den einzelnen Funktionen und Bedeutungen, die ein Team haben kann: *Entscheidungen treffen*, sich gegenseitig zu *informieren* oder sich wechselweise zu *beraten*. Teamfähigkeit als eine Kerndimension für alle herauszustellen, führt zu dem heute schon bekannten Dilemma: Alle lernen das Marschieren im Gleichschritt, aber keiner will mit der Lampe in der Hand vorausgehen. Mehr noch, wer sich einen Ausbruch aus dem Team erlaubt, wird als anpassungsunfähiger Exot ins Abseits gestellt. Persönlichkeiten werden gefordert, Kollektivhansel herangebildet. Das ist das momentane systemische Problem, aus dem wir dringend einen Ausweg finden müssen, bevor uns die letzten Spezies von Persönlichkeiten aus vergangenen Tagen aussterben oder entmutigt werden. Ich bin kein Gegner von Teams. Aber die unisono positive Sichtweise von Teams, die dazu führt, dass sich fast keine Führungskraft mehr traut, Aufträge an einzelne Mitarbeiter zu vergeben oder gar selbst eine eigenständige Entscheidung zu treffen, schafft Konflikte, anstatt sie zu lösen.

Kreativität wird allenfalls durch Zwänge gebremst, nicht durch Teams gefördert.

Teams sind *nicht* der Schlüsselfaktor zur Hochleistungsorganisation. Teams können unter Umständen sogar der Schlüsselfaktor für Produktivitätsmängel und zähe Entscheidungsprozesse sein. Die Gemeinschaftsleistung wird in blindem Eifer idealisiert. Dabei schreit alle Welt nach Rationalisierung. Wir werden uns entscheiden müssen: Teamromantik oder Spitzenleistung. Dass die Mehrzahl der Mitarbeiter die Teamarbeit bevorzugt, darf nicht weiter verwundern. Erstens machen die Mitarbeiter in der Regel das, was ihnen von oben verordnet wird, weil sie aus vergangenen Zeiten daran gewöhnt sich. Zweitens können die meisten von ihnen dabei die wohlige Erfahrung genießen, dass ein Team als Uterusersatz die Wärme und Geborgenheit zumindest zum Teil zurückholt, die uns seit der Geburt verloren gegangen ist. Denn auf sich selbst gestellt, müsste der Einzelne beweisen, was er kann. Im Chor fallen ein paar danebengegangene Töne kaum auf. Beim Solisten muss dagegen jeder einzelne Ton perfekt sitzen, will er sich Pfiffe ersparen.

Die Besten müssen sich im Team zurücknehmen, weil alles Herausragende die Harmonie und damit das Wirgefühl empfindlich stört. Man wird sich unter der Glocke der Teamverbundenheit schnell einig, dass die Mittelklasse das höchste Maß aller Dinge ist, und verkauft dieses überzeugt nach außen. Schließlich sind es nicht Einzelne, sondern viele, die eine bestimmte Grenze nicht überschreiten können. Und viele sind nun einmal weniger angreifbar als Einzelne. Aus rein humanistischer Sicht müsste man zukünftig auch Prüfungen als Team bestehen können. Da bekäme zwar niemand eine »Eins«, aber eben auch keine »Fünf«. Die Besseren ziehen die Schwächeren mit, so dass als mathematischer Mittelwert bei jedem eine »Drei« im Zeugnis steht. Der Glaube an das Team geht nur zum Schein auf: Die Stimmung ist zwar gut, die Leistung dagegen so lala. Das kennen wir aus totalitären Systemen, in denen außer Kollektivismus nichts mehr zählt. Japan ist ein gutes Beispiel. Als die *Gemeinschaft* als Wirtschaftsmacht der westlichen Welt das Fürchten lehrte, wurde gerade dieser Gemeinschaftssinn als Grund für den Erfolg argumentativ so hingebogen, dass eben *das Kollektiv* die Japaner überlegen machte. Die Grenzen kollektiver Strukturen werden jetzt auch in Japan sichtbar, nachdem sich die Schwierigkeiten des Landes nicht mehr verschleiern lassen.

Auch das System Ost in der ehemaligen DDR wurde durch Scheinerfolge künstlich am Leben gehalten. Erst nach dem Zusammenbruch hat sich gezeigt, wie wenig der einzelne Mensch durch die Überbetonung des Kollektivs dazu in der Lage war, eigenständig zu denken und zu handeln. Als Beobachter dieses Systems habe ich nach der Wende erlebt, wie jeder von unten nach oben nach einer führenden Hand griff, die es nicht mehr gab. Das Thema »Team und Verbundenheit« hatte man zur Genüge geübt, eigenverantwortlich zu denken und solche Entscheidungen zu treffen nicht.

In einem kollektiven System entstehen Fehlentwicklungen, die so schnell nicht reparabel sind. Der systemische Teamzwang lehrt durch die gebotene Anpassung und Unterordnung eine konträre Erfahrung: Es ist leichter, um Erlaubnis als um Vergebung zu bitten. In Firmen brauchen wir aber dringend solche Führungskräfte, die nach dem entgegengesetzten Prinzip handeln: Es ist leichter, um Vergebung anstatt um Erlaubnis zu bitten. Das will heißen, Führungskräfte müssen sich etwas (zu-)trauen, wenn sie den an sie gestellten Anspruch einlösen sollen. Außerdem muss der gesuchte Typ von Führungskraft bei aller Teamorientierung Einsamkeit aushalten können. Wenn er bei jeder Schwierigkeit sogleich die Solidarität der Gruppe sucht, mag er als einer *von* ihnen anerkannt sein. Als Leader sucht sich eine Gruppe aber immer jemanden, der nicht einer *von* ihnen, sondern einer *für* sie ist. Es gibt keine führerlosen Gruppen. Dort wo formelle Leitung fehlt, entwickelt sich sofort eine informelle Leitungsstruktur.

Genialität und Persönlichkeit entstehen nicht im Team

Es waren immer die Einzelerrungenschaften in den Köpfen von Genies. Mozart oder Beethoven als Teamplayer? Unvorstellbar. Bach oder Händel als Mitglied eines Kompositionsteams? Dabei wäre vielleicht einfache Volksmusik herauskommen. Trotzdem sehe ich den Vorteil von Arbeitsteilungen. So gibt es Fälle, in denen die Instrumentierung nicht von Komponisten selbst gemacht wird. In der Regel gibt es eine Arbeitsteilung zwischen Libretto, Musik und Inszenierung. In der Weltliteratur gibt es große Köpfe, aber keine kreativen Gruppen, die Balladen, Gedichte oder andere Werke geschaffen haben. Nicht anders ist es in der Malerei. Die Zusammenarbeit zwischen dem

Meister und seinem Schüler würde ich nie als Teamarbeit bezeichnet. Es ist eine Form des Zusammenwirkens mit klarer *Rollenteilung*. Michelangelo ist ein markantes Beispiel für den Widerspruch zwischen Genialität und Teamfähigkeit. Ihm gingen bei den Arbeiten an der Sixtinischen Kapelle die eigenhändig ausgewählten Kollegen nach kurzer Zeit wieder laufen oder wurden aus den Verträgen entlassen, weil sie seinem Anspruch nicht genügten. Am Petersdom arbeiteten Michelangelo und Bramante nicht etwa zur selben Zeit und schon gar nicht als Team, sondern zeitversetzt hintereinander. Sie grenzten sich durch ihr gänzlich unterschiedliches Verständnis gegenseitig aus.

Ob in den Natur- oder Geisteswissenschaften, die generösen Leistungen wurden zu keinem Zeitpunkt in Teams erbracht. Auch Newton, Galilei und Heisenberg waren Einzelgänger, die Teams für sich benutzten, aber weder *mit* noch *in* ihnen arbeiteten. Gleichwohl gibt es einige Beispiele von guten »Tandems«: Marx und Engels, die Forscherehepaare Jakob Levi und Zerka Moreno, Karl und Charlotte Bühler, Reinhard und Annemarie Tausch. Sie waren aber alle durch eine besondere innere Verbundenheit zur engsten Zusammenarbeit in der Lage.

Wir werden uns in den nächsten Jahren sogar auf ein extremes Nichtteamwork einstellen müssen. Die immer rasanter werdende Veränderungsgeschwindigkeit erfordert Manager und Leader, die im passenden Moment den richtigen Impuls setzen, weil Kollegialität zum Führungserfolg nicht ausreicht. In vielen Konzernen thronen ganz oben an der Spitze völlig teamunfähige, herrschsüchtige Macher, die sich als Managementbrutalos Teams als Untertanen halten. Man darf einfach nicht darüber hinwegsehen, welchen Erfolg diese Firmen gerade in jüngster Zeit und weltweit verbuchen.

Netzwerke von abgestimmten Rollen statt Teams

Was ein *Team* von einem *Netzwerk* unterscheidet, ist die *Zwanghaftigkeit der Gemeinschaft* gegenüber der *konstruktiven Verknüpfung von Talenten und Eigenheiten.*

Um den Begriff »Team« herrscht in der Praxis eine geradezu babylonische Sprachverwirrung. Der Begriff wird so vielschichtig verwendet, dass seine Unschärfe zum Teil zu erheblichen Problemen bei der Einführung und Umsetzung von Teamorganisationen führt. Die Assoziationen zum Thema »Team« umfassen sechs Dimensionen:

1. **Erlebnisdimension**. Das Team wird in erster Linie als eine Gemeinschaft aus Gleichgesinnten, die »auf derselben Wellenlänge funken«, empfunden. Im Vordergrund steht damit der Aspekt gefühlsmäßiger Verbundenheit (zum Beispiel herkömmliche Arbeitsgruppe).

2. **Aufgabendimension**. Zusammenschweißendes Element ist in diesem Fall die gemeinsame sachliche/fachliche Aufgabenstellung und Herausforderung, zu der jeder seinen spezifischen Teil zum Gelingen beitragen muss (zum Beispiel Projektarbeit).

3. **Imagedimension**. Ein Team zu sein, hat häufig auch einen Marketingaspekt. Es ist eben »in«, sich als Team darzustellen, auch wenn es nur ein strategischer Deckmantel ist, den sich eine Ansammlung von Einzelkämpfern umhängt (zum Beispiel Geschäftsführung und Vorstand).

4. **Krisendimension**. Häufig finden sich Mitarbeiter besonders dann zu einem Team zusammen, wenn es »brennt«, das heißt in Krisenzeiten. Interessanterweise funktioniert das nicht selten erstaunlich schnell und gut. Allerdings ist der Bestand des Teams erfahrungsgemäß von

kurzer Dauer und beschränkt sich auf den Zeitraum, in dem problembezogene »Feuerwehraktionen« nötig sind.

5. **Prozessdimensionen**. Diese Dimension stellt insbesondere den Gesichtspunkt bereichs- beziehungsweise abteilungsübergreifender Zusammenarbeit im Interesse »der Sache« in den Mittelpunkt. Das Team soll dazu dienen, die durch Arbeitsteilung entstandenen Schnittstellenprobleme wenigstens teilweise wieder zu beseitigen (zum Beispiel Arbeitsgruppen mit interdisziplinärer Aufgabenstellung).

6. **Ergebnisdimension**. Schließlich können Teams ausschließlich von der Faszination des gemeinsam angestrebten Ziels/Ergebnisses getragen sein. Für den Erfolg berücksichtigt das Team in der Regel dann nicht mehr den Einzelnen in seiner Vorgehensweise, sondern der Zweck heiligt alle Mittel (zum Beispiel Militäreinheit).

Wir brauchen in Firmen keine Teams, wir brauchen Menschen, die alleine oder zusammen mit anderen Höchstleistungen vollbringen. Das führt zu *One-upmanship*. Teams gehören in Sportvereine, soweit der Mannschaftssport gefragt ist, wie zum Beispiel beim Fußball. Wir müssen lernen, Einzelkämpfer zu ertragen, die weniger als andere zur Zusammenarbeit fähig und bereit sind. Diese Einzelkämpfer leisten wertvolle Beiträge, wenn man es unterlässt, sie wie ein Korn im Sandhaufen in einer Gruppe untermischen zu wollen.

> Netzwerke können ohne die Zwanghaftigkeit eines Teams existieren. Sie gleichen einem Taubenschlag, in dem jeder willkommen ist, wenn er durch das Schlupfloch des Zugangs passt.

Jeweils passend zur Zielstellung oder Aufgabenstruktur brauchen wir andererseits netzwerkfähige Köpfe. Diese

Teamplayer werden ebenso wenig geboren wie Einzelkämpfer. Sie werden durch Systeme und das Umfeld dazu gemacht. Erste Prägungen setzen in frühester Kindheit ein und werden im weiteren Leben ausgeformt. Dabei handelt es sich um einen Prozess des Lernens von Primärrollen. Das Einzelkind ebenso wie eines, das im Zusammenspiel mit anderen eher negative Erfahrungen als positive Gefühle sammelt, fixiert sich weitestgehend darauf, sich unabhängig von anderen in dieser Welt zu positionieren. Diese frühe Rollenausprägung in die Isolation ist nicht selten von einer besonderen Form von Begabung oder gar Genialität begleitet. Können wir es uns leisten, auf solche Persönlichkeiten zu verzichten?

Wir müssen uns von dem Gedanken verabschieden, dass in einer Teamkultur individuelle Persönlichkeiten heranwachsen. Dazu ist der Zwang zur Anpassung und Unterordnung zu groß. Das passiert ebenso wenig, wie in Einzelzellen von Gefängnissen Gruppendynamik entstehen kann. Ich halte es für falsch, die Führungspersönlichkeiten und Spezialisten, nach denen wir zur Bewältigung der Herausforderungen von morgen suchen, durch Teamentwicklungsprogramme heranbilden zu wollen. Wir müssen es stattdessen schaffen, die Vorteile der Zusammenarbeit mit dem Freiraum für Einzelkämpfertum zu verknüpfen.

Die so genannten Einzelkämpfer sind durchaus bereit, ihre Beiträge mit anderen abzustimmen oder andere in ihr Denken und Tun Einblick nehmen zu lassen. Sie sind also allemal fähig, Netzwerke zu knüpfen. Wozu die Genies dieser Welt nicht bereit sind, ist, sich immer wieder in Rollen pressen zu lassen, die ihnen nicht liegen, zum Beispiel die Teamzwanghaftigkeiten durch die dort vorzufindenden Dimensionen ertragen zu müssen.

Ein Team, wie wir es hinlänglich verstehen und zu erzwingen versuchen, hält Menschen dadurch von ihrer eigentlichen Leistung ab, dass es zu mehr oder minder klar konturierten Rollenkonflikten oder -rivalitäten kommt. Solche Auseinandersetzungen bremsen die Leistung, anstatt sie zu beschleunigen. Meistens erreichen Teams in Firmen – anders als im Sport – nicht das Stadium der Reife zur vollen Leistungsentfaltung: Addition von Ideenreichtum und Individualleistung Einzelner, Flexibilität im Umgang miteinander, Offenheit zueinander, Solidarität im Umgang miteinander, Hilfsbereitschaft jenseits von Konkurrenz und Antagonismus. Die Praxis zeigt, dass Arbeitsteams in Firmen in einer der Vorstufen hängen bleiben: Annäherung (höflich, unpersönlich, angespannt, distanziert), Nahkampf (unterschwellige Konflikte, Mobbing, Cliquenbildung, Konfrontation ausgrenzender Standpunkte).

Zusammenarbeit von Menschen muss nicht gleich dazu führen, dass daraus Teams werden. Wenn schon Team, dann bis zum höchsten Reifegrad entwickelt. Dazu scheuen die meisten Firmen aber vor dem erforderlichen Investment zurück. Außerdem ist heute mehr Flexibilität denn je gefragt, wenn es darum geht, Experten in Projekten in immer neuer Formatierung zusammenbringen zu müssen. Das ist die Welt, in der wir stehen!

Menschen können leichter und schneller lernen, die von ihnen wahrgenommenen Rollen in Netzwerken mit anderen aufeinander abzustimmen, als sich den mehr oder minder klaren und attraktiven Gesetzen eines Teams unterordnen zu müssen. Wer sich als Know-how-Träger erlebt und als solcher geehrt wird, ist auch bereit, mit anderen Know-how-Trägern eine auf gegenseitige Bereicherung angelegt Verbindung einzugehen. Ich denke, dass nur durch ein solches Grundverständnis von Netzwerkverknüpfungen mit aufeinander abgestimmten Rollen das zustande kommt, was wir gemeinhin von »Teamwork« erwarten.

Nehmen Sie Ihre Rollen bewusst wahr

Fassen wir zusammen … Nein, damit werde ich Ihnen nicht kommen. Bei Büchern, die so enden, habe ich immer den Eindruck, dass mir der Autor unterstellt, das Vorausgehende nicht verstanden zu haben. Ich unterstelle Ihnen, dass Sie sehr gut verstanden haben. Andernfalls wären Sie garantiert nicht bis zu dieser Stelle vorgedrungen. Es sei denn, Sie gehören zu den Springlesern.

Also stünde jetzt die Präsentation meines Nachworts an. – Auch das werde ich Ihnen nicht antun. Schließlich habe ich auch auf ein Vorwort verzichtet. Weil, wenn ich ein Buch aufschlage, dann möchte ich, dass es losgeht. Wenn ich die letzten Seiten eines Buchs erreicht habe, dann möchte ich, dass es zu Ende ist. Was ich bei einem Sachbuch zum Schluss erwarte, sind Appelle oder letzte Anregungen. Damit, dass ich annehme, es könnte bei Ihnen so ähnlich sein, schließe ich von mir auf andere. Mir ist bewusst, dass ich damit gehörig danebenliegen kann. Aber wenn ich den anderen, Sie, nicht kenne? Wenn ich nichts über Ihre Bedürfnisse weiß? Wenn ich sogar annehmen muss, dass die Menschen, an die dieses Buch adressiert ist, sehr heterogen sein können? Dann habe ich ersatzweise zum imaginären Rollentausch mit einer bestimmten Person nur eine dieser beiden Möglichkeiten: mir nichts vorstellen oder das, was ich selbst in einer vergleichbaren Situation erwarten würde.

Wer nur die gewöhnlichen Dinge tut, wird auch nur die gewöhnlichen Ergebnisse erzielen.

Auch als Topmanager sind Sie ebenfalls darauf angewiesen, von sich auf andere zu schließen. Sie können nicht jeden einzelnen Mitarbeiter im Unternehmen befragen, wie er sich die Kultur, die Führung und die Rahmenbedingungen vorstellt, um in zufriedener Grundhaltung zu Bestleistungen bereit zu sein. Sie können sich aber fragen, unter welchen Bedingungen Sie selbst dazu bereit wären. Allerdings nicht Sie als Topmanager, sondern Sie in der Rolle des einzelnen Mitarbeiters. Die große Geste der Führung besteht darin, die Geführten in dem zu entdecken, was sie brauchen, um sich gut zu fühlen. Die wichtigste Handlung der Führung besteht darin, den Geführten das Gefühl zu geben, dass sie gebraucht werden. Nehmen Sie Ihre *Hauptrolle* als Unternehmenslenker bewusst war, um mit ihren vielfältigen Nebenrollen *an der Welt* des Unternehmen, das Sie führen, verbessernd *zu arbeiten*. Viele Unternehmenslenker machen den Fehler, dass sie zu sehr *in der Welt* des Unternehmens sind, sich die Schreibtische mit Sachvorgängen voll laden und sich um Mikrothemen kümmern. Die Erfolgsprotagonisten unserer Zeit sollten ganz oben im Unternehmen die *Nebenrollen* »der Planer«, »der Architekt« und »der Statiker« perfekt spielen. Vielleicht noch »der Visionär« und »der Hoffnungsträger«. Für den Rest sind die Leader im mittleren Feld zuständig.

»Der Herausforderer«, »der Gestalter«, »der Antreiber«, und »der Übersetzer« sind Nebenrollen für Bereichs- und Abteilungsleiter. Deren Hauptrolle ist die des »Transformators« nach unten und nach oben. Diese Ebene sollte *im Unternehmen* und *am Verantwortungsbereich* arbeiten. Sie sind in dieser Ebene verpflichtet und gefordert, in drei Richtungen zu wirken: in die Richtung Ihrer Mitarbeiter, in die Richtung Ihrer Kollegen und in die Richtung Ihres Chefs. Je bewusster Sie sich als Bereichs- beziehungsweise

Abteilungsleiter Ihrer Rollenmöglichkeiten sind, je leidenschaftlicher und überzeugender Sie Ihre unterschiedlichen Rollen spielen, desto mehr werden Sie bewirken können. Verantwortlich sind Sie in jedem Fall. Für das Getane ebenso wie für das Unterlassene. Machen Sie Ihre Gruppenleiter führungsstark und wirken Sie auf sie ein, dass sie ihr Bestes geben können. Fordern Sie Ihre Kollegen auf gleicher Ebene dazu auf, mit Ihnen gemeinsam am Erfolg des Ganzen zu arbeiten. Vertreten Sie die Absprachen mit Ihrem Chef gegenüber Ihren Gruppenleitern, vertreten Sie die klugen Anregungen Ihrer Gruppenleiter gegenüber Ihrem Chef. Sie sind der Ball, auf dem Meinungen von oben nach unten und von unten nach oben gedreht werden. Und das – so weit es möglich ist – ohne Verfälschungen. Führen Sie nicht an Ihren Führungskräften vorbei. Das zeigt nur, dass Sie nicht dazu in der Lage sind, Führungskräfte zu führen und deshalb ersatzweise nach unten auf deren Mitarbeiter zugreifen.

Als Gruppenleiter sind Sie so eine Art Erster unter Gleichen. Allerdings stehen Sie besser da, wenn Sie der Beste unter den Besten sind. Nehmen Sie Ihre Hauptrolle als »Vormann« (oder »Vorfrau)« ein, der/die Menschen zur echten Mitarbeit bewegt, was Mitdenken einschließt. Zeigen Sie ihnen, wie Sie es selbst machen, und erweisen Sie sich in den Nebenrollen »der Impulsgeber«, »der Ratgeber«, »der Anleiter«, »der Coach«. Fordern Sie von Ihren Mitarbeitern das Beste für das Unternehmen und leben Sie genau das vor, was Sie verlangen. Fordern Sie von Ihrem Chef, dass er Ihr Bemühen mit allen Kräften unterstützt. Sagen Sie Ihrem Chef, was er für Sie tun soll, damit Sie ihm mit Ihrer Mannschaft so perfekt zuarbeiten können, dass auch er vor seinem Chef gut dasteht.

Egal auf welcher Ebene Sie führen: Lassen Sie sich Ihre Führungsrolle nicht aus der Hand nehmen. Von niemandem! Führung wird nicht durch die Zahl der theoretisch unterstellten Mitarbeiter bestimmt. Führung wird allein durch die Anzahl der Takte aktiven Führungshandelns bestimmt. Feiern Sie Ihre Mitarbeiter. Nehmen Sie Anteil am Erfolg eines jeden Einzelnen. Sagen Sie ihnen klipp und klar, was Sie erfreut und was Ihnen Sorge bereitet. Fordern Sie von Ihren Mitarbeitern, dass diese die ihnen zugewiesenen Rollen aus voller Überzeugung und mit vollem Leistungseinsatz spielen. Und sparen Sie nicht mit Rückmeldungen, die dem Mitarbeiter aufzeigen, wie sein Verhalten beziehungsweise die Ergebnisse seiner Arbeit von Ihnen bewertet werden. Jenseits des Geldes gibt es zahlreiche Entlohnungsanreize.

Laden Sie Ihre Mitarbeiter dazu ein, Sie immerzu herauszufordern. In Sachen Führung sind Ihre Mitarbeiter die besten Berater, die man sich vorstellen kann. Sie sind schließlich die Nutznießer oder die Leidtragenden Ihrer Eigenart, zu führen oder Führung zu unterlassen. Sagen Sie ihnen, dass Sie ohne offenes Feedback nicht leben können. Norbert Wiener, Kybernetiker und geistiger Vater des Feedback, hat einmal gesagt: »Ich weiß nie genau, was ich gesagt habe, bevor ich nicht eine Antwort höre auf das, was ich gesagt habe.« Auch wenn Sie es nicht wahrhaben wollen: Ihre Mitarbeiter bekommen jeden Ihrer Führungsfehler genauso mit, wie jeden Ihrer Treffer in Sachen Führungsqualität. Unter den Mitarbeitern ist es natürlich viel spannender, über die Fehler des Chefs zu reden. Zum einen hilft diese Ventilwirkung, seine Attacken besser ertragen zu können. Zum anderen entwertet der Mechanismus der Fehlersammlung sein Ansehen. Denn wir regen uns genau in dem Maße über einen anderen auf, wie wir ihm unser Ansehen gewähren. Diesem für Mitarbeiter äußerst spannenden Energiefeld der Entladung aufgestauter Unzufriedenheit mit dem Chef wird der Stecker gezogen, wenn der Chef zu ungeschminktem Feedback auffordert und beweist, dass er auch damit umgehen kann. Denn es ist langweilig, über jemanden zu reden, dem man dasselbe auch persönlich sagen kann.

Wenn Ihnen Führung nicht wirklich liegt, sollten Sie als Persönlichkeit so viel Größe haben, dass Sie diese spezifische Aufgabe anderen überlassen. Machen Sie Platz auf

Ihrem Sessel für einen Leader mit Potenzial und Leidenschaft für diese Rolle. Widmen Sie sich mit Ihrem Potenzial den ebenso wichtigen Managementaufgaben. Unternehmen brauchen Leadership. Das ist Arbeit an der Person. Unternehmen brauchen Management. Das ist Arbeit an der Organisation. Wenn Sie allerdings Anspruch auf Führung erheben, dann sind Sie es Ihren Mitarbeitern, Ihrem Unternehmen und sich selbst schuldig, dass Sie auf einem Level von höchster Qualität führen. Sie müssen nicht als Führer durch die Welt ziehen. Sie müssen Ihre Führungsrollen nur ausfüllen, wenn Sie »im Dienst« sind. Und Sie haben die Wahl, in welchen Rollen der Führung Sie wahrgenommen werden wollen. Welche Rollen Sie als Führungskraft auch immer spielen wollen, um eine kommen Sie allerdings nie herum: Sie sind der Regisseur. Das Stück heißt: »Gewinnt so hoch ihr könnt«. Das Unternehmen (der Bereich, die Abteilung) ist die Bühne. Lassen Sie Mitarbeiter die Protagonisten sein und sorgen Sie dafür, dass das Publikum (die Kunden) auf seine Kosten kommt.

Von den Philippinen: Was die Menschen wirklich brauchen

Ein König hatte zwei Söhne. Als er alt wurde, wollte er einen der beiden zu seinem Nachfolger bestellen. Er versammelte die Weisen seines Landes und rief seine Söhne herbei. Er gab jedem der beiden fünf Silberstücke und sagte: »Füllt für dieses Geld bis zum Abend die Halle in unserem Schloss. Womit, das ist eure Sache.«
Der Älteste ging davon und kam an einem Feld vorbei. Dort waren die Arbeiter dabei, das Zuckerrohr zu ernten und in einer Mühle auszupressen. Das ausgepresste Zuckerrohr lag nutzlos umher. Er dachte sich: »Das ist eine günstige Gelegenheit, mit diesem nutzlosen Zeug die Halle zu füllen.«
Bis zum Nachmittag war es geschafft. Der älteste Sohn ging zu seinem Vater und sagte: »Ich habe deine Aufgabe erfüllt. Auf meinen Bruder brauchst du nicht mehr zu warten. Mach mich zu deinem Nachfolger.«

Der Vater antwortete: »Es ist noch nicht Abend. Ich werde warten.« Bald darauf kam auch der jüngere Sohn. Er bat darum, das Zuckerrohr wieder aus der Halle zu entfernen. Nachdem das geschehen war, stellte er mitten in die Halle eine Kerze und zündete sie an. Ihr Schein füllte die Halle bis in die letzte Ecke. Der Vater sagte: »Du sollst mein Nachfolger sein. Du hast nicht einmal ein Silberstück gebraucht und sie mit Licht gefüllt. Das ist es, was die Menschen brauchen.«

Eine Bitte zum Schluss. Als Leser dieses Buches dürfen Sie mich herausfordern, mir widersprechen, mit mir diskutieren, mir sagen, was Sie so ähnlich oder ganz anders sehen. Dazu lade ich Sie herzlich ein. Ich habe meine Rolle als Autor darin gesehen, anzuregen, anzustoßen, nachdenklich zu machen, herauszufordern und mich mit meinem Wissen und meiner Erfahrung eindeutig zu positionieren. Wenn Sie mir jetzt sagen, wo ich nach Ihrem Wissen und Ihrer Erfahrung richtig oder falsch liege, so ist das nicht nur ein wertvoller Beitrag für mein nächstes Buch. Vielmehr wird aus meiner monologen Darbietung ein interaktioneller Prozess. Solche Prozesse haben uns Menschen, seit wir zurückdenken können, weitergebracht. Die Ideen, Gedanken und Meinungen eines Einzelnen bekommen erst dadurch ihren Wert, wenn sie von anderen geteilt oder zurückgewiesen werden.

Mit Kritik kann man mir dieselbe Freude machen wie mit Lob. Beides ist ein wertvolles Signal dafür, dass ich verstanden wurde. Wenn Sie mögen, nehmen Sie Kontakt zu mir auf unter: *wsaaman@saaman.de*

Wenn Sie sich über mich beziehungsweise meine Arbeit informieren wollen, dann hilft Ihnen die Internetadresse: *www.saaman.de* weiter.

Ich danke Ihnen für Ihre Aufmerksamkeit. Ich danke Ihnen im Voraus für Ihre Rückmeldungen. Ich wünsche Ihnen, dass Sie Ihre Rollen mit Leichtigkeit spielen. Ich wünsche Ihren Mitarbeitern, dass sie davon profitieren.

Literaturverzeichnis

Bennis, Warren/Spreitzer, Gretchen M./Cummings, Thomas G. (Hrsg.): The future of leadership. Today's top leadership tinkers speak to tomorrow's leaders, San Francisco 2001

Biedermann, Christof: Subjektive Führungstheorien – Die Bedeutung guter Führung für Schweizer Führungskräfte, Bern/Stuttgart 1989

Buckingham, Marcus/Coffman, Curt: Erfolgreiche Führung gegen alle Regeln, Frankfurt 2001

Charan, Ram/Drotter, Stephen/Noel, James: The leadership pipeline. How to build the leadership-powered company, San Francisco 2001

Cohn, Ruth C.: Von der Psychoanalyse zur themenzentrierten Interaktion, Stuttgart 1980

De Pree, Max: Die Kunst des Führens, aus dem Englischen von Brigitte Stein, Frankfurt/New York 1992

Doppler, Klaus/Lauterburg, Christoph: Change Management – Den Unternehmenswandel gestalten, Frankfurt/New York 1994

Dorsch, Friedrich: Psychologisches Wörterbuch, 11. Auflage, Bern 1991

Durnwalder, Kurt: Assessmentcenter. Ein Leitfaden für Personalentwicklung, München 2001

Frieling, Ekkehart/Kauffeld, Simone/Grote, Sven: Flexibilität und Kompetenz: Schaffen flexible Unternehmen kompetente und flexible Mitarbeiter?, Münster 2001

Gerhardt, V.: Selbstbestimmung. Das Prinzip der Individualität, Stuttgart 1999

Goleman, Daniel: EQ – Emotionale Intelligenz, aus dem Amerikanischen von Friedrich Griese, München 1996

Gordon, Thomas: Leader Effectiveness Training L.E.T., New York 1977, als deutsche Übersetzung: Managerkonferenz – effektives Führungstraining, Hamburg 1979

Hacker, Paul: in: Dorsch Psychologisches Wörterbuch, Bern/Stuttgart/Toronto 1987

Heuser, U. J.: Das Unbehagen im Kapitalismus. Die neue Wirtschaft und ihre Folgen, Berlin 2000

Hinterhuber, Hans H./Krauthammer, Eric: Leadership – mehr als Management, 2. Auflage, Wiesbaden 1999

Hinze, Dieter F.: Führungsprinzip Achtsamkeit, Heidelberg 2001

Jeserich, Wolfgang: Personal-Förderkonzepte, München/Wien 1996

Klages, L.: Grundlagen der Charakterkunde, Bonn 1952

Koch, M.: Das Deutschlandbild der Österreicher. In: Ber. 24. Kongress DGP. Göttingen 1965 – die Begriffe Person, Persönlichkeit und Charakter, in: Handbuch der Psychologie Band 4, Basel/Stuttgart 1960, 1974

Krüger, Wilfried (Hrsg.): Excellence in Change. Wege zur strategischen Erneuerung, Wiesbaden 2000

Lersch, P.: Gesicht und Seele, München 1961

Leutz, Grete: Psychodrama, Berlin/Heidelberg/New York 1974

Lieble, Franz: Der Schock des Neuen. Entstehung und Management von Issues und Trends, München 2000

Lombriser, Roman/Üpping, Heinz: Employability statt Jobsicherheit, Neuwied 2001

Mack, Bernhard: Führungsfaktor Menschenkenntnis, Landsberg 2001

Mead, George H.: Mind, Self and Society. Chicago 1934

Mendelson, Haim/Ziegler, Johannes: Organisationsintelligenz, Wiesbaden 2001

Moreno, Jacob Levi: Das Stegreiftheater, Potsdam 1923

Moreno, Jacob Levi: Gruppenpsychotherapie und Psychodrama, 2. Auflage, Stuttgart 1973

Müri Peter (Hrsg.): ... wenn nur das Personal nicht wär, Zürich 2001

Ratey, John: Das menschliche Gehirn – Eine Gebrauchsanweisung, Düsseldorf 2001

Schwuchow, Karlheinz/Gutmann, Joachim: Jahresbuch Personalentwicklung und Weiterbildung 2001/2002, Neuwied 2001

Seifter, Harvey/Economy, Peter: Das virtuose Unternehmen, Frankfurt/M. 2001

Sonntag, M.: Das Verborgene des Herzens. Zur Geschichte der Individualität, Reinbek 1999

Sprenger, Reinhard K.: Aufstand des Individuums, Frankfurt/New York 2000

Thomas, R. Roosevelt: Management of Diversity, Wiesbaden 2001

Vollmer, Marianne: Training in Leadership, Regensburg/Düsseldorf 1998